CW01301602

Revue d'études rimbaldiennes

AMIS D'AUBERGE VERTE

Numéro composé par Lee Joon-Oh

SOONG-SIL UNIVERSITY PRESS

랭보의 세계

시연구집

서 시 / 1
미셸 뷔토르 : 튜니스의 추억

소개글 / 5
손 우 성

논 문

세실 아더 해키트 : 발레리와 랭보 / 13
로제 뮤니에 : 『일류미네이션』의 〈작업〉/ 35
하 동훈 : 존재의 인식과 시학, 랭보와 보들레르 / 47
이 준오 : 랭보의 시 — 존재론적 성취와 미학적 조망 / 85
삐에르 브뤼넬 : 랭보의 세 번 죽음 / 119
이 계진 : 물의 시학 — 랭보의 초기시에 나타난 역동적 이미지 / 137
요시까주 나까지 : 뜨내기 약장수 시인의 초상 / 165
이 건우 : 자연 속에 〈잠든 사람들〉/ 179
한 대균 : 랭보와 본느프와, 현존과 희망의 시 / 201
석 준 : 비평가 끌로델에 비친 시인 랭보 / 223
김 종호 : 에로스, 로고스, 포에시스 92 — 『일류미네이션』, 밤의 시편들 / 239

정보 자료
국내의 랭보 연구논문 목록 / 259
랭보 백주년 이후

AMIS D'AUBERGE VERTE

REVUE D'ETUDES RIMBALDIENNES

PREFACE EN VERS
Michel BUTOR : Souvenir de Tunis

PRESENTATION
SOHN Woo-Seong

ARTICLES
C. A. HACKETT : Valéry et Rimbaud
Roger MUNIER : Le Travail des *Illuminations*
HA Dong-Hun : La connaissance ontologique et la poétique chez Arthur Rimbaud
LEE Joon-Oh : Etre et Langage chez A. Rimbaud — la perspective esthétique et l'accomplissement ontologique
Pierre BRUNEL : Les trois morts de Rimbaud
LEE Kye-Jin : La poétique de l'eau — images dynamiques dans les premiers vers de Rimbaud
NAKAJI Yoshikazu : Portrait du poète en bonimenteur
LEE Gon-Ou : Les *Dormeurs* dans la Nature
HAN Dae-Kyun : Rimbaud et Bonnefoy
SEOK Jun : Rimbaud vu par Claudel critique littéraire
KIM Jong-Ho : Eros, logos, poesis 92 — poèmes nocturnes dans les *Illuminations*

DOCUMENTS
Vue sur le centenaire de la mort de Rimbaud à Séoul '91
Répertoire des études rimbaldiennes en coréen

그처럼 높이 솟았던 불꽃도 없다
그처럼 높은 곳에서 내린 별빛도 없다.
깊고 푸른 〈인간의 밤들〉로부터
드높이 〈흠없는 영혼〉을 그리다,
〈삶을 잃고〉,
무수히 처절하고 처절한 후
침묵 속으로 사라져간 그를 향하여,
오늘날 사람들이 랭보별이라 이름붙인 그의 기호 아래,
그가 시 속에서 불어넣은 꿈의 〈푸른 여인숙〉 안에,
그의 빈 자리를 중심으로
그의 음영을 새긴 12편의 글을 모아놓는다.

- 편집부

이 책은 1992년도 한국학술진흥재단의
일부 보조금에 의하여 출판되었음

서 시

튀니스의 추억
    아르뛰르 랭보를 기리며

이제 벌써 아주 여러 해 전
조르쥬 뻬로와 함께 난 거닐고 있었다
아랍인 거리 입구였다
그는 태양을 싫어한다 했지만
그 날은 나처럼 들떠 있었다
융단 놋그릇 베일들 가운데
땀과 향료 커피
냄새 속으로
학생 둘이 다가왔다
활기차게 얘기나누는 그들은
그맘때의 우리 둘 같기도 했다
당시 우린 서로 알지 못했지만
초록 기와 회교 사원의 어둠 속
연철 창살의 골목길로부터
장터의 빛나는 암흑으로부터 그들은 나왔다
우리만큼 와서 하나가 다른 하나에게 말하길
그 아르뛰르 랭보가 너에게 뭔데
너 아르뛰르 랭보를 알기라도 하니
우리는 대답을 듣지 못했다
하지만 우린 시선을 나누었다
한마디 말없이 왜냐하면 그 물음은
목소리로 분명 느낄 수 있었듯

바로 그 도시가 우리에게 던진 것이었다
도시뿐만 아니라 나라 전체
적어도 카르타고 때부터의 역사도 포함해서
그뿐 아니라 아프리카 전체 모래밭의
모래들로부터 사막의 모래에 이르기까지
농장의 나무들로부터
큰 강들 따라 숲들의 회랑에 이르기까지
아틀라스 산맥으로부터 달의 산들에 이르기까지
새들의 울음소리 기도를 알리는 승려의 노래소리에 섞여들고 있었다

　　　　　　* 미셸 뷔토르, 뤼생쥬에서, 1989년 12월 27일

* 1926년 9월 14일 생. 빠리 소르본느 대학 졸업. 누보 로망의 대표적 작가로 회화·오페라·시·수필·비평 등에 걸쳐 다양한 작품 발표. 저서 : 『밀라노 통과』, 『시간의 사용』, 『단계』, 『변경』, 『목록』, 『모빌』, 『근접 작업』, 『랭보에 관한 강론』 외 다수

SOUVENIR DE TUNIS
in memoriam Arthur Rimbaud

Il y a déjà maintenant bien des années
je flânais en compagnie de Georges Perros
à l'entrée de la médina et lui
qui prétendait ne pas aimer le soleil
s'en enchantait ce jour-là comme moi
parmi les tapis cuivres et voiles
dans l'odeur de la sueur
des épices et du café
se sont approchés deux étudiants
qui conversaient avec animation
un peu comme nous deux à leur âge
si nous nous étions alors déjà connus
mais ils venaient des ruelles à grilles de fer forgé
dans l'ombre des mosquées à tuiles vertes
et des ténèbres scintillantes des souks
à notre hauteur l'un dit à l'autre
et Arthur Rimbaud qu'est-ce que c'est
pour toi connais-tu même Arthur Rimbaud
nous n'avons pas entendu la réponse
mais nous avons échangé un regard
sans un mot car cette question
par cette voix nous le sentions bien
c'était la ville même qui nous l'adressait
pas seulement la ville mais le pays entier
avec son histoire depuis Carthage au moins
mais l'Afrique entière depuis les sables
de ses grèves jusqu' à celui de ses déserts
depuis les arbres de ses plantations
jusqu'aux forêts-galeries le long des grands fleuves
depuis l'Atlas jusqu'aux montagnes de la Lune
et les cris des oiseaux se mêlaient au chant du muezzin

Michel Butor, Lucinges, le 27 décembre 1989

손우성 1905년 1월 12일 생. 동경 법정대 문학과(불문학 전공) 졸업. 서울대 문리과대 교수, 성균관대 교수 역임. 논문 : "초현실주의론", "까뮈의 반역사상", "불안에 대한 시론"외. 저서 : 『중급 불어』, 『프랑스말 교본』, 『의욕의 장원-프랑스 기행』, 『비정통사상』. 역서 : 『춘희』(A. Dumas), 『제자』(P. Bourget), 『존재와 무』(J.-P. Sartre). 『몽테뉴 초역』, 『몽테뉴 수상록』.

시와 시인의 거리
― 랭보를 중심으로

孫 宇 聲*

'시인'하면 언뜻 떠오르는 사람이 도연명(陶淵明)이다. 어느 시골의 어줍잖은 현령이라는 직책 하나 똑바로 해내지 못하고 물러나서 조그만 땅뙈기를 부쳐먹으며 울타리 밑의 국화나 꺾어들고 먼 산이나 바라보며 몽상에 잠기던 그의 꼴이 측은하고 가련하게만 느껴지는데, 이것은 순전히 나의 속안근성에서 비롯된 판단에 지나지 않는 것이다. 그는 세속의 성공을 멸시하며 초연히 최저의 물질 생활에 만족하고 시 짓기를 즐겨, 절세의 명작을 남김으로써 뭇 사람에게 위안과 즐거움을 주는 위업을 성취하였다. 그는 세속에 초연한 시인이었다.

프랑스에서는 이와는 사정이 전혀 다르다. 현세를 초탈하며 정신적 해방의 경지를 찾는 시인이 좀처럼 보이지 않는다. 프랑스 시인들 가운데는 현실을 초탈할 의지를 가진 사람도 더러 있지만, 생활력이 없어 극단의 빈곤 속에 몰락한 예도 드물지 않다. 그 대표적인 예로서 현대시의 세계에 커다란 혁명을 일으킨 보들레르의 경우를 들 수 있을 것이다. 아마도 프랑스 시 가운데서 최대의 걸작이라고 할 수 있는 『악의 꽃』의 시인은 비참하기 짝이 없는 생활을 영위하다가 매독에 걸려, 자혜병원에서 세상을 떠났다.

랭보의 손위 친구 베를렌느의 경우도 거의 마찬가지이다. 두 시인이 다 일종의 성격 파탄자라 할 수 있다.

그러나 랭보의 경우는 처지가 전혀 달랐다. 그는 불세출의 천재이

---
* 학술원 회원, 전 성균관대학교 교수

면서도 현실 감각도 堅實한 인물이었던 것으로 보고 싶다. 그는 본래 시적 감각이 예민하여 스승 이장바르로부터 특별한 지도도 받고 해서, 소년 시절부터 시인으로 성공하리라는 포부를 갖고 있었으나 빈농의 출신으로 농촌 구석에 썩고 있을 수는 없고 해서 무모한 가출을 몇 번이고 시도한다. 빠리의 유명한 문사를 무턱대고 찾아가 보기도 하고 빠리까지 돈 한 푼 없이 걸어 올라가 보기도 했으니 매우 당돌한 성격의 소유자였음이 짐작된다. 당시 문단에 이름이 꽤 알려져 있던 베를렌느에게 장시「취한 배(Le Bateau ivre)」를 보내자, 그가 이 시에 매료되어 랭보를 올라오라고 하니까, 얼싸 됐다고 바로 올라가서 베를렌느의 신혼 가정에 밀고 들어가서 파탄으로 이끌기도 한다. 베를렌느는 랭보를 다른 동료 시인들에게 소개해 주기도 하나 모두들 상대하기를 꺼린다. 다른 시인들의 작품은 풋내기 시로밖에 보지 않는 그의 거만스런 태도에 거부감을 느꼈기 때문이다.

 남들은 무어라 해도 이 시인은 자기나름의 독자적인 길을 걸어간다. 그는 이미 자신의 시작법을 터득해 가지고 한 이미지에서 다른 이미지로 도약하며 중간 경로를 과감히 생략하는 식의 이해가 잘 안되는 미지의 세계를 개척해 나감으로써 사람들의 마음을 현혹한다. 그는 단도직입적으로 현상계의 벽을 뚫고 나아가 불가능의 세계를 포착한다. Je l'ai retrouvée Quoi?… L'Eternité '레떼르니떼'라는 쨍쨍한 발음 끝에 바로 영원이 여기 와 있지 않는가? 그는「모음(Voyelles)」에서는 음감을 색감으로 파악하는 공감각적 방정식을 제시한다. 물론 과학적으로 적용될 수 있는 진리는 아니다. 그러나 착상 자체가 우리의 감각 세계의 영역을 넓혀주고 시의 감상의 양을 보태주는 것이다. 대부분의 시가 음감적이라고 한다면 그의 시는 아주 색감적이라고 할 수 있다. 그의 시는 어렴풋하기보다는 그저 밝게 느껴진다.

그렇다고 해서 랭보의 시가 그 가치를 인정받아 문단에 제대로 평가된 것은 아니다. 아무도 이 당돌한 소년을 상대해 주지 않을 뿐 아니라, 시인 자신도 만나는 문인들을 상대할만한 자들로 보지 않는 것이다. 문단의 분위기 또한 그가 적응해서 살아갈 환경이 못되었다. 게다가, 베를렌느의 가정은 이 난입자 때문에 풍파가 잦아서 아무리 당돌한 랭보라도 거기 계속 눌러 있을 수가 없었다. 그 동안 랭보는 베를렌느에게 없어서는 안될 존재가 되어 있어, 둘이는 방랑의 길을 떠나 벨기에, 영국 등지에서 수년 동안 함께 지낸다. 어느 연구가의 암시에 의하면 이 둘 사이의 동성연애는 욕구에 있어서는 베를렌느가 능동적이고 행위에 있어서는 피동적인 묘한 관계였던 것으로 알려져 있다. 아무튼 랭보는 끌려서 하는 행위이니 귀찮은 경우도 많았고 둘 사이는 평탄치 못해서 싸움이 잦았었다. 싸우고는 헤어졌다가 베를렌느의 애걸복걸로 다시 합쳤다가 또 싸우고는 헤어지는 동안 런던생활을 거쳐서 브뤼셀에 이르러 권총 사건으로 베를렌느가 투옥되는 바람에 이 둘은 영영 헤어지고 만다.

베를렌느와 헤어지고 나서 생각해 보니 시를 지어 문사가 된다는 것은 견실한 직업이 못되고 그 동안 접해 본 시인들은 건달들로밖에 안 보이니 그 동안 허송세월한 것이 화가 나서 그때까지 썼던 시 원고를 끌어내어 불을 질렀다. 다행히 옆에 사람이 있어서 급히 원고뭉치를 치웠기 때문에 프랑스 문학의 보배인 랭보의 시가 보존되었다. 그 뒤 랭보는 문학과는 인연을 끊고 직접 생활 전선에 뛰어들어 직업을 찾아서 여러 나라를 전전하다가 아라비아의 아덴의 회사에 취직되어 정착한다. 그의 사무 능력은 효율적이어서 회사의 신임을 받고 수입도 넉넉해서 몇해 뒤 자립하게 되고 아비씨니아 토호들과 비합법적 물품의 교역으로 짭짤한 재미를 보기도 한다. 그런데 호사다마로 풍토병인 장려(瘴癘)에 걸린다. 그 병에 걸려서도 여전히 돈 버는 재미에 끌려 담가에 실려 돌아다니며 분주하게 교역

하다가 병이 극도로 악화되자 마르세이유로 돌아와서 병원에 입원 치료를 받았으나 끝내 그 병으로 목숨을 잃고 만다. 그때까지 자신이 모은 재산을 온전히 가져온 것을 보면 그 중병에도 그의 정신은 늘 말짱했던 것이 짐작된다. 그가 귀국한 후 임종할 때까지 그의 누이동생 이자벨이 정성껏 간병을 했다. 아마 그의 유산을 노린 것이라고 말한 연구가가 있었는데, 이 한 마디로 랭보가 프랑스 문인사회를 헌 신짝처럼 버린 분위기를 짐작할 수 있다. 그의 말년의 사업은 비록 명예로운 것이 못된다 할지라도, 그것은 적극적이며 행동적인 인간형을 나타내며 도연명의 경우와는 전혀 반대의 상황을 보여준다. 이러한 성향은 그의 작품에도 반영되어 나타난다고 본다. 적극적 인간도 시인이 될 수 있다는 사실은 하나의 기적이다. 물론 그가 시단을 팽개쳤다고 할 수 있지만 그렇다고 해서 그의 시의 가치가 손상되지는 않는다. 이런 관점도 그의 시의 연구에 한 참고가 될지 모른다.

시의 감흥은 시대에 따라서 변천한다. 필자의 스승 콧트 선생은 확실히 낭만주의 시대의 인물이었다. 그는 위고의 시와 보들레르의 시를 비교하면서 후자가 위고의 시형을 모방한 것에 지나지 않는다고 비판하기까지 했다. 자세히 살펴보면 형식상 모방한 것이 확실히 인정된다. 그러나 비슷한 시적 표현일지라도 그 어조에 있어서 위고는 웅변조의 가락이요 랭보는 가슴 속에 파고들며 느끼게 하는 통렬한 것이었다.

보들레르는 시의 세계에 혁명을 일으켜 새로운 시대를 확연히 열어놓았다. 그로부터 상징시대의 문이 열리며, 시상은 내면으로, 내면으로 기어든다. 베를렌느와 랭보도 상징시인에 속하지만, 랭보에서는 벌써 또 다른 영역으로의 탈출이 시도된다. 그것은 의도적인 것이 아니라, 성격의 반응이다. 그는 생명 없는 말뚝같이 땅에 박혀 지내는 것을 못마땅히 여겨, 한 평온한 틀 속에 머물러 있기를 거부하고 연거퍼 집을 뛰쳐나가던 버릇으로 그의 시상 전개 또한 여느 시인들이 해오던 것처럼 이미지들이 서로 근사한 형태를 이루어 사람들의 이해에 편의를 제공하기를 거부한다. 한 이미지가 다른 이미지를 끌어오면 그 사이의 이미지가 즉각적으로 다른 이미지를 떠오르게 하므로 그의 시상은 이 첫번째 이미지에서 중간 이미지를 뛰어넘어 곧바고 제3의 이미지로 연결시켜 나가는 것이다. 말하자면 현실을 이탈한 환각적 세계가 나타나 시적 감흥을 일으키는 것이다.

프랑스 문학, 특히 시인들 가운데는 정서 기관의 이상적 발달과는 반비례로 정상 생활을 영위하는 예가 드물지 않다. 우선 프랑스 문학사의 최초에 나타나는 대시인 프랑수아 비용은 대학 뒷골목의 깡패였다. 그렇지만 그는 멋지게 시를 썼다. 당시의 대학 생활의 일부를 짐작케 하지만, 그는 도둑질하다 붙잡혀서 처형당하게 될 판에 프랑수아 1세 왕에게 시로 상소하여 그의 시에 감동한 왕이 특명으로 그를 사면케 하였다. 그러나 비용은 다음에 또 살인 행위를 저지르고는 이후 소식이 끊어졌다. 중세기 말인 15세기의 일이다. 문학 예술을 그렇게까지 아껴준 왕의 금도가 돋보인다. 19세기에 들어서는 사회적으로 몰락한 자가 둘이나 대시인으로 떠올랐다. 아마도 매독으로 사망한 보들레르의 경우와 감옥 생활을 했다고 해서 더 이름이 알려진 베를렌느의 경우이다. 베를렌느는 두 창녀에게 수입을 모두 착취당하며 죽어갔다. 그와는 사정이 다른 제라르 드 네르발은 본시 정신병 환자다. 광증이 일어날 때에 의식하는 환각은 본정신으로 돌아올 때에는 망각하는 것이 보통의 예인데 그는 광증이 일어나고 있는 중에 겪은 환각을 그대로 기억하며 본 정신으로 돌아왔을 때 작품에 옮겨놓은 특이함을 보여준다. 그의 시는 랭보의 것처럼 폐부를 찌르는 듯한 감동으로 울려오는 것이 특색이다. 그를 초현실주의의 선구자로 보는 이도 있다.

랭보는 19세에 이미 시작(詩作) 따위를 걷어치우고 실생활의 길을 찾아 돈 벌 궁리에 몰두하였다. 그가 20세도 되기 전에 써놓은 팽개친 작품들은 지금은 박학한 문학연구가들의 진지한 연구 재료가 되고 있다. 2차대전 때 부역(附逆)한 작가들의 작품이 지금도 서점에 진열되어 팔리고 있는 것이 프랑스다. 작가의 인품은 연구 자료로밖에 문제가 되지 않는다. 작품 자체만이 평가의 대상이 되는 것이 프랑스다. 근자에 이르러 한 특정한 작가나 시인에 대한 연구 모임이 발족되고 그 연구가 활발히 진행되고 있는 것은 한국의 문화수준의 향상과 역량을 말해주는 것이라 하겠다. 랭보와 같은 난해한 시인의 전작품이 국내에 번역·소개되고 상당히 보편화되어 가고 있다는 소식은 이런 연구 모임의 노력의 성과로서 대단히 반가운 일이 아닐 수 없다. 앞으로 더 알찬 열매를 거둘 수 있게 되기를 기대한다.

세실 아더 해키트 캠브리지 대학 졸업. 1938년 빠리 대학교 문학 박사. 1958년 프랑스 레지옹 도뇌르 훈장. 영국 사우탬톤(Southampton) 교수 역임. 현 명예교수. 학위 논문 : *Le Lyrisme de Rimbaud*, 저서 : *Rimbaud l'enfant, Rimbaud, Bowes and Bowes, Autour de Rimbaud, Rimbaud, a critical introduction, Anthology of French Poetry from Baudelaire to the present day* etc.

발레리와 랭보

세실 아더 해키트

여러 관점에서 볼 때, 이 연구는 우리에게 조금 뒤늦은 감이 없지 않다. 발레리-랭보의 주제는, 필자가 많은 도움을 받은 쥬디트 로빈슨著[1] 『랭보, 발레리 그리고 조화스런 불일치(*Rimbaud, Valéry et l'incohérence harmonique*)』라는 책에서 전부는 아니더라도 그 요점은, 이미 언급되었기 때문이다.

발레리-랭보의 비교연구는 예기치 않은 놀라운 것으로 보인다. 당연히 이 두 시인은 각각 매우 상이한 '계열'에 속하는 것으로 알려져 있기 때문이다. '예술가들'의 계열에 속하는 발레리는 마르셀 레이몽에 따르면, '난해한 시인들'에 속하고, 랭보는 '견자'나 '오르페우스적 시인들'의 계열에 속한다. 이 두 시인을 '순수성'의 기준으로 보면 그 차이점은 더욱 커질것 같다. 예를 들어, 드랙모쏩 著,『순수시(*Pure Poetry*)』[2]에서 보면 보들레르, 말라르메, 발레리의 작품들은 아주 자세히 연구되어 있고 베를렌느도 여러번 언급되고 있지만 랭보에 관한 내용은 전혀 발견할 수가 없다. 그렇지만 랭보의 시에서, 특히 『마지막 운문시들(*Les Derniers Vers*)』과 『일류미네이션 (*Illuminations*)』에서 순수성은 잘 나타난다. 그러므로 삐에르 쥬르당이『랭보, 발레리 그리고 조화스런 불일치』에 대한 서평에서 말한 것처럼, 우리는 다음과 같이 단정할 수 있을까? : '사람들은 단지 대립시키기 위해 랭보와 발레리를 자주 접근시킨다 :「취한 배」는 '노젖는 이'가 거슬러 올라가는 강을 내려간다.'[3] 어쨌든, 이 두 시인의 비교연구는 이들의 본질적인 차이점뿐만 아니라 꽤나 중요한 유사점을 밝혀주기에 흥미롭다 하겠다.

우선, 발레리가 랭보의 몇몇 시집을 처음으로 접했을 때, 그때는 대략 1890년 경인데, '샤를르빌의 어린아이'의 삶과 작품은 이미 전설과 신비 속에 쌓여 있었다는 사실을 염두에 두는 것이 유익하리라 본다. 이 시기에 그가 이미 전설적이었다는 몇몇의 實例는 다음과 같다 : 베를렌느의 초대장 : '어서 오시오, 위대한 영혼이여, 우리는 당신을 부르고 기다립니다' : ('대학생처럼 단정치 못한' 옷차림을 하고 파리사람들에게 보이기 위해 일부러 쓴) 詩「취한 배」라는 걸작품으로 무장을 한 랭보, 수도에 입성 : '순수한 서민'의 저녁만찬에서 무례하고 기괴한 행동 ; 사진작가 카르쟈에게 입힌 상해 ; 말라르메와의 만남 ; 알베르 메라와 얽힌 이야기 그리고 팡땡-라투르 작 『식탁구석(Coin de table)』에 관한 이야기 ; 베를렌느와의 동성연애 ; 그리고 시에 대한 갑작스런 거부 ; 유럽에서의 방랑생활 ; 사람들이 그를 위대한 탐험가(그러나 항상 시인으로서)로, 또는 상아나 '금가루', 향료, 수지장사 혹은 좀 통속적으로 커피와 고물장사로 일컬었던, 이디오피아에서 장사하던 시절 ; 혹은 작가인 죠지 무어가 믿었던 것처럼, "홍해의 해안가에 자리잡고 있는 한 수도원에서(…)신의 은총을 위해 땅을 파고 있는 (우리는 이미 알고 있지 않은가!) 수사"[4)]로서의 랭보 등이 그 좋은 예라 하겠다. 어떤 작가들은 랭보가 이디오피아에서 죽었다고 말하였고, 1886년 『일류미네이션』을 발간한 『유행(la Vogue)』誌의 편집자들은 '고 아르튀르 랭보', '모호한 그리고 영광스런 고인'이라고 암시하였다. 같은 해, 『일류미네이션』 서문에서 베를벤느는 다음과 같이 적고 있다 : "사람들은 랭보가 죽었다고 여러번 말했다. 이에 대한 자세한 설명은 차치하더라도 이렇게 말하는 것은 대단히 슬픈 일이다." 랭보가 죽었든 살았든 간에 베를렌느에게 있어 그는 전설적이었다. 그래서 서문에서 베를렌느는 두 랭보를 상기하고 있다. 즉 16세 때 세상에서 가장 아름다운 시를 쓴 시인과, '천재 기술자인 제2의 파우스트로' 간주되는 행동인 즉 여행객으로서 말이다.

　물론, 발레리와 마찬가지로 통찰력을 지닌 한 영혼의 소유자 베를렌느가 결코 신화의 재물이 되지는 않았겠지만, 패러데이, 맥스웰, 켈빈, 포앙카레, 피에르 퀴리, 레오나르 그리고 베토벤 같은 위대한 선구자들 틈에 랭보를 기꺼이 삽입시킨 것은, 이러한 일화들, 잡담, 험담 그리고 사실과 전설의 온갖 뒤죽박죽들이 분명 베를렌느가 가지는 시인 랭보에 대한 태도 그리고 지적인 기계-랭보에 대한 개념에 어떠한 영향력을 행사했을 것이다.

　1890년부터 1942년까지 지속된 지드와의 서신교환 속에서 발레리는 랭보의 작품을 처음으로 접했을 때를 감동적으로 상기시키고 있다. 1891년 1월 초, 시「이 잡는 여인들」에 대한 감격을 전한 편지에서 발레리는 다음과 같이 적고 있다 : "귀하, 내일 저를 보러 올적에「이 잡는 여인들」을 복사할 수 있도록 부디 시 노우트를 가져다 주실 수 있을런지요."[5] 이 시의 문체는 주제만큼이나 독창적이고, 또한 랭보의 全詩를 통틀어 가장 음악적 시인 까닭에, 이 작품에 대해서 발레리가 가지는 열정을 짐작할 수 있을 것이다. 틀림없이 발레리는 모음압운과 두운법의 매우 미묘한 효과를 아주 각별하게 이해하고 있었을 것이다. 예를 들어, 『흑색 수첩(Carnet noir)』에서 따온 다음의 두 절, "푸르른 대기는 흩어진 꽃다발을 적시고"(l'air bleu baigne un fouillis de fleurs)"와 "휘파람 소리, 수다떠는 소리/입술 위에 포갬 혹은 키스하고 픈 욕망("un sifflement, salives/Reprises sur la lèvre ou désirs de baisers)"이 그것이며, 특히나 발레리가 암송하였던 마지막 두번째절에서 이들의 효과가 나타난다. 이를 보면 다음과 같다 :

　　그는 향기로운 침묵 속에 요동치는 검은 눈썹의 소리를 듣는다 ;
　　이들의 부드럽고 전광석화 같은 손가락이

회색의 무관심 속에서, 왕처럼 늠름한 손톱으로
작은 이들의 죽음을 톡톡 소리나게 한다.

Il entend leurs cils noirs battant sous les silences
Parfumés ; et leurs doigts électriques et doux
Font crépiter parmi ses grises indolences
Sous leurs ongles royaux la mort des petits poux.

　발레리가 「실잣는 여인」을 쓰면서(말라르메의 「창문들」과 더불어), 「이 잡는 여인들」을 떠올린 것은 가능한 일이다.[6] 여기에 유사점은 상당하다. "십자로의 푸르름에 앉아있는" 실잣는 여인은 이 잡는 여인들이 "십자로 앞에 어린이를 앉히고/푸르른 대기가 흩어진 꽃다발을 적시는 커다란 열림"의 랭보의 시를 생각나게 한다. 이는 앙리 몽도르가 생각했던 것처럼 일종의 '영향'(이 단어는 발레리가 싫어한다)일까? 아니면 어렴풋한 추억 혹은 기억일까? 여기서 우리는 차라리 매우 긴밀한 유사성이라고 말해야겠다. 다른 곳이 아닌 바로 여기에서 두 시인이 서로 접근하기 때문이다. 「이 잡는 여인들」은 랭보에게 있어 예외적인 시 작품인데, 이는—쟝 마리 까레의 표현을 빌리면—그의 유일한 "음악적 그림"[7]이며, 발레리가 생애 마지막까지 좋아했던 랭보의 시들 중 하나로 남아 있었던 것은 무엇 보다도 이 시가 지니는 운율의 조화—음악성—때문인 것으로 보인다.

　발레리는 「이 잡는 여인들」에서 음악가 랭보를 발견한 것과 동시에 나아가—진짜 열렬하게—「취한 배」의 환상과 랭보를 보았다. 이 시를 처음 접했을 때 발레리가 가졌던 감동적 열광은 무엇과 비교할 수가 없었다. 이는 본질적으로, 젊은 시에 자발적으로 화답하는 젊은 그리고 열려진 정신이라고 말할 수 있다. 바다를 전혀 보지 못했던 16세의 중학생, 랭보에 의해 쓰여진 '선박의 시', 「취한 배」. '바다의 시'를 쓰고자 꿈꾸었던 발레리, 정신적 모국인 바다의 심오한 몸짓에 대해 자주 언급했던 발레리에게 이 시가 인간정신의 현상 혹은 문제로써 그리고 시로써, 즉 문학적인 견지에서도 주목할 만한 것이었으리라. 발레리는 곧 이 시에 빠져들어갔는데 선박과 물, 바다, 도피, 꿈, 익사, 죽음과 같이 이 시가 표현하고 상징하는 모든 것들과 동화되었다. 그는 1891년 6월 지드에게 이렇게 적고 있다. "깨어났지만 나는 여전히 꿈꾸고 있었습니다. 나는 취한 배에 승선했었지요(…) 수면아래로 그림자꽃들이 행진하고 있었습니다… 나는 속박된 해초였지요. 바다 전체가 내 세포를 통해 지나갔습니다."[8] 두 달후 그는 지드에게 다시 편지를 쓴다 : "나는 바다의 아름다움에 취해 있소. 그리고 모험스럽고 승리한 영혼을 거기에 붙잡아두려 애쓰고 있소(…) 이해를 돕기 위해 이 경탄스런 「취한 배」를 다시 읽어 보시오. 이 시는 나침판처럼 놀랍고 정직하며 약간은 광적입니다." 이어 그는 시의 제3절을 인용한다.[9]

같은 해 말, 발레리는 「취한 배」의 25절중 16절을 『흑색수첩』에 옮겨적고 몇몇 시구, 단어, 이미지, 표현등에 밑줄을 그어 놓았다. 이 밑줄 그어진 것들을 살펴보면 가스통 바슐라르가 "水河, 은빛 태양 진주빛의 물결, 숯불의 하늘"과 같은 것으로 "실체적인 것에 대한 영광"을 말했던 것처럼, 발레리가 모든 음성적 울림과 반향하는 이 위대한 시를 이해했다는 것을 알 수 있다. 또한 이 밑줄 그어진 것들은 발레리가 랭보의 모든 독창적인 면들—신어법, 과감한 각운, 리듬과 기이한 거부—에 민감하였고, 모든 이미지類의 음계 즉 "태양의 地衣"와 "쪽빛 코물"로 이루어진 "쨈"처럼, "통속적인"(그리고 독창적인) 이미지 같은, "비둘기떼처럼 비상하는 여명(Aube exaltée ainsi qu'un peuple de colombes"이라고 하는 "고귀한" 이미지에 민감하였음을 보여 준다.

또 우리에게 흥미로운 것인 발레리가 『흑색수첩』에 옮겨적지 않은 9개의 절에 대해서이며, 랭보의 모든 모험을 요약하는 다음의 두

시구를 고려하지 않았다는 것은 놀라운 일이다 :

    푸르게 고정되어 영원히 실잣는 이,
    오래된 흉벽(胸壁)의 유럽은 얼마나 유감스러운가!

    Fileur éternel des immobilités bleues,
    Je regrette l'Europe aux anciens parapets!

  그러나 나머지 구절은 썩 조화롭지 못한 것을 인정해야 겠는데, 옮겨적지 않은 대부분의 구절은 그 음조가 좀 과장되어 있고 모방의 조화가 지나치게 단순하거나 시끄럽다. 발레리는「취한 배」의 마지막 구절을 『흑색수첩』에서 그어버렸는데, 지드에게 보낸 편지에서 언급한 것처럼, 앞의 구절을 옮겨적고 매번 두 개의 마지막 시구에 밑줄을 그은 것으로 봐서, 발레리는 이 시가 끝에서 둘째구절로 끝나게 하는 것을 좋아했던 듯하다. 마지막 두 시구는 다음과 같다 :

    슬픔에 가득차 쭈그려앉은 한 아이,
    5월의 나비처럼 가냘픈 배를 띄운다.

    Un enfant accroupi plein de tristesses, lâche
    Un bateau frêle comme un papillon de mai.

  우리는 그가 옳다고 보는데, 이 구절은 전체가「취한 배」의 가장 아름다운 구절 중 하나이며, 나머지 구절과 아이러니하고 감동적인 대조를 이루기 때문이다 : 즉, 大洋과 웅덩이의 대조 ; 여러 색들 그리고 비젼과 대조를 이루는 검은 색 ; 詩에서의 취선과 아이의 장난감 배가 그것이다.

  1891년 9월, 지드에게 보내는 편지에서, 포우와 말라르메에게 그랬던 것처럼, 발레리는 랭보에게 실망했음을 말한다. 여러 방법들을 분석해 본 그는 결국 "가장 아름다운 환상들"[10]만을 보았을 따름이다. 2년 뒤, 그는 랭보에게서 헛되이 추구했던 것을 다른 곳에서 찾앉노라고 선언한다. 아마도 우연히 펼친, 수학자이자 천문학자인 라플라스의 작품, 『세계 체계에 대한 전시(*Exposition du système du monde*)』일 것인데, 물의 흐름과 조수간만에 대한 부분에서, 적어도 그 순간만큼은 랭보에게서 찾을 수 없는 것을 발견했을 것이다. 즉 물의 관능적이고 물리적인 실체 그리고 "바다에 대한 아름다움"[11]이 그것이다. 제 14장, 「바다의 썰물과 밀물, 혹은 하루 동안의 변화 모양」에서 발레리를 매혹시킨 과학 용어 "시차"와 "삭망(朔望)", "방위각"과 "충분" 등을 볼 수 있는데, 이 장의 맨 첫머리는 다음과 같다 :

> 바다의 썰물과 밀물로 불려지는, 규칙적이고 주기적인 변동으로 바다의 모습은 하루동안 매 순간 변한다. 조용하고 청명한 날에, 물결이 기슭에 사납게 부딪혀 부서지는 이 거대한 흐름의 약동적 움직임을 본다는 것은 놀라운 일이다. 이 장관은 우리를 깊은 사념에 빠뜨리고 그 원인에 몰두하게끔 한다. 그렇지만 헛된 假定에 휩싸이지 않도록 먼저 이 현상의 법칙을 알아야 하고, 그 원인의 상세한 설명을 할 수 있어야 한다.[12]

"장관이 사념에 빠뜨리고", "그 원인에 몰두하게끔 한다", "무엇보다도 이 현상의 법칙을 알아야 한다" 등이 「취한 배」의 모든 이미지보다는 발레리의 기대에 더욱 부흥하는 이념 ─ 정신에 호소하는 만큼의 ─ 들인 것이다.[13]

그러나 1895년 12월 6일 지드에게 보낸 서한에서, 발레리는 향수를 지닌채 그들이 「취한 배」를 두번째 읽었던 과거를 회상하는 듯하다. 그런데, 1908년 7월 15일자 편지에서, 말하자면 「취한 배」를 처음 읽은 지 17년 후에, 그 어조는 완전히 달라지고 있다. 드가(그는 랭보를 무시했다)에게 몇몇 시구를 얘기했던 한 만찬을 언급하면서 발레리는 이렇게 말했다 : "이봐 친구, 내가 내 소유의 배를 잘라버렸기 때문에, 이 배가 점점 바보가 되는 것 같군. 내가 아니야,

배지! 난 여러해 동안 이 시구를 다시 보지도 않았고 되새김 하지도 않았네. 정신이라는 항구의 입구에 다시 나타는 것좀 봐. 그게 무익하다는 것을 알았지(…)[14]"

이처럼 「취한 배」에 대한 여러 암시들을 언뜻 음미해 볼 때, 발레리의 태도가 이따금씩은 가볍게, 혹은 매우 민감하게 변했다는 것을 알 수 있으며 아울러 "바다의 시"에 대한 그의 열정도 식어감을 알 수 있다. 그가 "작가이거나 철학자이거나" 그에 대한 찬사가 어떠한 것이든 발레리가 가지는 이러한 "변화"들을 너무 진지하게 생각할 필요가 없다고 말한 쥬디트 로빈슨의 견해는 옳은 듯 하다.[15] 뛰어난 시 「취한 배」에 붙여진 "어리석은"과 "무익한"같은 단어들은 상당히 가혹하다. "어리석은"은 발레리가 뮈세(Musset)작 「오월의 밤」을 다음과 같이 우습게 흉내내어 개작했을 때 쓴 단어다 : "그리고 나는 순수하게 어리석은 자, 불사신을 안다."[16] 랭보 역시, 뮈세가 "열네번이나 형편없는 작자"라고 비웃었는데, 「회상(Souvenir)」을 비판할 때 "오 자연! 오 나의 어머니여"를 "오 자연, 오 나의 누이여!"로 그리고 "오 자연, 오 나의 숙모여!"로 바꾸어 놓았던 밤의 시인(「견자의 편지」에서 그는 "오 밤들이여!"라고 읊조렸다) 발레리보다 더 하진 않았다. 공히 랭보나 발레리에게 있어 뮈세는 근본적으로 "통속적"[17]인 작가였지만, 위의 근본적 차이점에 견주어 볼 때―합리적이고 보편적인 정신의 소유자 발레리에게 있어, 뮈세는 하나의 예, 차라리 "통속성"의 "자아의 저속"에 대한 한 예에 불과할 뿐이었다.[18]

위에서 본 이러한 "변화"들은 발레리의 취향에 대한 방향을 일깨워 준다. 그가 지드에게 실망을 토로했을 때, 발레리가 "성숙했다"라고 한 지드의 지적은 옳았다. 초현실주의자들 그리고 실랄한 신화 타파자 르네 에티앙블 바로 이전에, 발레리는 「취한 배」가 많은 아름다움을 지니고 있음에도 불구하고, 그가 지니는 취약성 때문에, 어떤 비평이나 분석에도 흠집나지 않기는 어렵다고 보았다. '변화들'

은 적어도 부분적으로나마 발레리가 천성적으로 지니는 대립적인 측면, 즉 '정신적인 천'과 '관능적 숲' 사이의 왕래를 보여주며, 자발적인 것이거나 '주어진 것이거나' 또는 '아폴론 축제시 같은' 모든 작품 앞에서 양면적인 태도를 보여준다. 그러나 좀 더 단순한 설명이 '바다의 것들'이란 표현으로 시사된다. 1981년 8월 초 지드에게 보낸 서한에서, 발레리는 먼저 "바다 것들에의 아름다움"에 대한 도취와 이어서 「취한 배」의 원인에 대해 강조한다. 그런데 위에서 본 것처럼, 그가 후에 이 도취와 아름다움을 재발견하게 된 것은 시에서가 아니라 라플라스의 과학서에서이다. 결국 발레리에게 있어 본질적인 것은 「취한 배」가 아니라 좀 더 일반적인 것으로서, '바다의 것들'인 것이다. 랭보의 시는 근본적으로 하나의 본보기, 하나의 삽화, 하나의 수단 혹은 해결해야 할 하나의 문제였을 뿐이다. 항상 그랬듯이, 발레리에게 있어 詩想에 대한 숙고는 시나 시인보다 더 중요하다. 결국 '절망의' 본보기였던 말라르메처럼, 랭보도 가능한 것에 대한, 정신적 기능의 유명한 한 예가 되었다. 이렇듯 발레리는 「취한 배」나 '그 작가'가 필요했던 것이 아니라 '성숙'해지고 '발전시켜 나가는데' 도움을 받았던 것이다.

　그럼에도 불구하고, 발레리는 랭보의 작품에서 발견한 '자극적인 힘'과 '새로움의 기적'을 결코 잊지 않을 것이다. 랭보에게서 완전히 자유로와지면서 그에게 충실하고, 그래서 발레리는 가장 명석하고 정확한 랭보 비평가 중 한 사람이 되었다. 많은 해석학자들 보다도 먼저 발레리는 『일류미네이션』의 중요성을 알고 있었다. 그래서 이 시집을 그의 작품중 가장 독창적인 부분으로 간주하였고─그 보다 앞섰지만, 직접적인 표현, 수다, 강렬함[19]만을 보여주는 『지옥에서 보낸 한 철』보다 가치 있는 것으로(우리가 볼 때 이는 합리적이다) 올려 놓았다. 결국 만년에 빌레리는 쟝 마리 까레에게 보낸 편지에서 랭보의 침묵에 대한 멋진 설명을 하고 있다 : "언어 기능의 자발적 자극에 격렬한 반응을 보이는 지고의 점에 도달하는 랭보는, 그가 했던 것만을 할 수 있을 뿐이었다- 그것은 도피하는 일이다."[20]

이 논고의 두번째 부분에서 우리는 랭보와 발레리에 대해 연구를 함에 따라 단순히 드러나는 혹은 우리에게 충격을 주는 몇몇 유사한 관계를 언급하고자 한다. 그것은 아마도 영향력이니, 차용이니 혹은 메아리 식의 문제가 아닌데, 이따끔씩 단어와 이념의 뜻밖의 조우로 보일 뿐이다. 그렇지만 이 접근은 간간히 極들이 서로 맞닿고 있음을 보여준다. 이것이 랭보와 발레리에 관계될때 그 결과는 흥미로울 수 있으며 교훈적일 수 있다.

두 시인은 짧고, 밀도가 있으며, 간결한 구절의 동일한 취향을 가지며 공통적인 어조를 소유하는데, 그러나 랭보의 경우는 여느때처럼 좀 더 극단적이고 좀 더 격렬한 면이 있다. 예를 들어, 발레리가 "제로에서 제로로 가는 것, 그것이 삶이다('테스트씨의 종말')"라고 표현했다면, 랭보에게 있어서는 "生이란 모든 사람들에 의해 이끌리는 익살극이다"(「지옥에서 보낸 한 철」)로 표현될 것이다. 다른 예들을 살펴보자 :

"완전한 존재는 이중적이다"(VII, 627).
"나는 他者이다"(「견자의 편지」).
"첫번째 것은 자기 영역을 훑어보는데 있다"(테스트씨의 몇몇 사념들).
"시인이 되고자 하는 자의 최초의 교육은 자기자신에 대한 완전한 이해다"(「견자의 편지」).
"동물적 이념인 '행복'. 이 단어는 동물적 의미밖에 가지지 않는다"(「인간적인 것들」).
"자 살인자들의 시간이다"(「취기의 아침」)
"탕자보다 더 시인같은 욕심꾸러기"(「텔껠」).
"나는 무진장 부잔데, 바다처럼 인색해 집시다"(「지옥에서 보낸 한 철」).
"문학 나의 타입. 완전히 언어로 이루어진 형태와 경향의 방법적 단절" (I, 679).

"시인은 모든 감각의 길고, 무한하고, 이론적인 뒤틀림으로 견자가 된다"(「견자의 편지」).

바다 그리고 유아시설(그러나 일반적으로 발레리에게는 억제된)을 별도로 하면, 두 시인에게 공통적인 주제는 거의 없다. 그러나 어떤 시들에서는 분위기 혹은 어휘에 있어 유사점이 존재한다. 이렇듯, 발레리의 시 「여명」과 랭보의 신문시 「새벽」을 볼때, 정신의 진행과정과 시적 모험속에서 동일한 믿음과 깨어남에 대한 신선함을 발견할 수 있다. 그렇지만, 발레리의 「여명」을 읽으면서 느끼는 "금색의 그리고 추운듯한 인상-어린시절의 느낌"[21]에도 불구하고, 이 시는 모든 용어의 의미를 파악해 볼때, 랭보의 「새벽」보다 더 "영적"이다.

「해변의 묘지」 마지막 둘째절에서 "바다", "태양", "푸른", "취한", "착란", "구멍뚫린" 같은 단어들은 「취한 배」를 생각케 한다. 그리고 "표범껍질"같은 매우 단순하지만 아름다운 바다의 이미지는, "표범의 눈"이 "사람의 살"과 섞이는 가장 어두운 절을 상기시킨다. 또한 "동일한 침묵들의 소란"은 『일류미네이션』[22]에 수록된 「고뇌」의 "잔인하게 넘실거리는 침묵"과 대비를 이루는 것으로 나타난다.

여기에 랭보의 시를 상기시키는 산문으로된 두 구절이 있다. 먼저 테스트씨의 "생각"을 보자 : "나는 세계로부터 형태자체가 아닌, 형태를 만드는 힘을 차용하고자 한다. 어떤 역사도-어떤 장식도 없으나─바위, 대기, 물, 식물성 물질, 질료자체의 감각-그리고 이들의 근본적인 덕성이 있다."[23] "근본적 덕성"을 추구하기 위해 「배고픔의 축제」에서 자연으로 향하는 랭보를 들어보자 :

만일 내게 미각이 있다면, 그것은 오직
흙과 돌 뿐이다.
딘! 딘! 딘! 딘!

대기, 바위, 석탄, 물을 먹자
………
이 배고픔, 그것은 검은 대기의 조각들

Si j'ai du *goût,* ce n'est guères
Que pour la terre et les pierres.
Dinn! dinn! dinn! dinn! Mangeons l'air
Le roc, les charbons, le fer.
………………
Mes faims, c'est les bouts d'air noir

이 노래는 "식물의" 그리고 "시적인" "질료"로 끝맺는다.

밭고랑 가운데서 나는
들상치와 오랑캐 꽃을 딴다.

Au sein du sillon je cueille
La doucette et la violette.

명백히 모두에게 진실, 특히 랭보에 적용되는 또 다른 "생각"(이번에는 『유파리노스(*Eupalinos*)』에서 소크라테스의 생각)이 있다 : "나는 여러번 태어났고, 딱 한번 죽었다고 자네에게 말했지. 다가오는 어린애는 헤아릴 수 없는 군중이야. 그의 삶은 일찍이 어느 한 개인에게 국한된, 나타나고 죽는 그런 者이지."[24] 『지옥에서 보낸 한 철』에서 열정에 사로잡힌 랭보는 이렇게 말한다 : "각 존재에 대한 여러 다른 존재는 나에게 당연한 것으로 보인다." 그리고 「아듀」에서 —어린이, 죄수, 견자, 흑인, 지독한 남편, 천벌받은 자— 등의 역을 두루거쳐본 후, 그는 유일한 자신의 역할로, 무언가를 찾는 의무를 지닌 시골뜨기일 뿐이라는 것을 깨달았다.

우리가 두 시인을 설명하고자 하는 다른 비교접근은 이들이 생각하거나, 느끼거나, 보는 방법들을 보여준다. 「대홍수 이후」의 마지막 부분에서 랭보는 "권태!"라고 표현하는데 —이 "권태"는 자연과 봄에 대한 경멸 그리고 분노를 표현하는 것이기에, 문맥 속에 매우 강한 표현이 된다. 한편으로, 그것은 "권태롭다", 왜냐하면 대홍수 이후에도 변화된 것은 아무것도 없기 때문이다. 아이들은 여느때처럼 책을 바라본다. 꽃들은 개화하며 피는 도살장에서 흐른다. 삶은 아무일이 없었다는 듯 순환을 다시 계속한다. 아! 모든 것이 홍수이전처럼 정상적이고 평범하다. 님프 유카리스가 시인에게 그것은 봄이었다라고 말해 봤자 소용없다. 자연은 다시 되풀이 하는 것 밖에는 알지 못한다. 이처럼 "그것은 권태로운 것이다." 발레리는 『나쁜 사념들과 다른 것들(*Mauvais pensée et autres*)』에서 "자연스런 것은 지겹다"라고 했으며, 같은 책에서 "나는 예기치 않은 관계앞에서만 진짜 자연의 느낌을 갖는다"라고 했다. 이 생각을 발전시켜 그는 랭보의 대홍수 이미지 못지 않은 격렬한 이미지를 사용한다. 이 "예기치 않은 관계"는 "포탄이나 벼락이 집을 짓는 것처럼"[25] 사물에 대한 우리의 개념을 관통해야 한다고 말했다. 『비르길리우스 '목가'의 운문 번역(*Traduction en vers des 'Bucoliques'*)』 서문에서, 발레리는 자연 앞에서의 태도를 다시 말한다 : "전원 생활은 나에게 낯선 것이며 지겨운 것으로 보인다(…) 밭이랑의 정경이 나를 슬프게 한다 (…) 계절의 순환과 이에 대한 효과는 살아남기 위해 반복할 줄밖에 모르는 자연과 삶이 어리석다는 생각만을 하게 한다."[26] 전원에서의 삶, 계절의 순환, 삶과 자연의 어리석음에 대한 이러한 태도는 ──「반복해서 언급된 자연(*redite Nature*)」[27]은, 편지에서 "불란서 시골"의 "공포"에 대해 그리고 "밀가루와 진흙을 먹고사는" "무어라 말할 수 없는 아르덴 지방"에 대해 분노하는 랭보의 경우와 완전히 유사하다.[28] 좀 더 침착하게 발레리는 『흑색수첩』에서 "어떤 시골이라도", 그것이 아름다울지라도 그를 슬프게 한다고 말한다. 계속해서, "나는 시골을, 흙에서의 작업을, 수확을 기다리는 것들을 참을 수가 없다"[29]고 말한다. 결국 여러번에 걸쳐, 여러 형태로 미루어 볼 때, "자연스러운 것은 지겹다"라는 발레리의 확신은 "그것은 권태!"라고 한 랭보의 외침에 해당하는 듯하다.

『일류미네이션』의 여기저기에서, 우리는 발레리가 '예기치 않은 관계' 라고 명명했던 것 이전의 '진짜 자연의 기분'을 느낀다. 한 예만 들겠는데, "판화위에 쌓여진 것처럼 위로 층층히 쌓여진" 바다의 「대홍수 이후」의 이미지가 그것이다. 바다의 수직성에 대한 독창적인 이미지는, "침잠한 물들의 수평적 높이를 아는 까닭에, 그들은 바다가 시선의 근저에 있음을 무시한다"[30]고 한 『레오나르드 다빈치의 방법서설(Introduction à la Méthode de Léonard de Vinci)』에 나타남을 볼 수 있는데, 이 서설에서 발레리는 '대부분의 사람들이' '눈'으로 보다 '지성'으로 더 자주 본다라고 언급하고 있다. 이것들은 「해변의 묘지」에서 '저위에 쌓여진 바다', '조용한 지붕'등으로 나타나는 것들이 아닌가? 「대홍수 이후」로 이어지는 시, 「유년기」는 일련의 '예기치 않은 관계'들로 구성된 시이며, 각각의 관계들은 예기치 않은 것만큼이나 매우 일상적인 화법 '~이 있다'로 되어 있다. 이 중 가장 예기치 않은 것은 네번째 운 : "하강하는 성당과 상승하는 호수가 있다"이다. 이 절, 특히 동사 '하강한다'는 많은 관심과 평을 일으켰다. 비평가들은 여기에서 풍부하고 다양한 의미를 찾는데, 예를 들면 이미 아는 것처럼, '하강하는' 이 성당은 교회의 쇠퇴에 대한 상징이다. 랭보가 자연스러운 것은 '지루하다'는 것을 깨달은 까닭에, 그가 기존 질서를 뒤엎었다고 하는 것은 아마도 더 진실일 수 있을 것이다. 혹은 더 간단한 해석으로 랭보는 그에게 나타나는 풍경과 대상을, 그가 본 풍경과 대상을 묘사했다고 할 수도 있을 것이다. 화가인 튜너처럼 그도 다음과 같이 말할 수 있으리라 : "내 할일은, 내가 아는 것이 거기 있다라는 것이 아니다. 내가 본 것을 그리는 것이다."[31] 그는 발레리식 용어에 의하면 '지성으로'가 아니라 '눈으로' 본다. 그가 본것은, 하강하는 것처럼 보이는 성당과 조우하기 위해 상승하는 듯한, 단순히 호수의 수면에 비친 한 성당일 수 있다. 그러나 스스로 보는 것에 만족하지 않고 그는 우리에게 보이도록 하고자 한다. 그러니, 그는 "한 동상이 세워지고, 산이 일어서며, 선창이 늘어지게 하는"[32]식의 단어들, 우리의 비젼에 한계를 긋는 단어들을 던져 버리고 언어를 공격하지 않겠는가. 여기 이 쇼킹한 운문에서 혹은 『일류미네이션』에서 의미를 자유롭게 '해방시키'고자 하는 것이다. 이는 발레리의 표현에 의하면 관찰자가 영원히 취하는 '권한'을 깨부수는 것이다. 그러나 발레리는 좀더 나아간다. '하강하는' 성당과 '상승하는' 호수는 우리의 보는 방법을 변하게 하고자 할뿐 아니라 우리의 세계 그리고 '삶을 변하게' 하고자 하는 한 시인의 혁명적인 몸짓인 것이다.

「유년기」의 '하강하다'와 '상승하다'라는 두 동사처럼, 그리고 시 「움직임」에서 보여지는 여러 명사, 예를 들어 '신속', '전략'같이 행동과 움직임을 표현하는 모든 것은 랭보의 삶과 작품을 특징 지운다. 대부분 움직임은 다이나믹하고 신속하다. 베를렌느의 표현에 의하면, 랭보는 "바람구두를 신은 사람"이었다. 그리고 애초에 르네 샤르는 한마디로 랭보를 '급함'이라고 요약 하였다. 랭보의 시에서는 수레바퀴 자국조차도 '급하다'. 여기에서 형용사 '급한'은 이례적이다. 일반적으로 '수레바퀴자국'은 '판에 박힌', '습관', '편견', '완만', '진창에 빠짐'을 뜻하기 때문이다. 시 「수레바퀴자국」에서 여명은, 소음과 수증기 그리고 나뭇잎들을 잠깨우면서, "습한 도로의 무척이나 빠른 수레바퀴자국을 보라빛 어둠속에 간직하는 비탈길"을 드러낸다. 이 '예기치 않은 관계' 혹은 단어의 기이한 병렬은 단순히 언어학적 방법이 아니라, 이들을 보는 하나의 방법 그리고 우리로 하여금 보게 하는 하나의 방법인 것이다. 이들은 우리의 정신을 각성케 하고, 진실로 보게하기 위해, 즉 보이는 것에 새로운 시선을 제시하기 위해 소위 '훌륭하고 오래된 인습'으로 부터 빠져나오게 한다.

랭보와는 전혀 다른 테스트는 그러나 이렇게 : "나는 재빠르거나 혹은 아무것도 아니지.—초조해 하며 도가 지나친 탐험가지"[33]라고 말하면서 그에게 다가간다.「테스트씨의 항해일지 발췌」를 좀 더 읽어 보면 "이념, 원리, 번득임, 맨처음 상태의 최초의움직임, 도약, 비연속적인 튀어오름… 다른 것들, 준비와 실행"[34]이 나온다. 한편, 랭보작품의 가장 특징적인 면들을 모두 살펴보면 : 초조, 성급함, 공격성, 신생의 상태의 최초순간에 대한 탐구, 활력, 가쁜 리듬, 음조, 어휘자체—'섬광', '도약', '튀어오름' 같은 것들이다. 간단히 말해서, 테스트씨는 거의 대부분이 랭보와 대치점(이 역시 발레리와도 반대인)에 있는 것이다. 우리가 볼 때 테스트의 이 '생각들'(다른 것들도 있다. 예를 들면, "치아에까지 무장된 자기 자신속으로 들어가야 한다" 라든가, "내가 멍텅구리라고 느낄 때마다 나는 스스로를 부정한다—내가 나를 죽인다")[35]은, 쟝 르바이앙에 의하면 오페라—의식과 상상력의 용광로의 상징인—가 랭보의 이미지[36]가 되는 「테스트씨와 하루밤」에서 화자의 관찰과 묘사보다도, 더욱 랭보에 가깝고 더 흥미롭다.

마지막 예로써, 작가와 음악에 대한 이야기들을 통해 그들을 비교해 볼때, 두 시인은 근본적인 차이점을 드러낸다. 발레리는「수첩」에서 이렇게 말하고 있다 :

> 작가—나무통에 귀를 갖다대고, 정겨운 활을 돌리면서, 바이올린 연주자는 악기 그리고 소리자체와 더불어 한가지 것만을 만든다. 나무악기는 사라지고 망각되어 소리와 사람사이에 직접 교감을 이루게 한다. 그것은 주어진 힘과 받아들여진 감각사이에서 이루어진 균형이며 닫혀진 싸이클이다… 그것은 하나의 나르시스며 바이올린 연주자이다. 이렇듯 모든 예술안에서—영감은 에너지들의 교환 상태이다.[37]

"다른 것들, 준비와 실행"이라고 말했던 테스트와 랭보의 '급함' 대신, 위의 구절들 전체는 묘사하거나, 완만한, 세련된, 그리고 완벽한 '준비와 실행'을 암시한다. 랭보의 텍스트에서 결코 볼 수 없는 어떤 양질의 문체에 대해서, 특히 정확하고 뉘앙스를 풍기는 전개에 대해, 추상적인 것으로 향하는 구체적인 것의 진보에 대해서, 그리고 소리와 인간 사이의 균형과 교환이라고 하는 본질에 도달하고자 하는 일반적인 것을 필연적으로 강조하려는 것은 아니다. 여기에서 우리에게 강하게 와 닿는 것은 작가와 텍스트 사이의 '거리'라고 하는 것이다. 랭보에게 있어서는 어느 곳에서도 객관성과 주관성의 인상, 즉 한 작가의 부재와 현존의 인상을 동시에 주지 않는다. 어떤 구절에도 존재하지 않는 그러나 담화의 각 단어의 근저에 ─강렬하고 조용하게─ 존재하는 '나'라는 인상이 없다는 것이다.

소위 견자의 편지들 중 첫번째 것에서 랭보는, 시인으로 태어났고 시인으로 유명하리라고 말하면서 다음과 같이 적고 있다 : "바이올린을 위한 나무한테는 별수 없지"라고. 두번째 서한에서, 항상 그러하듯 '자연스런' 시를 경멸하면서, 그는 이 음악적 이미지를 전개시킨다 : "난 내 사고의 개화를 지켜본다 : 그것을 목격하며 듣는다 : 내가 현을 한번 당기면, 심포니는 심오함 속에서 요동친다. 혹은 무대 위에 튀어 오른다."

여기에서, "영감받은 시는 얼마나 쉬운 것인가!"라고 말하려는 듯하다. 어떤 준비도 어떠한 반복도 없다. 번쩍거리는 실행이 있을 뿐이다! 갑자기 바이올린이 된 나무처럼 그리고 현을 한 번 스치므로 음악은 교향악이 된다. 발레리의 바이올린 연주자와는 달리, 오케스트라인 동시에 지휘자이며, 자기의 '주어진 힘'에 긍지를 느끼는 청년 랭보는 텍스트 표면 여기저기에 '나'를 나타낸다("나는 참석한다", "나는 그것을 바라본다", "나는 그것을 듣는다", "나의 생각", "나는 던진다"). 그가 견자가 되기 위해 이 안일한 시를 곧 거부하게 되는 것은 사실이다. 『일류미네이션』에서 그는 다음과 같이 말한다 : "나는 사랑의 열쇠같은 뭔가를 찾아낸 음악가지", 이어서 '새로운 조화'를 발견하는 것으로 끝을 맺는다. 그러나 이른바 그의 투시력 체계, "모든 감각의 이론적인 뒤틀림"에도 불구하고, 근본적으로 랭보는 발레리와 동일한 시인으로 남는다. 발레리(랭보처럼 나르시스인)같은 음악가, 그러나 교환과 균형에 대한 모든 이념을 거부하는 랭보는 방탕을 통해 끊임없이 절대를 추구하였다. 랭보에 대한 오래묵은 꼬리표를 달아 볼 것 같으면, 그는 한 예술가라기보다는 차라리 견자였던 것이다.

(성균관대학교 이선형 교수 번역)

● 주 석

1) 현대문학, 미나르 출판사. 1979
2) 『순수시. 불란서 詩의 이론과 실제 연구(Pure poetry. Studies in French Poetic Theory and Pratice)』: 1746-1945. 옥스포드. 클레렌던 출판사, 1971.
3) R.H.L.F. 1982 3-4월 호, p. 312.
4) 데이비드 넛트, 『인상과 의견(Impressions and opinions)』, 1981, p. 115.
5) Corr., GV, 41.
6) 앙리 몽도르, 『발레리의 조숙함(Précocité de Valéry)』, 갈리마르, 1957, p. 357 참조.
7) 『쟝-아르튀르 랭보의 모험적인 삶(La Vie aventureuse de Jean-Arthur Rimbaud)』, 쁠롱, p. 80. 랭보작품의 '음악적'인 면에 대해 쌩-쟝 페르스의 다음을 상기하는 것은 흥미로운 일이다 : "랭보는(…) 정확하게 참 시인들중 가장 反음악적이거나 非음악적이다."(전집, 갈리마르, 1972, p. 675).
8) Corr. GV. 91.
9) Corr. GV. 116.
10) Corr. GV. 126.
11) Corr. GV. 186. 우리는 랭보의 또 다른 작품 「쟌-마리의 손들(Les Mains de Jeanne-Marie)」을 보고 클로델이 본능적으로 느꼈던 실망감과 발레리의 실망을 비교할 수 있을 것이다 : "얼마나 아름다운가! 제기랄, 얼마나 못돼 먹었나! 아, 이 괴로움! 이 유혹! 이 실망! 그러나 결국 어

찌됐거나, 이해되고 소원은 이루어졌다"『산문집(Oeuvres en prose)』, 갈리마르, 1965, p. 1471).
12) 『세계 체계에 대한 전시』, 바슐리에, 1824, p. 146.
13) Corr. GV, 253. 위의 편지에서 발레리는 열광적으로 "놀라운 미발표 원고" 즉 랭보의 "굉장한"『일류미네이션』에 대해 말하고 있다.
14) Corr. GV, 417.
15) 『랭보, 발레리 그리고 조화스런 불일치』, p. 15.
16) XI, 324
17) VII, 496.
18) IX, 687.
19) XXVI, 871.
20) L.O., 240. 발레리는 이 편지(랭보작품에 대한 복잡하고 양면적인 그의 태도가 드러나는)를, 다른 영역에서 시인 랭보에게 충실함을 증명하는 작은 한 사건을 상기 시키면서, 끝맺음을 하고 있다 : "아주 매섭게 추웠던 날, 석탄차와 한 경관과 세 기자가 지켜보는 가운데 홀렌드 路에 인물을 새긴것 [1892년 9월, 랭보와 베를레느가 살았던 집에 설치한 금속판]은 쎙또레르씨 그리고 본인이었습니다."
21) OEuvres, I. 312.
22) 제임스 로울러 著, 『분석가로서의 시인. 폴 발레리 論(The Poet as analyst. Essays on Paul Valéry)』참조. 캘리포니아 대학 출판사. 여기에서 작가는 「취한 배」와 「침울」(이는 발레리의 또 다른 바다의 시인데)을 여러 각도에서 접근 비교하는데, 이들의 관계가 단단한 것으로 보임에도 불구하고 겉모습은 기만적이다. 즉 두 시인의 작품에서 물과 바다의 이미지를 연구하면 할수록 거기에 차이점들은 더욱 드러난다.
23) OEuvres, II, 69.
24) OEuvres, II, 114.
25) Oeuvres, II, 874, 867-8.
26) OEuvres, I, 208
27) XXVII, 768.
28) OEuvres complètes, Gallimard, 1977, 258, 265, 268.
29) XXII, 589.
30) OEuvres, I, 1166.
31) "눈으로 보는" 재능을 지닌 두 예술가, 랭보와 튜너의 이름은 발레리가 로끄부륀느 부근의 경치를 바라보았을때 그의 정신속으로 스며들었다 :

"이 거리는 얼마나 먼 거리이며, 이 원근법은!… 튜너-랭보의 일별(一瞥)."

32) OEuvres, I, 1169.
33) OEuvres, II, 38.
34) OEuvres, II, 40.
35) OEuvres, II, 68과 45.
36) 『'테스트씨와 하루밤'의 탄생과 의의(Genèse et signification de 'La Soirée avec Monsieur Teste')』(미출간 박사학위 논문), 1966, p. 140.
37) VII, 668.

Résumé

VALERY ET RIMBAUD

Le rapprochement Rimbaud-Valéry nous intéresse parce qu'il révèle non seulement des différences fondamentales, mais aussi des ressemblances assez importantes. Dès ses premiers contacts avec l'oeuvre de Rimbaud, Valéry en est si enthousiasmé qu'il centre sur elle sa réflexion sur la poésie. Ainsi divers traits rimbaldiens: esprit et images, musique et sensations, se lisent dans l'oeuvre de Valéry, de *La Fileuse* au *Cimetière marin*, d'*Aurore* à *La Soirée avec Monsieur Teste*. Cependant l'"exécution", lente et raffinée de Valéry, un Narcisse en travail, se contraste avec la "rapidité" de l'autre.

로제 뮤니에 1923년 생. 작가·번역자·철학자. 현 파이아르 출판사의 "내적 공간" 총서 주관. 저서 : *Aujourd'hui Rimbaud*—*"Génie" de Rimbaud, L'ardente patience d'Arthur Rimbaud, Le Seul, Mélancolie, L'Instant, Le moins du monde, Le Visiteur qui jamais ne vient*의 철학적 비평 에세이 다수. 역서 : *Lettre sur l'humanisme*(M. Heidegger)외 Heidegger, A. Silesius, Kleist. O. Paz의 불어번역 다수.

『일류미네이션』의 '작업'

로제 뮤니에

 『지옥에서 보낸 한 철』에는 랭보의 양면성을 각각 육화하고 있는 '미친 동정녀'와 '지옥의 남편'이 등장한다. 전자는 후자가 거부하는 세상을 수용하는 입장을 취하고 있는 셈인데, 그녀가 하는 말 중에 이런 것이 있다 : "잠든 그의 사랑스런 육체 곁에서, 그가 왜 그토록 현실에서 달아나려 하는 것인지 알아내려고 나는 수많은 밤시간을 지새웠다"(104). 바로 이 바램이 랭보의 삶과 글 속에 담긴 그의 광적 企圖를 요약하고 있는 것이 아닌가 싶다.[1] 언어적 측면에서 보아 『일류미네이션』은 그 기획의 마지막 단계로서, 현실을 美로써 비현실화하고자 하는 야성적 욕구가 성취되는 곳이다.
 "난 이제 美에게 절할 줄 안다".「언어의 연금술」에는 그렇게 쓰여 있다. 이 말이 다름 아니라『지옥에서 보낸 한 철』의 초고에서 얘기하고 있는 '신비적 열정'과 '문체적 괴벽'에 대한 하직을 나타낸다고 생각할 수도 있다. 그럴 경우 그 말은 지나간 한 시기에만 적용될 것이다. 즉 '언어의 연금술'에 인용된 몇몇 시들, '인내'의 정기를 담고 있는 그 시들의 '낡은 시법'만이 문제가 되는 셈이다. 하지만『일류미네이션』의 어떤 시도 '말들의 환각'의 거부를 뒷받침하고 있지를 않다. 만일『일류미네이션』이『지옥에서 보낸 한 철』보다 먼저 쓰여진 것이라면 얘기가 달라지겠지만… 적어도 이론의 여지는 있는 것이다. 따라서 '언어의 연금술'을 거의 경건스레 끝맺고 있는 "난 이제 美에게 절할 줄 안다"라는 말이 보다 원대한 뜻을 담고 있다고 생각해볼 수도 있다. 그 말 바로 앞에는 "다 지나간 일이다"라고 쓰여져 있는데, 초고를 보면 그 대목이 어떤 특정한 기술형태가 아니라, 현실에의 혐오 혹은 랭보의 선천적 '성급함'에 관한 것이라는 사실을 알 수 있다 : "너무나 약해져서, 나는 이 사회가 [자비심] 없이는 나를 참아내지 못할 것이라고 스스로 믿었다. 얼마나 불행할까. 내 이 지독한 혐오에 걸맞는 수도원 생활을 하게 되겠지?" 이 글 다음에 읽어낼 수 없는 뭔가가 쓰여 있고, 뒤이어 줄을 바꿔 "차츰 다 지나간 일이다"라는 문장이 나오지만 그 다음 이어지는 말은 없다. 그렇다면 『일류미네이션』이 그 맥락을 잇고 있는 것은 아닐까? '혐오'를 극복하고 미를 새롭게 인식함으로써 '언어의 연금술'을 보다 완전한 차원으로 끌어올리고 있는 것이 아닐까? 『지옥』에서 위기를 확인한 후, 혹은 그러는 동안에도 뭔가 새로운 일이 일어나고 있는 것이다. 실제적 현실은 어쩔 수 없는 지속되고(「이야기(Conte)」에서 잘 드러나듯), 단순환각은 근거를 잃었지만, 비현실화의 의지는 그대로 남아 있다. 그 의지는 『일류미네이션』에서 비록 성취되지는 못할지라도 최소한 극에 달하게 되며, 그 현실거부의 절정은 침묵으로 이어질 것이다.

이제 '미에게 절할 줄' 안다면 그럼 어떻게 한다는 말인가? 미를 승인하고 찬미함으로써 세상을 비현실화하겠다는 것이다. 『일류미네이션』은 사물을 비현실적으로 만든다. 랭보에 있어서 시적인 것은 존재하는 사물, 실존하는 사물, 실제로 있는 사물들의 구가가 아니라, 바로 이 비현실화이다. 『일류미네이션』에는 언어적 경련을 통하여 세계를 와해시키고자 하는 노력, 세계의 실제성을 말소하고자 하는 노력이 담겨 있다. 각각의 시들이 나름대로 세계와 결합하는데, 그 결합이 밀접하고 은밀할수록 세계의 분해는 보다 확실한 것이 된다. 서체는 변화하고, 다급함이 두드러지게 나타난다. 가장 주의깊은 현실모사 속에서 세계의 말소가 이루어지고 있는 것이다. 그럼 그 현실모사는 어떤 것인가? 그것은 세계를 새롭게 바라보는 것이라기보다, 세계가 해체됨으로써 실제성 이면의 '원초적 자유(franchise première)'를 되찾게 되는 것을 읽어내는 방식이다. 바로 그 것을 통해서 아직까지는 도래하지 않은 사물들의 그 어떤 '선행 (avant)'이 이루어진다. 가령 우리는 말하여지는 것을 항상 알지는 못하지만, 말하여지는 것은 우리가 이해하기도 전에 우리에게 말을 걸고, 우리를 파고든다. 그렇듯 랭보의 글은 앞서 작용한다.『일류미네이션』에 나타나는 도약, 언어만을 통해서 이루어지는 견자의 도약이 바로 그것이다.

무엇보다도 명백한 사실은 모든 재현의 포기이다.『일류미네이션』의 그림들(「착색판화들」)에 나타나는 묘사는 종종 세밀하긴 하지만, 유사 표현으로 이어지지는 않는다. 그림인 것은 분명하지만 우리를 감동시키고 우리의 감성에 얘기하는 것은 아니다. 마치 지시대상이 더이상 존재하지 않는 것처럼. 현실과 결부시키고자 하는 주석자들이 어쩔 줄 몰라하는 사실이 그것을 잘 말해주고 있다. 혹은 지시대상이 부정된 것으로서 작용한다고 말할 수도 있겠다. 글쓰기작업은 지시대상을 파괴하는 게걸스럽고 천재적인 작업인 것 같다. 말은 참살(斬殺)과 변용을 동시에 수행하는 파괴행위이다. 그것은 非형상화 (dé-figuration)로서, 글로 작품 속에서 실제적 '현실'로부터 완전히 독립되어 있으면서 희한하게도 현실을 가리키는 새로운 형상에 자리를 내주는 것이다. 변용적 비형상화이다. 앙뜨완 레이보의 아주 적절한 용어에 따르면 그것은 "非재현(dé-représentation)"이다.[2] 그에 의하면 랭보는 '재현-재생'으로부터 '조작된 재현'으로 옮아가고 있으며, '성립된 재현체계'를 좌절시키고 '확실한 재현'을 불확실한 것으로 만들고자 한다는 것이다.『일류미네이션』은 텍스트 속에 항시 실제적인 지시대상과는 동떨어진 새로운 현실을 생성해낸다. 그것은 더이상 언어의 '연금술'이 아니라, 언어의 독자적이고 온전한 구성으로서 글쓰기만으로 현실을 지배하는 그런 것이다. 또 재현이 배제되었으니 주체 역시 동시에 배제된 셈이다. '나'라고 말하는 경우에 있어서도 랭보는 그가 명명하는 것으로부터 벗어난다. 그는 이제 텍스트가 운반하는 꿈들과 새로운 감각들의 무대일 뿐인 것이다. "나는 실제로 무덤 저편에 있다. 전할 말도 없다"라고 「삶들(Vies)」에 적혀 있다. 새로운 시대, 적어도 자신의 새로운 순간이 『일류미네이션』의 글쓰기와 함께 시작된 것이다. 그것은 '작업'의 순간이요 실제를 압도하고자 하는 그의 항시적 목표를 텍스트에 이양하는 순간이다. 그것은 「젊음(Jeunesse)」에 더없이 명확하게 밝혀져 있다 : "넌 아직도 앙뜨완의 유혹에 사로잡혀 있구나. 짧은 열성의 심심풀이, 유치한 자존심의 기벽들, 낙심 그리고 공포". 이 모든것은 『지옥』에 기록된 위기의 징후와 결부시킬 수 있는 것들이다. "하지만 넌 이 일에 착수하라 : 조화롭고 건축적인 모든 가능성들이 너의 자리를 중심으로 일어설 것이다. 완벽한 존재들이 예기찮게 너의 실험에 몸을 맡길 것이다. 너의 주변으로 한가한 호사로움과 태고적 군중의 진기함이 꿈결처럼 밀려들 것이다" 그리고 그는 의도가 분명한 다음말을 덧붙인다 : "그럼 세상은 네가 나가면 어떻게 되어 있을까? 어쨌든 현재와 같은 모습은 전혀 아닐 것이다"(148). 이 글이 『일류미네이션』의 프로그램을 드러내고 있는 것은 아닐까? 우여곡절 많은 견자의 시기를 지나 창조의 시기가 이어진다. 그러나 은밀한 목적은 여전히 같다. 즉 현실의 함축성(prégnance)을 축소시키고, 비현실화하는 글쓰기 속에서 현실의 실제성을 환원시키고자 하는 욕구는 그대로 남아 있다. 『일류미네이션』은 말들을 통한 현실과의 마지막 작별인 것이다. 그 다음에는 어쩔 수 없이 떠나가는 일만 남게 될 것이다. '떠날 수 없음'이 사실이라 하더라도 떠나야 하고, 아무리 현실을 벗어날 수 없다 하더라도 달아나야 하고, 결국 그것을 받아들이고 죽어야 할 것이다.

『일류미네이션』은 근접된 혹은 꿈꾸어진 세계, 그렇지만 실제 너머로 분명히 계획된 그런 세계를 말하고 있다. 그 시들이 매혹적이고, 때로 불가해한 것은 바로 이러한 이유 때문이 아닌가 싶다. 비길 데 없는 언어적 천재성도 천재성이지만 그 상당 부분이 이 유례없는 계획에 기인하고 있는 것 같다. "결코 어떤 인간도 그같은 바램을 품지 않았다"고, '현실에서 달아나도록' '지옥의 남편'을 충동질하는 이 무모한 유혹에 대해 랭보-'미친 동정녀'는 말한 바 있다. 결코 어떤 시인도 의식적으로건 아니건 그같은 글쓰기 계획을 갖지 않았으며 그처럼 급하게 추진해나가지 않았다. 그럼 프랑스의 시, 나아가 모든 시대의 시 속에 불쑥 도입된 이 너무도 새로운 요소에 대해 잠시 알아보도록 하자. 그 야릇한 시들, 磁化한 산문 같은 그 시들 서두에서부터 새로운 공간이 열리고 있으며 그 속에 나타나는 것들은 대개 일상적인 의미로 측정할 수 없는 그런 것들이다.『일류미네이션』의 시들은 제각각 내적인 논리를 갖추고 있으며, 우리가 잘 알 수는 없지만 표현이 풍부한 내용을 담고 있고, 일상적으로 포착할 수 없는 상황을 반향하고 있다. 랭보는 글쓰기 속에서 자신이 정확히 어디로 가는지 모르는 채 나아가고 있는 듯하다. 그가 도달하려 하는 것은 다른 요소 속에서 저절로 움직이는 것 같은 글쓰기 과정 중에 주어진다. 「견자의 편지」를 되새겨 보라 : "나는 내 사고의 孵化를 지켜본다. 그것을 바라보고 그것에 귀를 기울이며, 활을 당긴다. 교향악이 깊은 곳에서 움틀대다 일거에 무대 위로 솟아나곤 한다." 이것은 그 어느 때보다『일류미네이션』의 시기에 잘 들어맞는 얘기이다. 물론 그 시들이 작업에 의한 것이지만 그 작업 역시 걷잡을 수 없이 촉발되는 움직임, '깊이'로부터 비롯되는 은밀한 도약에 이끌리고 있는 것이다. 「착색판화」인 『일류미네이션』의 시는 있는 것을 말하거나 첫눈에 감지할 수 있는 것을 묘사하는 것이 아니라, 존재하는 것 밑에 혹은 앞에 있는 것을 묘사하고 있다. 그래서 무엇보다 수용적이고 몽환적인 상태가 요구되는 것이다 : "나의 잠들과 나의 최소한의 움직임들이 비롯된 그 지역을, 그 어떤 선한 팔들, 그 어떤 아름다운 시간이 내게 되돌려줄 것인가?"라고 『일류미네이션』에서 가장 '묘사적인' 시 중의 하나인 「도시들(Villes)」 말미에 쓰여져 있다. 주석자들은 이 시가 어떤 도시를 그리고 있는지 알아내려고 애썼고 또 애쓰고 있지만, 소용없는 일이다. 랭보가 아무리 현실의 도시에서 출발한다 하더라도, 서두에 분명히 밝혀져 있듯이 그가 찾고 있는 것은 도시 밑에 있는 도시이며 그것은 어중간하게밖에 찾아지지 않는 도시이다. 그래서 말미에 "나의 잠들과 나의 최소한의 움직임들이 비롯된 그 지역을, 그 어떤 선한 팔들, 그 어떤 아름다운 시간이 내게 되돌려줄 것인가?"라고 묻고 있는 것이다. '선한 팔들'의 작업은 계시적인(illuminante) '아름다운 시간'과 분리될 수 없는 것이고, 글쓰기의 '최소한의 움직임들'과 모든 현존의 노력은 묵시적인 '잠들'과 불가분의 것이다. 오로지 중요한 것은 그가 접하고 있는 미지의 '지역'이다. 대부분의 『일류미네이션』시들이 더듬거리며 나아갈 수밖에 없는 그 모호한 '지역'을 얘기하고 있다.

『일류미네이션』이 묘사하고 있는 것은 다소간 자의적인 세계의 변형이 아니라, 아마도 세계의 깊은 독서일 것이다. 랭보는 그 속에 현실을 다르게 해독해내고 있다. 시적 이론에 관한 시들, 그리고 시인의 현재적 열성이나 과거의 비약에 관한 시들을 제외한다면, 나머지 시들은 일반적으로 의식의 미래 속에서 작용한다. 의식은 항상 돌발적으로 생겨나 실제 자체가 되는 것들을 향하고 있는 것이다. 이처럼 선험적으로 접근된 사물들, 혹은 글쓰기의 몽상 속에서 단순히 꿈꾸어진 사물들은 완벽한 새벽빛을 띠게 된다. 새로운 세계가 말들 속에서 온전하고 신선하게 또 화려하고 싱싱하게, 마치 「대홍수 후의」 세계처럼 떠오른다. 그러나 그 새로움 이전에 파국이 없는 것은 아니다. 대홍수이건 지진이건 하나의 격동이 필연적으로 선치되고 있는데, 그것은 흔히 지진으로 나타나 환영(vision)에 대립되는 원래의 일상적 영상을 파괴 내지 약화시켜 놓는다. 이렇듯 세계는 먼저 재구성되고, 다르게 배치되며, 부분부분이 기이하게 분리되어 나타난다. 이 대지의 명세서 속에서 놀랍도록 세심하게 정돈된 무질서를 제대로 분석해내기 위해서는 쟈크 리비에르의 멋진 안내를 따라야 한다.[3] 그는 말한다. "여기 우리에게 제시된 모든것은 해체된 상태로 분열의 시초를 이루고 있다", 사물들이 실제의 세계와는 달리 연속적 맥락 속에 인지되고 있지 않다는 것이다. "사물들이 자연적 질서 속에 병렬되어 나타나는 경우에도 서로간에 연관성은 이미 없다. 그들은 서로 간에 접촉을 잃고 움직임없이 고독 속에 잠겨드는 순간 우리에게 보여지는 것이다" "대개의 경우 그들은 전이된 상태로 나타난다. 상호적 수준이 달라지는 것이다". 가령 「도시들(Villes)」을 보면 다음과 같은 대목이 있다 : "극도 예찬의 붕괴가 고도의 전원과 맞닿는다… 가장 높은 산봉우리들 위에, 비너스의 영원한 탄생으로 일렁이는 바다 하나…"(136). 이 글에 대해 쟈크 리비에르는 다음과 같이 설명한다. "하나의 간극이 형성되고, 사물들 간에 신비하고 음험한 공백이 흘러 그들이 하나가 되는 것을 막는다." "분산되고 분해되어 신비한 혼돈이 이루어진다." "우리가 갇혀 있던 일상의 경치는, 끊임없이 거대한 지하의 흐름 같은 것에 의해 패어져, 서서히 부스러지고 와해되어 다른것으로 바뀐다… 우리가 발을 내딛으려 하던 그 곳에 무언가 움직이며 찰랑대고 있다는 것, 하나의 무한한 투명이 자리잡고 있다는 것을 우리는 불현듯 깨닫게 된다… 모든것이 다른 것을 위한 자리가 된다". "한 지점에 위치한다는 것은 어느 순간 더이상 그곳에 있지 않게 된다는 것이다… 어떤 대상을 바라본다는 것은 그것이 열리고 움푹 패여져 가리고 있던 것을 남겨놓고 사라지는 것을 본다는 것이다". 아마도 쟈크 리비에르에게 있어서 이 다른 것이란 다른 세계, 즉 감각세계를 짓누르는 초자연적 세계를 나타내는 것이리라. 이 다른 세계에 '자리를 내

주고 있는' 우리의 감각세계를 『일류미네이션』이 그리고 있다는 것이다… 이렇게 舊敎論的으로 접근하다 보면 필경 원문을 왜곡하고 랭보를 곡해하게 될 것이다. 그런 접근방식이 한창이던 때가 있었지만, 이제는 시효가 지난 것이다. 앙드레 지드에게 헌증된 리비에르의 책은 1930년에 쓰여진 것인데, 다음 글을 보면 리비에르 스스로도 자신의 해석이 지나치다는 것을 예감하고 있었던 것 같다 : "사실, 우리는 완전히 벗어날 수가 없다. 실제로 다른 세계에까지 이를 수가 없다. 다만 사물들의 원래 상태를 떠날 뿐이다". 이것이 그의 분석의 귀결점인데, 거기엔 다음과 같은 예리한 견해가 덧붙여져 있다 : "요컨대 일상의 사물들은 그 어떤 신비스런 환멸을 통해 그들의 무질서로 우리를 이끌어간다." 하지만 그것은 그저 단순한 무질서가 아니다 : "그 무질서는 즉각적 현실의 베일 뒤에서 나타난다. 마치 그 요소들보다 더 오래되고 참된 무엇인가가 존재하고 있는 것처럼" "사물들은 더 이상 스스로에게 구속되어 있는 것이 아니다… 무엇인가 이중적인 것이 그들 속에서 나타난다… 그들은 우리가 바라볼 수는 없었지만 그들 간에 존재하고 있었던 기이한 관습을 취하게 된다… 그들은 이런저런 목적에 부합되도록 결정된 상태를 벗어나 온갖 가능성과 뒤섞이며, 그로써 불가해한 제이의 천성을 띠게 되는 것이다." 누구도 이보다 더 잘 말할 수는 없을 것이다. 그리고 누구도 더 이상 말할 수는 없을 것이다. 묘사적인 『일류미네이션』의 시들 속에서 우리가 진정으로 실제에서 벗어나지는 못한다. 리비에르가 아주 정확히 얘기하고 있듯, 우리는 다만 '사물들의 원래 상태를 떠날 뿐이다'. 하지만 때로 실제의 종말이 그 어떤 높은 곳으로부터 촉구되기도 한다. 「다리들(*Les Ponts*)」에서 랭보는 아름다운 무질서를 세심하게, 거의 집요하게 그려낸 다음 시 말미에서, 마치 지친 듯, 복수하는 어조로, 줄표를 긋고는 다음과 같이 쓰고 있다 : "한 줄기 흰 빛이 하늘 높은 곳에서 떨어져, 이 희극을 지워

버린다"(134).

『일류미네이션』을 읽을 때 우리는 이처럼 분해되고 해체되는 옛 세계로부터 새로운 세계가 떠오르는 것을 감지하게 된다. 하지만 언어적 광휘에도 불구하고 우리는 종종 다른 것을 전혀 못 느끼는 수가 있는데, 그것은 말들의 힘에 대해서도 실제는 강력하게 저항하고 있기 때문이다. 그러한 사실은 『일류미네이션』의 여기저기서 드러나고 있으며, 어떤 시들은 파괴에서만 해결책을 구하고 있다(「대홍수 이후(Après le Déluge)」, 「천한 야상(Nocturne vulgaire)」, 「역사적인 밤(Soir historique)」, 「민주주의(Démocratie)」와 특히 「이야기(Conte)」. 그러나 그 파괴도 선치된 인식적 무질서화의 연장으로 하나의 아름다운 혼돈을 조직하기에 이른다. 따지고보면 그것이 실제가 없는 세계, 실제를 벗어난(혹은 앞선) 세계에 다가갈 수 있는 유일한 방식이다. 글쓰기 속에서 꿈꾸어지는 하나의 유사 세계를 향하여 현실이 해체되고 다시 아름답게 혼돈스럽지만 아름답게 재구성된 이후에도 근본적인 질문은 그대로 남는다 : 어떻게 실제와 연을 끊을 것인가? 「유년기(Enfance IV)」에서 보듯, 종종 그것은 세상과 연을 끊음으로써 이루어진다 : "새들과 샘들이 너무도 멀리 있구나! 이렇게 계속 나아가다가는 세상의 종말에 이를 뿐이겠지"(124). 『일류미네이션』의 참된 차원이 여기서 그칠 것인가? 「삶들(Vies I)」(복수로 된 '삶들')에서 랭보는 자기 모험의 총체를 드러낸다 : "이곳에 유배되어, 나는 모든 문학들의 극적인 걸작들을 상연할 무대를 갖고 있었다. 당신들에게 그 유례없는 풍요함을 일러주겠다. 당신들이 찾았던 그 보석들의 이야기를 내가 지켜보고 있다. 나는 그 뒷이야기를 알고 있다! 나의 예지는 혼돈 마냥 멸시받고 있다." 이 마지막 말은 미적 재구성이 야기한 문제를 재포착하고 있다. 우선 유배지를 가리키는 '이곳'에서, 시인이 찾은 것은 '모든 문학들'의 가능성을 시험해볼 '무대'뿐이다. 그는 그것들의 '풍요함', '보석들'을 알고 있다. 하지만 그는 덧붙인다 : '나는 그 뒷이야기를 알고 있다!' 그러니 그것들은 매개물일 뿐이라는 얘기다. 그 '뒷이야기'는 그가 기획하는 것의 심층에 있는 '예지'와 관련되어 있으며, 그 예지는 사람들이 발견하게 될 '보석들'에 비추어볼 때, 그 역시 심층에 있는 혼돈과 마찬가지로 '멸시'받을 수밖에 없다는 것이다. 그것은 '無'의 예지로서, 있는 그대로의 세상에 대해 절망하여 그것을 파괴하고자 하는 예지이다. 그것은 미 속에 받아들인 '혼돈'의 진실이자 귀결점이다. 여기서 화자는 그것이 '자기의' 無라고 정확히 얘기하고 있다. 그것은 말들의 공허함을 가리키는 것이 아니다. 그것은 호소이자 예감으로서, 파괴의 욕구를 전제로 하고 있다 : "당신들을 덮칠 망연자실 곁에서, 나의 無가 다 무엇이란 말인가?" 여기서 예감되는 것은, 「대홍수 이후」에서 시인이 새로운 세계의 신선함("오 파묻히고 있는 보석들, 열린 꽃들!") 속에서 격렬하게 부르고 있는 파괴를 연상시킨다 : "물들이여, 슬픔들이여, 대홍수들을 다시 길어올려라"(122). 하지만 우리가 잘 알고 있듯이, '그 대홍수들이 흩어져버린 후', 세상은 새로운 실제로서 꽃피고, '권태'만이 남는다…

아름다운 세계, 말들 속에서 그 어느 때보다 고양된 (하지만 항상 '권태'의 위협을 받고 있는) 그 세계와 작품구조 속에 예견된 궁극적 재앙, 때로 명백하게 촉구되고 있는 그 재앙 사이에서, 『일류미네이션』은 떠돌고 있다. 사실 작품의 정확한 제작 시기는 별로 중요한 문제가 아니다. 『일류미네이션』과 『지옥에서 보낸 한 철』은 모순 관계를 이루는 것이 아니다. 『지옥에서 보낸 한 철』 속에 『일류미네이션』을 예견 혹은 반향하고 있는 귀절들이 있듯, 『일류미네이션』의 몇몇 시들은 『지옥에서 보낸 한 철』과 같은 드라마를 언급하고 있다. 글쓰기의 차원에 있어서도, 랭보의 운명적 통일성이 드러나고 있다. 다만 그가 항상 같은것을 추구했다는 것을, 그럴 수 없다는 것을 알면서도 늘 현실에서 벗어나고자 했다는 것을 염두에 둔다면 말이다. 바로 이 불가능한 탐색으로부터 그의 시적 천재성이 나온 것이 아닌가 싶다. 어쨌건 짧은 인생의 한 순간, 그는 이룰 수 없는 그 탐색을 표현해냈다. 그래서 그는 계속 탐구해야 할 대상으로 남아 있는 것이다. 이를테면 『지옥』의 발자국 속에서, 또 『일류미네이션』의 비길 데 없는 개화 속에서, 그 어디에서나, 한 운명이 끝고간 그림자를 찾아내도록 노력해야 할 것이다.

(숭실대학교 김종호 교수 번역)

● 주　석

1) Voir Roger Munier, "Arthur Rimbaud et le réel", NRF, n° 428.
2) Antoine Raybaud, *Fabrique d'"Illuminations"*, Paris, 1989, p. 11-12, 13, 24, 38.
3) Jacques Rivière, *Rimbaud,* Paris, 1930, p. 129-134.
* Toutes les références sont données au volume des *OEuvres complètes d'Arthur Rimbaud,* dans l'édition A. Adam de la "Bibliothèque de la Pléiade"(Gallimard, 1972).

Résumé

LE TRAVAIL DES *ILLUMINATIONS*

Selon la thèse de l'auteur, les *Illuminations* seraient une entreprise de déréalisation du monde par la beauté, dans le travail des mots. C'est cette déréalisation—et non le seul chant des choses qui *sont,* effectivement sont, sont dans l'*effectif*—qui est chez Rimbaud poétique. Au niveau des mots, on peut voir dans les *Illuminations* comme un effort pour dissoudre le monde, effacer sa prégnance, dans une sorte de spasme verbal. L'écriture change. Sa rapidité, sa hâte, comme à frapper, sont manifestes. Le biffement s'opère dans la mimésis la plus attentive. Mais quelle mimésis? Il s'agit moins désormais d'une autre vie que d'une lecture du monde en train de se défaire, pour recouvrer, sous l'effectivité, la "franchise première".

하동훈 1933년 11월 16일 생. 서울대 졸업. 서울대 대학원 석사. 프랑스 몽뻴리에 대학 문학 박사. 현 숙명여대 불문과 교수. 학위논문 : "La métaphysique de la violence du voyant". 논문 : "보들레르 신화의 근원 논고", "초현실주의의 배경 연구", "Introduction à la méthode de recherche sur Arthur Rimbaud", "Analyse des images du *Bateau ivre*", "랭보의 시에 나타난 상상과 계시에 관한 논고" 외.

存在의 認識과 詩學
－랭보와 보들레르－

河 東 勳

Ⅰ. 서   언

　랭보의 생애는 프랑스뿐만 아니라 세계 각국의 문학사에서도 유례를 찾아보기 어려울 만큼 특이하다. 그리고 그의 작품 세계 또한 그의 생애에 못지 않게 유니크하다.
　새로운 詩學을 찾아내어 작품으로 형상화한 다음에는, 그의 나이가 불과 20세밖에 되지 않았을 때 문학과 영원한 작별을 하고 만다. '91년은 랭보가 서거한 지 꼭 100주년이 되는 해로서 프랑스를 비롯한 여러 나라에서는 랭보에 대한 학술 토론이 있었다. 풍성한 연구 결과의 발표에서도, 20세 이후까지 이 詩人이 시작을 계속하였다는 증거는 나오지 않았다. 아무데서도.
　詩로써 自我의 내면적 이상을 달성할 수 없음을 깨달았기 때문인지, 아니면 새로운 詩的 理想을 실현할 수 없음을 자각했기 때문인지는 더 깊이 천착하여야만 밝혀지겠지만, 어쨌든 랭보는 詩作品을 발표하는 것을 중단하고 냉엄한 현실 속에서 삶을 실천하기를 결심한 것같다.
　그러나 남들과 같은 보편적 일상생활을 영위하기에는 그의 정신적 力動性이 너무 강렬했다. 하나의 직업을 선택하여 거기에 안주하기에는 그의 心像的 날개가 너무도 거대하여 오히려 방해가 된 것같다. 한때 射手들을 비웃으며 태풍과 구름 속을 자유롭게 넘나들던, 보들레르의 'albatros'가 그러했던 것처럼. 랭보는 국제 무역－현대적 의미의 조직적인 무역과는 거리가 멀다—을 성공적으로 수행하기 위하여 가급적이면 많은 외국어를 습득하려고 노력했다. Charleville 꼴레쥬 재학시절 라틴어 詩作 꽁꾸르에서 수상자로 두각을 나타낸 그때부터 그에겐 남다른 어학적 재능이 있었음을 증명해주고 있었다. 경제적으로는 심히 곤궁하였으나 그는 여러가지 직업을 전전하며 유럽과 중동지방과 동남아지방 및 아프리카를 돌아다니게 된다. 우선 유럽에서는 영국, 독일, 이탈리아, 오스트리아 등을 전전했으며 그전에는 이미 벨기에도 간 적이 있었다. 동남아지방에 간 것은, 큰 여행을 해보겠다는 것 외에는 다른 목적이 없이 네델란드 군대에 입대하여 쟈바섬으로 가게 되었다는 사실이다. 1876년 6월에 그가 소속되었던 네델란드 부대는 쟈바섬의 바타비아 港을 향하여 출항했다. 그러나 랭보는 바타비아에 도착한 지 불과 수일후에 군대를 탈영하여 영국 배를 얻어 타고 귀국해 버린다. 이듬해 1877년 봄에는 오스트리아의 비엔나에 모습을 나타냈다가는 곧 독일의 함부르크로 간다. 뚜렷한 증거는 없지만, 전하는 말에 의하면 그는 이 함부르크港에서 서커스단에 입단하여 통역자로 종사했던 모양이다. 다음해 1878년에는 사이프러스 섬으로가서 1880년까지 그곳에 머물었다. 商社의 직원으로 고용되어 생활을 영위하던 랭보는 윗사람들과 의견충돌로 직장을 버리고 사이프러스 섬을 떠난다. 그의 말을 인용하면 '홍해의 모든 항구를 돌아다니며' 일거리를 찾아헤매었다. 사이프러스 섬에서 홍해의 해변 도시를 전전하며 아라비아 반도를 따라 남하한 그는 마침내 오늘날 남예멘 공화국의 港都인 아덴에 이른다. 여기에서 모피와 커피를 거래를 하는 Viannay, Bardey商社에 입사한다. 그 당시의 서신을 참조하면, 랭보는 일에 전혀 신바람이 나지 않았던 모양이다. 이 해에 그는 아라비아 반도를 떠나 아프리카 대륙을 밟게 된다. 지부티의 타드쥬라(Tadjourah)항구에서부터 시작하여 아프리카 내륙지방으로 들어간다. 에티오피아의 에레르

(Herrer)와 앙코베르(Ankober)를 거쳐 오늘날 에티오피아의 수도인 아디스 아바바, 당시에는 안토토(Antotto)로 불리우던 곳에까지 도착한다. 이곳에 도착하기 위해서는 소말리아 사막을 가로질러 20일 동안의 지긋지긋한 馬上旅行을 할 수밖에 없었다. 안토토에서 아라르(Harrar)로 가게 되는데 그곳에는 Bardey 商社의 支社와 몇 개의 상점들이 있었는데 주로 커피, 象牙 및 毛皮 따위를 거래하고 있었다. 이곳의 기후는 아라비아 반도의 아덴보다는 견디기가 수월했지만, 랭보 자신의 말에 의하면, "너무 추웠다"고 한다. 11월부터 3월까지의 雨期의 기후가 추웠던 것 같다(여동생 이자벨에게 보낸 편지).

이 무렵에 주목할 만한 것은, 랭보의 知的 욕구가 활발했다는 점이다. 그는 사진기와 기술서적 및 여러 가지 器資材를 보내 달라고 요구하고 있기 때문이다. 그는 이 지방의 풍속과 역사에 대한 강렬한 탐구욕을 느꼈으며 自然史 또는 박물학에 대하여서도 관심을 가졌던 것이다. 그리고 아랍어에 대해서도 괄목할 만한 진척이 있었다. 그러나 생활은 너무도 단조로왔고 신열이 그칠날이 없었다. 그는 마침내 이곳의 생활을 견딜 수 없을 만큼 지긋지긋하게 여겼다. 1882년부터 1883년 사이에는 소말리와 에티오피아 남부 지방에 해당하는 갈라(Gallas)와 오가딘(Ogadine)을 탐험하기도 한다.

그러나 이듬해인 1884년에는 아라비아 반도의 아덴에 있는 本社와 아프리카의 支店은 문을 닫게 된다. 랭보는 아덴으로 돌아온다. 사장이었던 Bardey씨는 랭보에게 일자리를 마련해주지만 둘 사이에 의견충돌이 생겨 이듬해에 랭보는 사임해 버렸다. 그는 아덴에서 아프리카의 타드쥬라港으로 건너가서 隊商을 형성하고자 했다. 쇼아(Choa) 王國의 Ménélik왕에게 銃器를 팔기 위해서 그 계획을 세웠던 것이다. 이 계획이 성공하려면 타는 듯한 熱砂의 사막을 가로질러 50일 동안이나 긴긴 여행을 해야 할 것이다. 그러나 이 여행이

성공만 한다면 25,000프랑이라는 거금을 벌 수 있다고 계산했다. 통역인을 구할 수 있을지 어떨지 확신이 서지 않았기 때문에 랭보는 직접 아마라(amhara) 방언을 배웠다.

1886년 9월까지 타드쥬라港에 머물면서 치밀하게 여행준비를 마쳤다. 그러나 隊商旅行은 마침내 참담한 실패로 끝나고 만다. 메넬리크왕의 배신 때문이었다. 나중에 아비시니의 황제가 되는 이 메넬리크는 약속이라든가 信用따위는 안중에도 없는 위인이었던 것이다. 게다가 설상가상으로 동업자인 라바뛰(Labatut)에게마저 속은 그는 또 다시 빈털털이가 되고 말았다.

1887년에는 기진맥진한 랭보가 카이로에 와서 휴양을 하게 된다. 이 때는 벌써 오른쪽 무릎에 류마티즘 증세가 나타난 뒤였다. 그는 고국으로 돌아갈 생각을 했다. 역시 카이로의 기후도 그에는 너무 추웠던 것이다. 고국으로 돌아가고 싶은 생각은 생각만으로 끝나고 그의 몸은 다시 아덴으로 가서 몇달간 머물러 있게 된다. 이 때 César Tian이라는 商人과 동업자가 되어 랭보는 다시 아라르를 향하여 떠난다. 이번에는 1888년 5월부터 1891년 2월까지 약 3년동안 그곳에 체류하게 되는데 이것이 아프리카 체류의 마지막 기간이 된다. 당시 아라르에는 프랑스의 外邦宣敎團이 와 있었다. 랭보는 이 무렵 카톨릭 선교사들과 두터운 우정을 맺었으며 지병인 루마티즘의 간헐적인 고통에도 불구하고 사업상의 성공을 거두어 상당한 재산도 모으게 되었다. 그가 20세 이후에 詩作을 포기했다는 사실은 널리 알려진 사실이다. 그러나 만약에 詩를 다시 쓴 적이 있다면, 이 무렵에 그 가능성이 가장 많이 있을 것으로 생각된다. 그러나 앞서도 언급했듯이 서간문이나 보고서류 외에는 아무런 증거물도 확보되어 있지 않다. 서간문류는 그의 가족이나 친지들이 수취인으로 되어 있기 때문에 남아 있지만, 창작물은 설사 있었다 하더라도 아라르의 책상서랍 속에나 있었을 것이고, 랭보가 떠나자 그것들은 일

산될 수밖에 없었을 것이다. 아라르 체류시 랭보와 동거했던 현지의 젊은 원주민 여인은 비록 애정이 깊었다 하더라도 그 가치를 모르기가 십상이었을 터이다.

　이 점을 못내 아쉽게 여기는 것은, 詩를 통하여 自我의 내면적 理想을 달성할 수 없음을 깨달았기 때문인가? 아니면 詩的理想을 詩作으로 形像化할 수 없었기 때문에 문학을 포기했던 것일까? 하는 인식의 중대한 분기점이 될 수 있을 것이기 때문이다. 본 論文의 목적은 이 점을 천착해보고자 하는데 있다. 베두윈族으로부터 부단히 강압받은 생명의 위험성, 6개월 동안이나 비가 내리다가 건기에는 모든 생명의 수액을 증발시켜 버리는 끔찍스러운 기후, 인간적인 신뢰를 쌓을 수 없는 상거래의 상대자들, 이 모든 악조건을 무릅쓰고 도전했다가 끝내는 좌절하고야 만 아프리카의 삶은 단순히 돈을 벌어보겠다는 일념만이 그 동기가 되었던 것일까?

　어쨌든 랭보는 財運이 겨우 찾아오기 시작하는 그 무렵에 병세의 악화에 시달려야 했다. 1891년 봄에는 병석에 쓰러지고 만다. 오른쪽 무릎의 관절염이 화농하기 시작했던 것이다. 초기에 정밀한 검사를 받고 적절한 치료를 하지 않은 것이 사태를 악화시킨 원인이었다. 랭보는 16명의 흑인들이 가마꾼 노릇을 하는 들것에 실려 사막을 횡단하는 300Km의 고된 여정을 견디어야만 했다. 이때의 고통은 그의 서간문에 잘 표현되어 있다. 드디어 젤라(Zeilah) 항구에 도착했고 여기에서 아덴으로는 배편을 이용할 수밖에 없었다 아덴에서는 영국 의사가 진찰을 한 후 오른쪽 다리를 절단해야 한다고 했다. 랭보는 수술을 받더라도 프랑스에 가서 받기를 원했다. 1891년 5월에 마르세이유港에 도착하여 Conception병원에 입원했다. 담당의들은 암이 만연되었다는 진단을 내렸다. 오른쪽 다리를 절단했지만 통증은 더욱 참을 수 없었다. 랭보는 또 한쪽 다리마저 절단하게 될까바 심한 공포에 시달렸다. 91년 7월 2일의 서한에는 이 공포가 잘 나타나 있다. 입원 생활을 견딜 수 없었던 그는 Roche에 있는 가족의 집으로 돌아왔다.

> 내 하나 탐하는 유럽의 물 있다면, 그건 웅덩이야.
> 검고 차가운, 향기로운 황혼을 향하여,
> 웅크린 한 아이가, 슬픔에 가득차서,
> 5월의 나비처럼 가녀린 배를 띄워 보내는 곳.
>
> Si je jesire une eau d'Europe, C'est la flache
> Noire et froide où vers le crépuscule embaumé
> Un enfant accroupi plein de tristesse, lâche
> Un bateau frêle comme un papillon de mai.

「취한 배」의 마지막 둘째 연의 詩句처럼, 랭보는 그리던 유럽과 고향으로 되돌아왔다. 그러나 1891년의 그해 여름은 유달리 음산하게 비가 내렸으며 으슥하니 추운 날씨였다. Roche의 날씨 역시 아라르의 그것처럼 그에게는 너무도 추웠다. 임종을 앞에 둔 그의 소망은 오직 하나 태양과 따뜻함을 되찾는 것이었다. 여동생 이자벨(Isabelle)의 보호를 받아 그는 남쪽의 마르세이유로 가서 Conception 병원에 재입원했다. 이자벨의 극진한 간호와 담당의사의 치료에도 보람없이 그는 1891년 11월 10일에 영면하고 만다. "웅크린 한 아이가, 슬픔에 가득차서,/향기로운 황혼을 향하여, 검고 차가운 웅덩이에/5월의 나비처럼 가녀린 배를 띄우듯이" 그는 자신의 영혼을 우주에 띄웠던 것이다.

우리가 여기서 랭보의 후기 생애를, 즉 詩作을 포기한 20세부터 37세까지의 생애를 지루하게 추적한 것은, 本 論文의 目的 자체에 그 이유가 있다. 아프리카에서 만년의 시작품이 발견되지 아니한 이상 문학과는 무관한 듯한 그의 후기 생애를 어떻게 작품과 연관지어 수용할 수 있는가 하는 점이 論旨의 요점이 될 것이기 때문이다. 그의 삶은 부단한 방황과 여행으로 점철되어 있다. 보들레르에 있어서도 이와 비슷한 점이 있다. 우리는 여행(voyage)과 방황(errance) 또는 탈주(évasion)이라는 문제를 살펴보고자 한다.

Ⅱ. 방랑(bohéminnerie)

  도시들이여 저녁 속에 불을 밝혀라. 나의 날은 이루어졌다. 나는 유럽을 떠난다. 바닷 공기가 내 폐를 불태우리라. 낯선 기후가 나를 그을게 하리라.

  Que les villes s'allument dans le soir. Ma journée est faite ; je quitte l'Europe. L'air marin brûlera mes poumons ; les climats perdus me tanneront.[1)]

  위의 詩句에서 우리는 랭보의 내밀한 염원에 접하게 된다. "도시들이여 저녁속에 불을 밝혀라"하는 귀절은 처절한 기도 소리에 가깝다. 다음은 유럽에서 자기가 해야할 일과가 끝났기 때문에 유럽을 떠난다고 선언한다. 자기가 해야 할 일과는 바로 詩作이라는 創造의 과업을 뜻한 것이다. 창작을 포기한 다음의 변화는 무엇일까? 그것은 상실한 생명력을 되찾는 것이다. 그리하여 이 詩人은 외친다. "바닷 공기가 내 폐를 불태우리라. 낯선 기후가 나를 그을게 하리라"라고. 과거로부터의 탈출과 미래에 대한 무한의 기대, 그것은 모든 여행에 공통되는 여행의 존재이유이다. 위고(Hugo)는 **Voyages aux Pyrénées**에서 다음과 같은 말을 하고 있다.

  여행은 자연의 경관을 확장시키고, "창조의 보이지 않은 실들" 속에 담긴 보편적 삶에까지 이르게 한다. "주의깊게 응시하는 자가 감지해낼 수 있는 그 실들은 커다란 전체가 하나의 삶, 하나의 정기로 이루어진, 복잡 다양하고도 통일된 하나의 생생한 조직이 되게 하는 것으로서, 이를테면 존재의 뿌리 자체를 이루는 것이다."[2)]

  여행이나 항해는 자연의 事實的인 光景을 있는 그대로 나그네의 망막에 비추는 것은 아니다. 그것은 훨씬 확산되고 신장된 의미로 나그네의 視賞뿐만 아니라 心像속에 印刻되는 것이다. 사물을 관찰하는 자가 아닌 觀照者만이 이해할 수 있는 눈에 보이지 않는 창조의 그물코 속에서 보편적이며 범우주적인 삶에 접할 수 있도록 여행은 허용해 주는 것이다. 여행의 참된 의미는 관찰이라는 시각적인 기능의 틀 속에 한정되기를 거부한다. 그것은 觀照의 차원으로 확산되기 마련이며, 종국에는 존재론적인 認識(la connaissance ontologique)으로 귀착되는 것이다. 랭보에게 있어서도 이 말은 해당된다. 율리시즈나 오디세이에서도 여행의 의미는 존재론적인 인식의 문제로 귀착된다. 보들레르가 au-delà라고 말할 때면, 그것은 수직적인 여행 즉 인식의 변화와 존재의 초월적인 變移를 지칭하고 있다. 그러므로 여행이나 방황 모두 생명체가 원초적으로 지니고 있는 力動性(dynamisme)그 자체인 것이다.

다음으로 중요한 것은, 여행에는 반드시 이국취향이 수반된다는 점이다. 이국취향은 권태 속에 안주하는 存在의 무력성을 일거에 역동성으로 변화시키는 힘을 지닌다. 따라서 여행에서 경험하는 이국취향은 적어도 문학 작품 속에서는 여행의 일화거리로 한정될 수는 없다. 그것은 문학 작품 속으로 스며들며, 작품에 이미지라는 영양소를 공급하게 된다. 때로는 영웅과 神話를 부여하기도 한다.

위고의 동방시집 속에 나오는 그리스, 메리메와 뮈세가 애착을 지니고 다루었던 에스파냐, 샤또브리앙의 **Dernier Abencérage**에 묘사된 무어風(le style mauresque), 스타엘 부인과 위고가 언급한 독일, 플로베르의 **Slammbo**에 나오는 아프리카, 고비노(Gobineau)의 **Nouvelles asiatiques**에서 취급한 동양(페르시아) 등등, 여기에 나타나는 모든 이국취향은 결코 시각적인 경이로움이나 개인적인 체험의 차원에서 머무는 것이 아니다. 체험은 부차적인 의미만 지니고 있으며, 그보다는 모든 인간에 공통되는 보편적인 이미지와 神話가

지닌 내재적인 힘이 우선한다.

그러므로 여행을 주제로 한 詩는 여행 자체를 근거로 하여 창조되는 것은 아니다. 보들레르 경우를 예로 들어 보더라도 그의 航海詩(la poésie du voyage)는 航海 그 자체와는 긴밀한 연관성이 없다. 이러한 특성은 랭보와 말라르메의 경우에는 더욱 두드러지게 나타나는데 항해 자체와 그 詩 사이에는 거의 아무런 연관성도 없는 것이다. 보들레르의 열대지방 항해는 아무런 이야기거리도 제공하지 않았다. 뿐만 아니라 어느 특정 지역에 대한 정밀한 묘사도 그의 詩에는 나타나 있지 않다. 이점 쟝 프레보(Jean Prévos)는 명확하게 지적하고 있다.

> 그 여행은 파리의 춥고 불행한 생활과 대비됨으로써 점차 천국에의 방문과 같은 것으로 변해갔다.[3]

여행에서 느끼는 감흥은 여행 그 자체의 신기함이나 감미로움이나 괴로움으로부터 오는 직접적인 자극이라기보다는, 보들레르의 경우에는 춥고 불행한 빠리의 을씨년스러운 생활과 對照됨으로써 認識의 내밀스러운 영역에까지 미치는 것이다. 보들레르의 詩集『惡의 꽃』에 나타나는 열대지방 테마와 바다의 테마는 회상적인 자세에서 언급되는 테마일뿐, 치열한 現存在의 認識作業 과정에서 절규되는 소리는 아니다. 따라서 시작품속에서 형상화되는 樂園은 허구이며 상상의 능력 속에서만 실존하는 세계이다. 랭보가 아프리카의 아라르에 가고 나서 더 이상 詩作을 하지 않은 것이나, 말라르메가 런던보다 더 멀리 여행하지 않은 것은, 여행을 통한 認識作業의 상반된 결과이다. 랭보는 여행의 종착지에서 절필했고, 말라르메는 여행의 종착지를 지나오고 나서도 창작을 계속했다. 말라르메가 창조의 美學 속에서 造化神(démiurge)의 희열과 괴로움을 사랑하고 있었다면, 랭보는 詩를 통하여 存在의 도약을 시도했던 것이다. 랭보에게 강렬한 종교적 신앙심이 있고 만약 神이 있었더라면 그의 모습은 聖者로 부각되었을 것이다. 그러나 불행하게도 그에게는 神이 없었다. 神이 없는 聖者의 모습이 바로 아라르에서 괴로와하던 랭보였다. 더 이상 脫出할 向方이 없는 탈주의 極端點, 일체의 기대가 어긋나는 현실의 냉혹성은 침묵으로 결정된다. 자아의 영혼을 高揚하는 기도와 명상을 통한 垂直的인 여행을 제외한 일체의 水平的인 여행은 그 자체가 원초적으로 실망을 내포하고 있다.

보들레르는 韻文과 散文으로 Invitation au voyage를 썼는데 定型詩에서나 散文詩에서나 취급하는 테마는 동일하다. 배의 이미지, 出港의 아름다움, 행복의 약속 등이 여행과 연관된 테마들이다. 이것은 낭만주의 詩人들이 즐겨 다루던 큰 테마이기도 하다. 그러나 시집 『惡의 꽃』의 마지막 時篇인 동시에 結言詩라고도 할 수 있는 *Voyage*는 脫走(évasion)와 실망(déception)이라는 두 테마가 씨와 날을 형성하여 짜여져 있다. 脫走의 테마는 현실상황에 대한 혐오, 自由에의 욕구, 未知에 대한 매혹, 그리고 꿈에서 비롯된다. 이에 비하여 失望의 테마는 空虛와 惡과, 고뇌하는 實存體의 自己回歸에로 귀착하고 만다.

그러기에 보들레르는 고백하는 것이다.

> 여행에서 얻어내는 쓰라린 지식!
> 작고 단조로운 세상은 오늘,
> 어제, 내일 그리고 늘, 우리의 이미지를 보여준다:
> 권태의 사막에 있는 그 공포의 오아시스를!

> Amer savoir, celui qu'on tire du voyage!
> Le monde, monotone et petit, aujourd'hui,
> Hier, demain, toujours, nous fait voir notre image:
> Une oasis d'horreur dans un désert d'ennui!

결국 인간이 여행에서 얻어낼 수 있는 것은 괴로운 깨달음뿐이다.

오늘(現在)이나 어제(過去)나 내일(未來)이나 그리고 언제나 한결 같이, 단조롭고도 좁은 세계는 우리로 하여금 제 스스로의 모습을 보게 할뿐이다. 권태의 사막 속에 있는 공포의 오아시스-이것이 우리 인간들의 삶의 모습이다. 여행을 통하여 失惡園을 復樂園으로 바꿀 수는 없다. 낙원은 언제나 현실의 彼岸, 꿈 속에만 존재한다. 따라서 유일한 未知와 유일한 새로움은 죽음의 深淵 속에 존재한다. 여행의 목적은 바로 이 죽음이다. 그러나 그 죽음은 存在의 中止(la cesse de l'être)가 아니라 새로운 始作으로서 詩人앞에 나타날 것이다.

여행의 起點이 되는 出港이라는 테마를 살펴보자. 出港은 정신적인 모험의 象徵이다.

말라르메가 Brise marine속에서 노래하는 것은, 결코 위대한 여행가들이 체험했던 이국정취가 풍기는 기이한 나라들이 아니다. 그것은 플라톤的인 이데의 세계이며, 絶對가 군림하는 꿈의 왕국이다. 그 세계에는 밤과 어둠, 절망과 빛과 보석이 영롱하게 박혀 있다.

랭보의 경우에도 이 도식은 해당된다. Bateau ivre의 풍요롭고도 현란한 이미지들은 경험에서 걸러낸 이미지가 아니다. 그것들은 아직 바다를 한 번도 본 적이 없는 17세의 소년에 의하여 창조된 이미지들이다. 에티앙블(Etiemble)의 말마따나 그 이미지들은 "高踏派 시인들이 즐겨 사용하던 상징들 중의 하나"[4]가 아니라 경이로운 visions의 행렬들이다. 詩人 자신의 象徵이니 이 배는 空間 속에서 航海를 하는 것이 아니라 精神속에서 항해한 것이다. 따라서 배가 체험한 경험은 時空을 초월한 정신의 경험이었던 것이다.

III. 자유로운 自由

1870년 11월 2일부로 죠르쥬 이쟝바아르에게 보낸 서한[5]을 참조컨대, 랭보는 '자유로운 自由(la liberté libre)'를 갈구하는 사람으로 자기 규정을 하고 있다. 그의 옛친구 베를렌느는 랭보를 일컬어 "바람구두를 신은 사람(l'homme aux semelles du vent)"이라고 말하고 있는데, 이것은 랭보가 한 곳에 머물러 있지를 못하고 쉴 사이 없이 돌아다니는 방랑벽의 소유자임을 나타내는 말이다. 마치 올림포스의 諸神들 가운데서도 제우스 神의 使者 헤르메스가 발뒤꿈치에 작은 날개가 달려 있던 것처럼. 그러나 랭보의 도주(la fugue rimbaldienne)에는 파라독스가 내포되어 있다. 방랑의 습벽을 끝장내고 한 곳에 안주하려는 유혹이 도처에 도사리고 있다. 안주에의 갈망과 도주에의 갈망은 동시에 공존하기도 한다.

우리는 그의 작품 속에서 방황의 부단한 변화를 살펴볼 필요가 있을 것이다.

보들레르는 **Bohémiens en voyage**에서 유랑의 족속들을 「예언적인 部族(La tribu prophétique)」이라 부른다. 집시들이 점치는 것을 업으로 삼고 있다는 뜻도 있지만, 그보다는 보헤미안들이 현재보다는 미래에 꿈을 걸고 있는 족속이라는 뜻이 더 강하다. 유랑민에 있어서 현재란 고통 그 자체이다. 그리고 어둠이다. 그러나 이들을 사랑하는 大自然의 女神 Cybèle는 그들의 가는 길에 푸르름을 더해주고, 바위에서 샘물을 흐르게 하며, 사막의 모래 벌판에서 꽃들을 피게 한다. 흡사 그 옛날에 모세가 이스라엘 백성들을 위하여 바위에서 샘물을 흐르게 했듯이. 하지만 이스라엘민족 앞에 젖과 꿀이 흐르는 약속의 땅은 영원히 나타나지 않았다. 마찬가지로 보들레르가 노래하는 詩속의 보헤미안들에게 낙원은 나타나지 않는다. 이들 앞에는 친숙한 왕국이, 너무도 그리워하고 너무도 자주 꿈 속에서만 접했기에 이제는 익숙해지고 친해져버린 그들의 帝國이 몽상과 희망으로 펼쳐져 있을 뿐이다.

바위를 흐르게, 사막을 꽃피게 한다,
여행자들 앞에서 그들을 위해 열려 있는
다가올 어둠의 친숙한 제국.

Fait couler le rocher et fleurir le désert
Devant ces voyageurs, pour lesquels est ouvert
L'empire familier des ténèbres futures.

그러기에 보들레르는 이 帝國을 실현 불가능한 꿈의 제국 즉 '어두운 미래의 친숙한 제국'이라고 일컫는 것이다. 어둠이라는 단어는 明暗의 정도만을 수식하지 않는다. 그것은 오히려 幽玄하거나 신비로움을 알 수 없다는 뜻쪽으로 쏠리는 형용사이다. 따라서 이들의 帝國은 현실의 저편에 있는 非物質的인 꿈의 세계이다.

랭보의 방랑(bohémienneries) 역시 이와 유사한 점이 있다. 그의 초기 작품 Sensation과 **Ma Bohème**를 예로 들어 보자.

푸른 여름 저녁, 오솔길로 가리라,
밀이삭에 찔려가며 잔풀을 밟으려 :
꿈꾸며, 발길에 신선함을 느끼리라.
바람이 내 맨머리를 씻어주리라.
말도 않고, 생각도 않으리라 :
그래도 무한한 사랑이 넋 속에 피어오르리.
그렇게 방랑자처럼, 멀리, 멀리로 가리라,
자연 속으로,—여인과 함께 가듯 행복하게.

Par les soirs bleus d'été, j'irai dans les sentiers,
Picoté par les blés, fouler l'herbe menu :
Rêveur, j'en sentirai la fraîcheur à mes pieds.
Je laisserai le vent baigner ma tête nue.
Je ne parlerai pas, je ne penserai rien :
Mais l'amour infini me montera dans l'âme,
Et j'irai loin, bien loin, **comme un bohémien**,
Par la Nature,—heureux comme avec une femme.

「*Sensation*」[5]

이 시는 1870년에 쓰인 詩로서 초기의 작품에 속하나 예언적인 요소들이 많다. 우선 모든 시제가 단순미래로 되어 있는 점에 주의할 필요가 있다. 따라서 이 詩는 보들레르의 **Bohémiens en voyage**와 마찬가지로 비현실적인 세계인 동시에 脫物質的인 성향이 內在되어 있다.

랭보는 자기를 꿈꾸는 자로 칭하며 시원함을 발길에 느낄 것(Rêveur, j'en sentirai la fraîcheur à mes pieds)이라고 말한다.

여기서 주목할 것은 la fraîcheur라는 目的補語와 à mes pieds라는 副詞句이다.

시원함(la fraîcheur)이라는 단어는 온도에 대한 주관적인 느낌을 나타내는 단어이지만 추상화의 과정을 거쳐 內面化될 때에는 新鮮함이라든가 새로움이라는 미경험적 충격을 나타낸다. 따라서 이 단어는 경험 이전의 몽상의 세계에 속하는 것이다.

그래서 그는 '보헤미안처럼 대자연 속을 헤매는'(Et j'irai loin… /comme un bohémien,/Par la Nature) 존재가 될 것임을 예언하고 있다. 아덴과 아라르도 이 예언의 연장선상에 우연히 위치하는 지점이다. 꼭 그 장소가 아니라도 그의 방랑에는 변함이 없었을 것이다.

이 점을 뒷받침하는 말이, 1870년 8월 25일자로 그의 스승 이장바르에게 보낸 서한[7]에서 발견된다.

> 이역 만리에서 나는 병이 들어 있읍니다. 화가 나고 바보 같고 황당합니다. 일광욕과 끝없는 산책과 휴식, 여행, 모험, 방랑 같은 것들을 기대했었는데, 특히 신문과 책들을 기대했었는데… 아무것도! 아무것도 없읍니다!

방랑과 전쟁이 다가왔다. 꿈이 정지되고 현실의 탈출구가 봉쇄되었을 때 랭보는 자신의 분노와 안절부절함을 dépayé, malade, furieux, bête, renversé 등의 형용사로 묘사하고 있다. 다음에는 "할 수만 있다면" 그렇게 하겠다는 원망을 나타내기 위하여 "j'espérais"라는 조건법 현재를 쓴다. 그가 원했던 것은 일광욕과, 끝없는 산책(des promenades infinies=errances)과 휴식과 여행과 모험과 방랑이었다. 이는 현실에 대한 철저한 부정이었다. 따라서 그 세계에서는 말할 필요도 없고 생각할 필요도 없다. 오직 무한한 사랑만이 영혼 속에 充溢할 것이다. 그 사랑이란 解釋을 유보하는 (Je réservais la traduction)[8] 창조의 행복이기도 하다. 리샤르(J.-P. Richard)는 이러한 느낌을 "언제나 새롭게 탈바꿈하는 창조를 보장해주는, 감지할 수 있는 무한한 可塑性의 기쁨(la jouissance d'une infinie plasticité sensible, qui assure une invention toujours renouvelé)"[9]이라 했다. 이리하여 랭보는 침묵과 어둠(밤)을 쓰며, 설명불가능한 것을 기록하는 것이다.

  1870년 8월 25일 이장바르에게 편지를 쓴 후 나홀째 되는 날, 그는 첫번째 家出을 했지만 실패로 끝난다. 두번째 가출은 10월에 감행되는데, 벨기에로 가는 길을 택했다. 이번의 탈출은 그의 바램을 상당히 충족시켜 주었다. **Ma Bohème**은 단순한 환상곡이 아니라 脫物質化라는 熾烈한 認識作用이 내재하는 詩다. 따라서 可塑性의 능력을, 다시말하면 現實을 벗어난 영혼의 자유를 입증하는 詩이다.

    내 갔지, 터진 주머니에 손집어 넣고
    양복 저고리는 관념적이 되었어
    詩神아, 나는 하늘밑을 가는 너의 忠臣.
    오, 랄랄라. 내 얼마나 멋진 사랑을 꿈꾸었으리.

    단벌바지엔 구멍이 났지
    꼬마몽상가라 길에서 운율을
    훑었지 내 주막은 大態座에 있어서
    하늘의 내 별이 부드럽게 살랑거렸지.

길가에 앉아 나는 들었지
구월의 멋진 저녁소리를
이마엔 이슬방울 떨어졌어 힘나는 술같이.

환상적인 그림자 속에서 운을 맞추며
가슴가까이 발을 대고 나도 리라타듯
내 터진 구두의 구두끈을 잡아다녔지!

Je m'en allais, les poings dans mes poches **crevées** ;
Mon paletot aussi devenait idéal ;
J'allais sous le ciel, Muse! et j'étais ton féal :
Oh! là! là! que d'amours splendides j'ai **rêvées**!

Mon unique culotte avait un large **trou**.
—Potit Poucet rêveur, j'égnenais dans ma course
Des rimes. Mon auberge était à la Grande-Ourse.
—Mes étoiles au ciel avaient un doux frou-frou

Et je les écoutais, assis au bord des routes,
Ces bons soirs de septembre où je sentais des gouttes
De rosée à mon front, comme un vin de vigueur ;

Où, rimant au milieu des ombres fantastiques,
Comme des lyres, je tirais les élastiques
De mes souliers blessés, un pied près de mon coeur!
「Ma Bohème」[10]

위의 詩는 1870년 10월 벨기에쪽으로의 탈출 경험을 소재로 한 것이다. 이 詩에서 우선 눈에 띄는 것은 과거에 있어서 **持續性**을 나타내는 **時制**인 반과거가 사용되고 있다는 점이다. allais, étais, égrenais, avais, écoutais, tirais 등등의 동사는 반과거의 시제를 띠고 있음으로써 과거의 어느 동작이 **時間** 속에서 지속되고 있었음을 나타낸다. 따라서 이 詩를 읽는 사람으로 하여금 어떤 동작을 취하고 있는 소년 詩人의 모습을 상기하도록 하는 효과를 낳고 있다. 그러한 효과와 더불어 詩人의 심리적인 상태를 엿보게 한다. 즉 랭보의 出奔은 일시적인 발작이나 변덕에서 비롯된 것이 아니라 마음의 밑바닥에 항시 도사리고 있던 성향임을 보여 주는 것이다. 그것은 어느 상황에서 야기되는 物理的인 動作機能을 뛰어넘어 心情의 상태로 응고되고 한층 심화되면 영혼의 상태와 인격으로 결정되는 것이다. 따라서 환경적인 조건이나 物質的인 制約에서 벗어나려는 "자유로운 自由"의 실천이 脫物質化라는 과정으로 승화되는 것이다. 그리하여 모든 것을 벗어던진다. 구멍 뚫린 호주머니(mes poches crevées), 그것은 사물로서의 기능을 상실한 사물이다. 저장의 기능도 보온의 기능도 이미 상실한 것이다. 명색뿐인 외투가 되어버린 외투(Mon paletot aussi devenait idéal) 역시 마찬가지이다. 나는 얼마나 많은 찬연한 사람들을 꿈꾸어 왔던가(que d'amours splendides j'ai rêvées!) —이 사랑 역시 現存하는 사랑이 아니다. 그것은 몽상의 세계에서만 존재하는 사랑이며 플라톤의 이데아인 사랑이다. 구멍이 커다랗게 뚫린 내 반바지(Mon unique culotte avait un large trou)는 어떠한가? 사물로서의 기능역할을 완전히 상실했을 뿐만 아니라 인간사회에서는 앞가림조차 못해주는 다시 말하면 사회적인 체면치레도 못하고 창피스러움을 야기하는 반바지이다. 게다가 유일한(unique)라는 부가어가 붙어 있으므로 대체할 길마저 봉쇄되어 버린 상태의 바지이다. 이리하여 詩人은 脫物化, 脫社會化의 과정 속으로 침잠한다. 어떻게 보면 지극히 홀가분해진 랭보는 오로지 환상과 神話의 세계만을 대면하게 되는 것이다. 첫째 聯은 뮤즈 女神을 숭배하는 신도들의 神話(le mythe du féal de la Muse)이고, 둘째 聯은 엄지 왕자의 神話(le mythe du Petit Poucet)이다. 왜소한 몸집에 반비례하여 무한히 큰 이상과 능력을 지닌 엄지왕자는 랭보 자신이다. 그리고 넷째 聯은 오르페우스의 神話(le mythe d'Orphée)이다. 오르페우스가 리라를 켜면 나무들이 춤추고 바위들이 날아다닌다. 그것은 重力의 場을 벗어난 自由의 상징이다.

날아다니는 바위는 이미 바위가 아니다. 한 쪽 발을 심장 가까이 부여안고, 마치 리라를 켜듯이 헤어진 신발의 고무창을 쥐어 뜯는 랭보의 모습은 바로 리라를 켜는 오르페우스의 모습이다. 이브 본느프와(Yves Bonnefoy)는 랭보의 bohéminneries에 대하여 다음과 같은 해석을 한다.

> 변화하는 물리적인 지평선이 구원을 입증하는 것 같다. 모든것이 가능해 보이며, 詩語는 그 가능태와 함께 태어난 그와 뒤섞인다. 말들은 언제나처럼 순수성, 즉 다른 세상의 빛을 얘기한다. 보이는 길가의 사물들, 말과 어긋나지 않는 사물들, 미적지근한 음료, 여인숙, 하녀들 모두가 다가올 기적적인 환영(accueil)의 기호처럼 느껴진다.[11]

본느프와의 이 말을 분석해보면 랭보의 정신적 역동성(dynamisme spirituel)을 단계적으로 규정하고 있다. 첫째, 여행의 속성인 물리적인 地平線은 그 변화 과정에서 詩人에게 救援을 입증해 주는 것 같이 보인다는 점이다. 단조로움과 권태로부터의 탈출은 기분전환이라는 일상적인 하위 가치의 차원을 뛰어넘어 정신의 존멸에 관계되는 근원적인 가치 문제로 발전한다는 뜻이다. 둘째 본느프와의 지적중 간과해서는 아니 될 것은 자유의 문제가 여행에 내재되어 있다는 점이다. 여정의 진척에 따라 시시각각으로 변화하는 지평선은 일체의 것이 가능하다는 것을 선언해준다. 자유란 현실에 있어서나 상상상의 세계에 있어서나 가능성과 더불어 동전의 표리를 형성한다. 가능성이 소멸된 곳에서는 자유도 필연적으로 소멸한다. 이 가능성과 더불어 詩의 말씀이 태어난다. 뒤집어 말하면 "태초에 말씀이 계시니라(Au commencement était la parole)"라는 요한 복음 1장 1절의 말씀처럼, 詩의 가능성은 이 말씀과 더불어 태어난다. 이리하여 詩人은 詩의 말씀과 일체가 됨으로써 가능성의 바다에 닻을 올리는 것이다. 이렇게 된 詩人은 日常的인 생활 속의 모습과는 전혀 다른 거듭 태어난 인간이 된다. 따라서 일상적인 언어기능은

論理의 굴레에 구속되어 있지마는, 그 구속을 벗어난 자유로운 詩語가 가능하게 된다. 셋째로 이렇게 하여 태어나는 詩語들은 어떻게 작용하는가 하는 문제를 본느프와는 지적하고 있다. 언어는 언제나 순수만을 말한다. 다른 세계의 빛을 말한다. 旅程에서 만나는 사물들은 결코 언어를 배반하지 않는 한계에서만 시인에게 수용된다. 기타의 사물은 생략되거나 배제된다. 이리하여 여행의 소도구 역할을 하는 마실것(boissons), 주막(auberges), 하녀(servantes) 등등은 나그넷길을 환영하며 충동질하는 비밀스러운 기호가 되는 것이다. 이 기호에 매료된 랭보는 결코 안주할 수 없게 된다. 우리는 랭보의 人性形成이 詩的 創造 혹은 詩的自覺과 불가분의 관계임을 확인한다.

Ⅳ. 存在의 認識과 超越

탈출에 대한 갈망은 日常性을 뛰어넘은 純粹에 도달하려는 갈망이다. 이 욕구는 랭보에게 있어서 연속적으로 일어난다. 그런데 탈주자는 거의 매번마다 제 자리로, 즉 출발점으로 되돌아오는 운명에 놓이게 된다. 이를테면 작고하기 불과 몇 개월 전에, 그는 오른쪽 다리를 절단한 채로 Charleville에서 별로 멀지 않는 Ardenne로 되돌아온다. 그가 그렇게도 따분하게 여겼던 단조롭고도 밋밋한 그 평야지대로 되돌아왔던 것이다. 이 지구 위의 어떤 장소도 그를 만족시키지는 못했을 것이다. 그가 추구하는 것은 결코 장소로부터 받은 위안은 아니었다. 1887년 4월 7일자의 편지[12]를 참조하면 그는 아프리카를 더러운 나라(ces sales pays)라고 표현했다. 그가 만년을 보냈던 그곳도 그의 마음을 포근하게 감싸주지는 못했다. 요컨대 그가 여행에서 기대한 것은 어느장소로 轉移하는데 있지 않고 간다는 行爲 그자체를 통하여 認識의 질량을 높이는데 있었으며, 詩의 말씀을 태어나게 하는 가능성의 추구에 있었던 것이다. 그러한 랭보에게 있

存在의 認識과 詩學   67

어서 한 쪽 다리가 절단되었다는 것은 얼마나 끔찍스러운 고통이었던가는 짐작하고도 남음직하다.

게다가 나머지 다리마저 절단될까봐 그는 두려움에 떨고 있었으니 말이다.

1891년 7월에 누이동생 이자벨에게 보낸 편지[13]에는 다음과 같은 푸념을 하고 있다. "산들을 타넘는 여정은 이제 어디에 있는가? 기마 행렬, 산책, 사막들, 강들, 그리고 바다들은 어디에 있단말인가?" 하고 그는 탄식한다.

안주할 때는 방랑을 그리워하고 방랑할 때는 그 풍요로운 정신적인 모험에도 불구하고 안식을 갈구하는 일견 모순된 두 욕구를 어떻게 해석해야 할 것인가? 본느프와는 **Rimbaud par lui-même**에서 랭보를 일컬어 "너무도 빨리 成人이 되었고 너무도 오랫동안 어린아이로 머물러 있던 사람"이라는 표현을 하고 있는데 이는 적절한 것같다. 그의 내면에는 어른과 어린아이가 공존하고 있었던 것이다. '見者의 편지들' 속에서 우리는 놀라운 詩學을 발견한다. 그러나 어떤 작품들 속에서 '幼兒期固定(fixation maternelle)'이나 '退行性 幼兒(régression infantile)'증상을 느낄 정도로 유아기 관능이 보이기도 한다.

　　근처에 있는 직공의 딸로서―여덟 살이었다―
　　눈은 갈색에다, 성격이 강하고, 인디언으로 분장한 그 아가씨는,
　　어두컴컴한 구석에서 땋아늘인 머리꼬리를 흔들면서, 갑자기 그의 등에
　　올라탔다. 밑에 깔린 그는 상대방 엉덩이를 물었다.
　　말괄량이 아가씨는 속옷 따위는 입은 적이 없었다.
　　―그는 발꿈치와 주먹에 타박상을 얻기는 했으나,
　　그녀의 살결의 맛을 그대로 자신의 거실까지 가져갈 수 있기는 하였다.

　　Quand venait, l'oeil brun, folle, en robes d'indiennes,
　　―Huitans,―la fille des ouvriers d'à côté,
　　La petite brutale, et qu'elle avait sauté,

>   Dans un coin, sur son dos, en secouant ses tresses,
>   Et qu'il était sous elle, il lui mordait les fesses,
>   Car elle ne portait jamais de pantalons.
>   —Et par elle meurtri des poings et des talons,
>   Remportait les saveurs de sa peau dans sa chambre.
>   「Les poètes de sept ans」[14)]

　　일곱 살짜리 소년 詩人은 자기보다 한 살 더 먹은 막벌이꾼의 딸과 어울려 노닥거리는 장면이다. 소년의 지능은 너무도 조숙했기 때문에 일곱 살 나이에 벌써 소설을 쓸 정도이다. "매혹적인 自由가 찬연히 빛나는 대사막의 생활을" 다룬 소설이다. 숲과 태양과 기슭과 초원이 등장하는 소설이다. 그는 이 소설을 쓰기 위하여 삽화가 그려진 신문을 참조했다고 고백하고 있다. 그만큼 조숙한 소년이었다. 그러나 이 소년은 치마 밑에 속바지를 받쳐입지 않은 이웃 소녀의 엉덩이를 노닥거리면서 물어뜯었기 때문에 주먹으로 쥐어박히고 발길에 채여 흠씬하게 얻어터진다. 그리하여 방으로 쫓겨 들어온다. "살갗의 감미로움을 방으로 가져들어오는 것이었다.(Remportait les saveurs de sa peau dans sa chambre.)"

　　우리는 이 詩句에서 sado-masochiste 的인 경향을 엿볼 수도 있을 것이다. 그러나 7세의 소년에게 거창한 정신장애의 병명을 붙일 필요는 없을 것이다. 어머니의 유방을 빨던 감미로운 희열에 대한 회상 때문에 흔히 이유 직후의 어린이들은 사람의 살갗을 물어뜯는다. 문제는 거기에 있는 것이 아니라, 소녀의 살갗을 물어뜯었을 때 느꼈던 그 감미로움을 상상의 왕국인 자기 방으로 가져왔다는데 있다. 우리는 여기에서 인간에 대한 그리움과 외로움의 극치를 본다. 인색하고 극성스러우며 엄격하기까지 한 어머니를 **Les poètes de sept ans**은 그리고 있다. 그러한 어머니에게서 느낄 수 있는 애정의 결핍감, 이유기의 유아가 느끼는 아쉬움 등을, 이 조숙한 7세의 詩

人이 느꼈다는 사실에는 여러가지 시사하는 바가 있다. 게다가 비록 이 전기적인 詩의 주인공은 7세이지만, 이 詩를 쓸 당시 랭보의 나이는 17세였다. 청년기로 접어드는 그 연령까지도 랭보에게는 애정결핍과 애정박탈에 대한 강렬한 보상심리가 작용하고 있었음을 알 수 있다. 이러한 심리는 유방이라는 신체의 한 부분에 집중적으로 照射된다.

Soleil et chair를 살펴보자.

> 그녀의 양 젓가슴은 광대한 이 세계 속으로
> 무궁한 생명의 맑디맑은 흐름을 쏟아부었다
> 「인간」은 마치 어린아이들처럼, 그녀의 무릎 위에서 노닐며,
> 행복감에 차고 넘치며, 그녀의 젖꼭지를 빨았다.

> Son double **sein** versait dans les immensités
> Le pur ruissellement de la vie infinie
> L'Homme suçait, heureux, sa **mamelle** bénie,
> Comme un petit enfant, jouant sur ses genoux.
> 　　　　　　　　　　　　　「Soleil et chair」[15)]

自然의 女神 Cybèle는 인간을 위하여 무한한 생명의 순수한 흐름을 두 유방으로부터 흘러 보내고 있다. 그러면 인간은 Cybèle의 무릎 위에서 재롱떠는 아기처럼 행복에 겨워, 축복의 젖꼭지를 빤다. 가슴(le sein)과 유방(la mamelle)이라는 단어가 이 詩句의 구심점이다.

> 강렬한 눈에, 거대한 젖통을 가진 소녀가(…)

> Quand la fille aux **tétons** énormes, aux yeux vifs,
> 　　　　　　　　　　　　　「Au cabaret-vert」[16)]

이상 두 詩句는 가슴·유방에 대한 그리움과 아쉬움을 나타낸다. 그러나 이러한 감정은 곧 증오와 모멸의 감정으로 바뀐다.

퉷 메말라버린 나의 침이, 빨강머리 못난 처녀야,
여전히 네 둥근 가슴의 골짜기를 더럽히고 있구나!

Pouah! mes salives desséchées,
　　　Roux laideron,
Infectent encor les tranchées
　　　De ton **sein** rond!
　　　　　　　　　　「Mes petites amoureuses」[17]

그대들의 못난 유방을 고통의 숨결로 덮어버려라!

Plaquez de fouffes douloureuses
　　　Vos **tétons** laids
　　　　　　　　　　「Mes petits amoureuses」[18]

증오와 사랑은 동일한 감정의 표현의 차이일 때도 있다. 따뜻한 애정의 감쌈을 필요로 하는 아이들에게 있어서 애정의 그리움은 흔히 앙탈로 표현되는 것이다. 랭보는 애정의 보호를 필요로 했을 것이다. 그것을 획득하고 싶어하는 욕망은 변모하여 나타난다. 도피, 방랑, 원점회귀 등은 그의 행위에만 있는 양상이 아니라 내면의 의식 속에서도 일어나는 양상이다.

Le dormeur du val에서는 어머니의 품이 'un trou de verdure'로 변모되어 나타나 있다. 푸르름 속에 빠끔히 뚫려 있는 空地는 잠든 병사에게 어머니의 품의 역할을 하고 있다. 오른쪽 옆구리에 총상을 입고 죽은 이 젊은 병사는 'enfant malade'로 묘사되어 있다. 마지막으로 찾아낸 도피의 안식처가 이 空地이다. 그것은 어머니의 품이다.

자연이여 그를 따뜻하게 품어주렴 : 그가 추워 하니.

Nature, berce-le chaudement : il a froid.
　　　　　　　　　　「Le dormeur du val」[19]

存在의 認識과 詩學 71

그러기에 어머니인 대자연에게 부탁하는 것이다. "그 아기는 추워하니, 따뜻하게 요람을 흔들어 주오"라고.

Au cabaret-vert와 **La maline** 에는 안식처인 주막의 내부가 잘 나타나 있다.

Bienheureux, j'allongeai les jambes sous la table
「Au cabaret-vert」[20]

En mangeant, j'écoutais l'horloge, —heureux et coi
「La Maline」[21]

"흐뭇한 기분으로 (푸른) 테이블 아래로 다리를 뻗었다" 혹은 "행복에 겨워 말 없는 나는 먹으면서 時鍾 소리를 듣고 있었다"는 표현들은, 고된 여정을 마친 후의 휴식을 나타낸다. 해키트(C.A. Hackett)는 "외부로부터 보호되는 피난처의 휴식 le repos dans un asile protecteur"[22]은 어머니의 가슴 속에 안겼을 때 느끼는 그 행복감과 같다고 본다. 그러므로 l'auberge의 이미지는 피난처(l'asile), 항구(le port), 寄港地(l'escale) 등으로 변모되지만 그 기능적은 특성은 동일하다. 휴식과 아늑함을 주는 것이 그 특성이다. 그리고 이 특성은 어머니의 젖가슴에도 해당된다. 해키트의 이러한 견해에 대하여 플레센(Jacques Plessen)은 정반대의 해석을 내린다. 바슐라르 (G. Bachelard)의 이론에 동의하고 또 지대한 영향을 받은 그는 '주막의 이미지'가 오히려 휴식의 행복과 도보 여행의 즐거운 역동성을 주막의 총체적 분위기 속에 가두어 놓는 것으로 보고 있다.[23] 요컨대 플레센은 '주막의 이미지'를 幼兒退行症(la régression intantile) 의 이미지와는 분리해서 보는 것이 바람직하다고 주장한다. 주막의 이미지는 이미 상실한 어머니의 가슴을 상징하는 것이 아니라, 成年이 되려면 필연코 거쳐야 하는 통과의 장소를 상징하는 것으로 보아야 한다고 주장한다. 주막은 즐거운 通過儀式을 가능케 하는 장소인 셈이다. 따라서 이 장소는 成年의 연령으로 접어드는 희망을 의미하며 사내다운 기질과 襟度를 쟁취하는 장소로 보아 한다는 것이다. 새로 未知를 정복하는 것이 여행하는 목이라면 J. Plessen의 이 주장은 설득력이 있다. 주막은 도보에 지친 나그네의 기력을 재충전하는 장소인 동시에 한 단계 높은 認識에 도달할 수 있는 문이기도 하다. 奇港地도 여기 해당할 것이다.

그러나 랭보의 Voyage는 언제나 出發地點으로 되돌아오는 운명을 띠고 있었다는 점을 간과해서는 아니될 것이다.

해키트처럼 랭보의 모든 열쇠를 이 詩人의 未成年的 氣質(le caractère enfantin) 속에서만 찾는 것도 위험하다 하지만 우리는 랭보의 全作品을 통독할수록 해키트의 이 주장에 마음이 끌린다. 랭보는 부랑아도 見者(구약성서에는 이 voyant이 神의 啓示 혹은 異像을 보는자, 즉 예언자에 대한 또 다른 칭호이다)도 아니며, 천사도 아니요 악마도 아니다. 더구나 빠리 Commune을 열렬히 지지하는 혁명가도 아니다, 라는 것이 해키트의 論旨이다. 우리가 플레센의 주장을 어느 일면에서 수용할 수 있다면, 해키트의 주장도 반대로 수용할 수 있을 것이다. 즉 랭보에게는 voyou의 기질도, voyant의 요소도, ange의 특성과 더불어 démon의 특성도 공존하고 있었다. 또 그에게는 혁명가적인 사상과 女性解放論者的인 일면도 있었다. 해키트는 이러한 랭보의 모순을 未成年者(entant)의 意識反應에서 그 해결점을 찾으려 했다면, 플레센은 成年初人이라는 成長의 과도기적 의식 현상에서 그 원인을 분석하고자 했던 것이다. 여기서 우리는 연령적인 한계에 구애되지 않고 純粹의 持續과 意識의 明瞭性이라는 관점에서 더 천착해보고자 한다.

미성년자 혹은 어린이는 결코 어른의 축소형이 아니다. 연륜의 차이에 따라 전혀 다른 두 종류의 인간을 우리는 어른과 아이에서 볼 수 있다. 연륜이란 단순한 時間의 경과가 아니라, 생리적인 변화와 성장이라는 생명체 공유의 드라마인 동시에, 삶의 경험이라는 한 생명체의 총체적 변이를 내포한다.

어른이나 아이나 行爲 속에서 그리고 행위를 통하여 살아간다. 그러나 그 행위는 전혀 다른 의미를 지닌다. 어른은 산문적인 행위를 하는데 반하여 아이는 시적인 행위를 통하여 살아간다. 어른은 현실과 투쟁하며, 타협하고 양보하고 때로는 자기를 낮추기도 하고 왜곡시킨다. 비열한 목적을 위하여 순종하기도 한다. 이에 반하여 아이는 순진하며 때묻지 않았으며 절대적이다. 그리고 가장 중요한 것은 의식의 여과를 거치지 않은 반응을 한다는 점일 것이다. 따라서 어린아이에게는 이해타산을 위한 간지도 없다. 본능적인 반응과 도약, 순수한 거칠음(la violence), 그리고 눈물이 있다. 가장 중요한 것은 자기처럼 꾸밈이 없고 자연스러운 모든 사물에 대하여 공감하고 열중한다는 점이다. 꽃이나 동물이나 겸허한 인간에 호감을 가진다. 우리는 랭보의 시 속에서 이러한 특성을 자주 발견한다. 랭보가 詩를 쓸 때의 연령 자체가 미성년기였다. 모든 작품은 20세 전에 쓰였으며, 그 중의 어떤 詩篇들은 15세전에 쓰여졌다. 이른바 하이틴의 나이에 담배 파이프를 물고 교정의 담벼락 위에 올라가 앉아 있는 모습 자체가 기괴하다면 기괴하지만 그 속에는 순진함이 깃들어 있다. 일부러 나이를 먹은 채 하는 천진스러운 가장의 이면에는 조숙한 반항심도 숨겨져 있었을 것이다.

랭보의 시니시슴, 필요이상의 위악, 반항심의 분출, 이러한 것이 **Les Assis**[24], **Accroupissements**[25], **Mes petites amoureuses**[26]같은 詩에 나타나 있는데, 이것은 바로 천진스러움과 유치함의 발로이다. 뜻도 모르고 어른들에게 욕설을 내뱉아 어른들을 당황하게 하는 악동의 천진스러움이 엿보인다. 애정의 결핍이 흔히 어린아이들을 위악적으로 만든다. 자기보다 권위가 있고 자기보다 강한자에게 무조건 반항적인 자세를 취하는 악동일수록 자기보다 연약하고 가엾은 자에게는 즉각적인 애정표현에 열중한다. 받는 사랑의 부족을 주는 사랑의 풍요로움으로 보상하거나 대치하려는 것이다. 랭보는 일체의 불행한 자에 대하여 그리고 모든 미천한 것에 대하여 본능적인 연민을 나타낸다. Les Etrennes des orphelins[27], Ma Bohème,[28] Les Poètes de sept ans[29], Larme[30], Les soeurs de charité[31], Ouvriers[32] Les Effarés[33] 같은 시편들을 읽어보면 랭보의 냉소주의는 짐짓 꾸며진 가면임을 느낄 수 있다. 그 가면 밑에는 억제된 연민과 순수한 정감이 도사리고 있다. 특히 Les Effarés는 어린아이의 영혼에 대한 이해심이 넘치는 작품이다. 어린아이들의 순수성에 공명하려면 어린이의 순수성을 지녀야 한다. 그리고 어린아이와 대화할 때에는 어린이의 눈길과 수평이 되도록 자세를 낮추어야 한다. 그러나 대부분의 어른들은 이 점을 망각하고 있다. 다섯 명의 조무라기(cinq petits)들이 눈과 안개 속에서 새까만 陰影으로 부각되어 있다. 이들은 빵 가게의 통풍창 앞에 무릎을 꿇고 앉아 안을 들여다 보고 있다. 동그란 엉덩짝을 뒤로 내밀고 콧마루를 환기창에 바싹대고서 삶의 훈기가 훈훈하게 스며나오는 이 따뜻한 구멍 앞에서 다섯 조무라기들은 동물적인 기쁨을 맛본다. 그들의 영혼은 기도 속에서 한 없이 팽창한다. 결코 도달할 수 없는 彼岸이 환기창 저편에 펼쳐져 있다.

눈안개 속, 커다랗게 불밝힌
환기창에 까맣게 달라붙어,
　　동그란 엉덩이 나란히

무릎꿇은 다섯 아이-불행이로고!
빵장수가 만드는 묵직한
　　황금색 빵을 바라본다…

Noirs dans la neige et dans la brume,
Au grand soupirail qui s'allume,
　　Leurs culs en rond

> A genoux, cinq petits, — misère!
> Regardent le boulanger faire
> Le lourd pain blond…

환기창 저편은 밝고, 따뜻하며, 먹을 것이 있고 기쁨이 있다. 더구나 갓굽혀 화덕에서 나오는 빵은 금빛이다. 반대로 환기창 이쪽은 어둡고 추우며 굶주림이 있다. 그리고 들여다보느라고 무릎을 꿇은 모습은 간절히 기도하는 자세이기도 하다.

아이들에게 있어서 가장 강렬한 욕망인 식욕은 더욱 더 꿈의 기능을 고양시키고 있다. 구수하고 훈훈한 빵의 향기를 들이키면서 아이들은 제빵 가게화덕을 통하여 천국을 꿈꾼다. 다시 열린 천국(Du ciel rouvert)은 évasion의 고난을 겪은 자만이 동경한다. 환기창으로부터 스며나오는 바람은 어머니의 가슴처럼 따뜻하다(Au souffle du soupirail rouge,/Chaud comme un sein).

그러나 환기창의 창살은 現實과 꿈 사이를 차단하고 있다. 랭보는 이 장애물을 결코 뛰어넘을 수 없다는 느낌에 사로잡혀 있다. 그러나 이 장애물은 현존하는 장애물이 아니라 의식 속의 장애물이다. 창살의 바깥 쪽에 있을 때에는 내부를 그리워하고 반대로 창살의 내부에—화덕 곁에—있을 때에는 외부를 그리워한다. évasion, voyage, marche의 상황에 처해 있을 때에는 對他意識으로서의 세계인 auberge, sein, repos를 생각하는 것이다. 내부의 권태(l'ennui de l'intérieur)는 외부의 모험(l'aventure de l'extérieur)으로 지향케 하고, 반대 외부의 두려움은 내부의 안온함을 그리워하도록 한다.

우리가 여기까지 분석해온 脫走의 이미지들은 많은 학자들이 論證한 것이다. 그러나 그 이미지들이 강렬하면 할수록 더욱더 이미 상실한 la protection maternelle에의 회귀 의지도 강렬해진다는 것을 간과해서는 아니될 것이다. 그는 꿈과 현실을 구별하지 않았다.

꿈과 현실을 차단하는 환기창의 창살은 사실은 장애물이 아니라, 상상의 高度를 더욱 차이지게 함으로써 位置에너지의 量을 증폭시키는 水力發電所의 댐과 같은 역할을 한다.

"나는 좋아했다. 출입문 위에 그려져 있는 바보스러운 그림들, 장식들, 어릿광대의 그림 화폭, 간판, 통속적인 채색화들을 좋아했다. 또 한물간 문학, 교부 라틴어, 철자와는 아랑곳 없는 외설스러운 책들, 선조들의 소설, 동화, 어린이용 작은 책들, 해묵은 오페라, 멍청한 후렴, 순박한 율동… 등을 좋아했다. 나는 십자군을 꿈꾸었고 탐험 여행을 꿈꾸었다… 역사가 없는 공화국을… 나는 모든 매혹들을 믿었다…"[34] 이 모든 것들은 결코 현실적으로 소유할 수 없는 것들이기에 더욱 사랑하고 꿈꾸며 믿는 것이다. 설사 접근하고 소유했다 할지라도 그리움의 지평선은 저만큼 더 멀리 후퇴할 것이다. 결코 장악할 수 없는 것을 장악하려는 불가능에 대한 초조함과 아쉬움이 랭보의 정신적인 활동의 밑바닥에 깔려 있다. 랭보의 상상력을 지배하는 것은 환상이었다. 결코 만족할 줄 모르는 어린아이처럼 그의 환상은 넘쳐 흘렀다. 그리하여 **Alchimie du verbe** 에서 그는 마침내 고백한다.

울면서, 나는 金을 보았다—그러나 마실 수는 없었다—

Pleurant, je voyais de l'or—et ne pus boire—

황금은 至高의 것, 絕對 그 자체를 의미한다. 목격하였으되 마시지 못하는 행위, 자기가 절대자가 되지 못하는 능력의 한계를 깨달은 행위는, 마침내 이 詩人을 침묵 속으로 침잠케 한 것이 아닐까?

"불티를 훔친 도둑(Voleur d'étincelles)", 프로메티우스的인 이 詩人은 자기자신을 해방시키고 일체의 편견과 불충분으로부터 인간을 해방시키고자 안달하였지만, 절대자를 목격하였을 뿐 스스로 절

대자가 되지는 못하였다. 그리하여 그의 운명은 voyant이었을 뿐,
"인간은 神이다!(L'Homme est Dieu)"[35]이라는 궁극 목표에 도달
하는데는 실패했다. 결국 랭보의 실패는 詩學(la poétique) 자체의
실패라기보다는 삶이 詩學을 따라가지 못한데서 야기되는 비극이었
다. 환언하면 위고와 보들레르는 삶의 모든 요소를 芳醇한 포도주로
발효시키는 예술적 昇華를 이룬데 비하여, 랭보는 삶을 昇華시키지
못하고 결과인 詩學으로 단숨에 도약했던 것이다.

이를테면 未成年과 成年의 중간에 처해있던 青少年 랭보에게는
詩와 혁명에 대한 갈증이 混在되어 있지만 발효되지 못했다. 그는
자신의 全存在를 이 혼합물 속에 투여하고 있다. 정신적인 企圖와
形而上學的인 企圖뿐만 아니라, 社會的인 방대하고도 모험스러운 해
방의 기도를 한꺼번에 수용하고자 했던 것이다. 결국 랭보는 모든
自由의 告知者(l'annonciateur)가 되고자 했다. 그것은 새로운 調和
와 새로운 소리의 告知者가되는 것이기도 하다. 좌우를 살펴도 새로
운 사람만이 충만한 세계를 그는 바랐던 것이다.

　　네가 얼굴을 돌리면 : 새로운 사랑!
　　또 다시 돌리면, ―새로운 사랑!

　　Ta tête se détourne : le nouvel amour!
　　ta tête se retourne ― le nouvel amour![36]

V. 결 언

散文 특히 哲學이 世界全體에 對한 論理的인 認識임을전제로 한
다면 그곳에는 마땅히 客觀的인 體系가 있어야 할 것이다. 랭보의
세계에는 이 객관적인 체계가 결여되어 있다. 아니 랭보 자신이 이
러한 완결된 세계관에 대하여 반발했던 것이다. 그러므로 그의 詩世

界에는 아무리 목타게 神을 기다려도 (J'attends Dieu aves gourmandise)[37] 구원의 神은 찾아오지 않는다.

오 정신의 풍요로움, 우주의 광활함이여!
O fécondité de l'esprit et immensité de l'univers![38]

그의 관심사는 精神의 풍요로움과 그 정신 앞에 놓여 있는 宇宙의 無限性이었다. 그것은 現象學的인 認識의 문제였으나 哲學은 되지 못한다. 그리하여 랭보의 경우에는 詩가 普遍的體系와는 전혀 다른 認識이 되어 버렸다. 그러나 그는 詩를 통하여 認識하고자 했으며, 그 길만이 완전하고 유일한 認識이 되기를 바랐던 것이다.

詩가 詩自體를 목적으로 했을 때 詩는 宇宙全體를 그 내용으로 받아들이며, 相對的事物이나 論理的體系를 뛰어넘어 사물의 본질 그 자체와 存在의 의미를 발견하게 되는 것이다. 낭만주의 詩人들이 하나의 꽃을 통하여 한 感情을 노래하고자 했다면 보들레르, 말라르메, 랭보 같은 象徵派詩人들은 하나의 꽃을 통하여 宇宙全體를 認識하려 했던 것이다.

이를테면 쟝 프레보(Jean Prévost)가 그의 저서 『Baudelaire의 서문』에서 지적했듯이 동일한 事物이라 할지라도 위고의 경우와 랭보의 경우는 그 認識의 강도에 있어서는 크게 차이가 난다. 위고의 작품 『징벌詩集(Châtiments)』은 랭보에게 많은 영감의 원천을 제공하고 있다. 그러나 위고의 정치적 반항은 랭보의 경우에는 인간적인 反抗으로 심화되고 마침내는 절대적인 반항이란 認識의 혁명을 의미한다. 위고의 광활한 바다는 랭보로 넘어오면 밀도 있는 바다(les marines intenses)로 바뀌는 것이다.[39] 랭보는 **Bateau Ivre**를 쓰고 난다음에서야 바다를 보았던 것이다. 그의 詩에 등장하는 바다는 相對的事物로서의 바다가 아니라 本質的事物로서의 바다였으며, 詩가

詩自身을 目的으로 할때 비로소 문제가 되는 認識의 바다였다. 랭보의 경우에 있어서 詩가 얼마나 드높은 形而上學的 認識作業인 동시 熾烈한 내면적 연소였던가를 알 수 있다. 쟝 프레보는 "이러한 主題에 대한 우리의 一瞥을 한두 마디로 요약하면, 위고는 포도주요, 랭보는 그 포도주의 酒精이다"[40]라고 말했다. 詩는 랭보에게 있어서 根源的인 사건인 동시에 일이었다. 이는 文學뿐만 아니라 모든 예술의 근거가 되어야 하는 認識의 출발점이다. 환언하면 素材나 對像의 차이에도 불구하고 예술작품은, 實存의 불안과 고뇌를 통하여 超越者의 숨겨진 모습을 드러내며, 그렇게 함으로써 인간을 본래의 존재양식으로 되돌려놓는 暗號로서의 언어인 것이다. 쟝 프레보는 이 言語를 酒精이라고 표현했다. 랭보는 詩를 통하여, 인간의 바탕을 이루는 형이상학적 實存을 탐구하고 발견하고자 했다. 그에게 있어서 詩는 궁극적인 存在의 認識이었다. 詩人은 궁극적인 存在를 만들어내는 것이 아니라 자신의 고뇌를 통하여 감춰진 實存을 드러낸다. 그러나 詩人은 絕對를 직접 보지못한다. 직접 절대를 보았을 때는 침묵밖에 있을 수 없다. 詩人은 絕對者를 볼 수 없기 때문에 땅 위의 고통을 노래할 수밖에 없는 것이다. 그러나 절대자를 직접 목격한 voyant이었기 때문에 침묵할 수밖에 없었다.

그러니 시인은 정말 불의 도적이다. 그는 인류뿐 아니라 동물들까지도 책임지고 있다… 만일 그가 그곳에서 가져오는 것이 형태를 지니고 있다면 형태를 주고, 만일 무형이라면 무형을 준다… 詩는 더 이상 행위에 보조를 맞추지 않을 것이다. 보다 앞서 갈 것이다.

Donc le poète est vraiment voleur de feu. Il est chargé de l'humanité, des *animaux mêmes;*… si ce qu'il rapporte de *là-bas* a forme, il donne forme ; si c'est informe, il donne de l'informe… La poésie ne rythmera plus action ; elle *sera en avant*.[41]

그의 침묵은 이 詩學 자체 속에 이미 예견되었던 바다. 그에게 있어서 詩는 미지의 神(l'inconnu)과의 對話였으며 인간의 언어인 동시에 絶對者 앞에서 인간의 언어가 침묵할 수밖에 없는 限界 그 자체였다.

● 주　석

*) Les références aux textes non reproduits dans cet essai sont précédées du sigle Pl et renvoient à la nouvelle édition parue dans la "Bibliothèque de la Pléiade", aux éditions Gallimard(éd. A. Adam).
1) Pl. 94, *Mauvaus sang, Une Saison en enfer* ; cf. Pl. 129 *Départ*, 135 *Villes, 152 Mouvement, Illuminations.*
2) Victior Hugo, *OEuvres complètes,* t. VI, p. 889(Club français du livre), *Voyages aux Pyrénées,* "Paysages". Cf. l'étude liminaire de C. Gély, "Les routes et les rêves ou le voyage d'Olympio".
3) J. Prévost, *Baudelaire,* Mercure de France, 1953, p. 28.
4) Etiemble, *Le Mythe de Rimbaud,* t.2, Gallimard, 1968, p. 81.
5) Pl 245
6) Pl 6. C'est nous qui soulignons.
7) Pl 238.
8) Pl 106. Cf. la fin d'*Alchimie du verbe.*
9) Jean-Pierre Richard, *Poésie et profondeur,* Seuil, 1955, p. 221.
10) Pl 35. C'est nous qui soulignons.
11) Yves Bonnefoy, *Rimbaud par lui-même,* Seuil, 1955, p. 33.
12) Pl 425.
13) Pl 677.
14) Pl 44.
15) Pl 7.
16) Pl 32.
17) Pl 41.
18) *Ibid.,* C'est nous qui soulignons.
19) Pl 32.
20) Pl 32.

21) Pl 33.
22) C.-A. Hackett, *Rimbaud l'enfant*, J. Corti, 1948.
23) J. Plessen, *Promenade et poésie*, Mouton, 1967, p. 199.
24) Pl 36.
25) Pl 42.
26) Pl 40.
27) Pl 3.
28) Pl 35.
29) Pl 43.
30) Pl 72.
31) Pl 51.
32) Pl 133.
33) Pl 27.
34) Pl 106, *Alchimie du verbe*.
35) Pl 7, *Soleil et chair*.
36) Pl 130, *A une Raison, Illuminations*
37) Pl 95, *Mauvais sang, Une Saison en enfer*.
38) Pl 154, *Génie, Illuminations*.
39) Jean Prévost, Baudelaire, Mercure de France, 1968, p. 10.
40) *Ibid*.
41) Pl 252, Lettre de Rimbaud à Paul Demeny(Charleville, 15 mai 1871).

• 참고문헌

YVES BONNEFOY, *Rimbaud par lui-même*(édit, du Seui, 1969).

R. ETIEMBLE, *Le mythe de Rimbaud*(Gallimard, 1961).

R. ETIEMBLE et YASSU GAUCLERE, *Rimbaud*(Gallimard, novelle édit. 1968)

MARCEL-A. RUFF, *Rimbaud*(Hatier, 1968).

JAQUES PLESSEN, *Promenade et poésie*(Mouton, 1967).

BRUCE MORRISSETTE, *La bataille Rimbaud*, l'Affaire de la Chasse spirituelle(A.G. NIZET, édit. Paris, 1959).

LIONEL RAY, *Arthur Rimbaud*(Poètes d'Aujourd' hui, Segers, 1976).

Résumé

La connaissance ontologique et la poétique chez Arthur Rimbaud

La vie de Rimbaud est unique dans l'histoire littéraire mondiale : à vingt ans, après avoir découvert une poétique nouvelle, Rimbaud dit adieu pour toujours à la poésie, et satisfait son besoin en d'innombrables voyages. Pour Rimbaud, l'aventurier de l'idéal se transforme en aventurier du réel, mais poète ou explorateur, Rimbaud demeure une personnalité exceptionnelle.

Nous allons rechercher le dynamisme spirituel rimbaldien non seulement dans son aventure de l'idéal mais aussi dans l'aventure du réel.

En mai 1871, Rimbaud découvre la véritable nature du poète, qui ne doit pas être un artiste, mais un voyant. Mettant à l'épreuve sur lui-même cette théorie de la vision, il s'exerce à s'évader du réel et à pénétrer dans l'univers inexploré des senation : le *Bateau Ivre* (août 1871) est la réussite la plus achevée de cette expérience spirituelle. Nous accentuons l'aventure spirituelle parce que Rimbaud voit la mer après avoir écrit le *Bateau Ivre*.

La violence intérieure de l'adolescence, l'absurdité de la guerre, la révolte de la Commune font soudain s'épanouir, mieux vaudrait dire exploser, le plus singulier génie poétique que la France ait jamais connu, celui d'Arthur Rimbaud qui, à seize ans, passe du climat enfantin de l'école à l'exaltation de l'aventure. Vagabond déjà, dans ses fugues vers Paris ou la Belgique, il vit ses poèmes où brille l'innocence d'un regard neuf porté sur le monde.

Les entraves, les interdits, les limites, il n'est pas un mot, pas une image rimbaldienne qui ne tendent à les détruire. Dans la lutte intérieure Rimbaud manie les armes les plus diverses : celle de la raison aussi bien que de la déraison, de l'imagination aussi bien que des sens, de l'art aussi bien que du rêve. Lucidité ou délire, Rimbaud les embrasse avec une ardeur égale. C'est sa lucidité qui le pousse d'abord à nier ce monde irrecevable pour lui substituer un univers de l'imagination dont il serait le Démiurge, un univers poussé jusqu' à l'extrême élan du délire, mais c'est encore sa lucidité qui, plus tard, lui fera rejeter la poésie dont il dénoncera l'impuissance à changer la vie.

Il va sans dire que l'errance à la libération, mais dans cette fuite à ras de terre, s'il était possible de chercher un ailleurs, Rimbaud semble marquer qu'il n'a pu rencontrer cet ailleurs, c'est-à-dire l'au-delà où réside peut-être l'inconnu et qui suppose un dégagement plus fondamental.

Pour Rimbaud, l'idéal, le rêve et la vie même, tout sublime en epistémologie.

이준오 1938년 12월 7일 생. 성균관대 졸업. 성균관대 대학원 석사. 프랑스 렌느 II 대학 문학 박사. 현 숭실대 불문과 교수. 학위 논문: *Arthur Rimbaud, Langage de l'âme et du silence—Métaphysique de l'Orient et Esthétique*. 논문:「랭보의 동양적 형이상학과 '모음' 시연구」,「랭보의 물질적 상상력과 우주적 에로티즘 연구」,「랭보시에서 사물의 언어와 침묵」외. 저서:『프랑스 문학의 상상적 깊이』,『프랑스 시의 상상적 깊이』, 역서:『견자 랭보』(R. Renéville),『연인』(M. Duras),『농경시』(C. Simon),『아르뛰르 랭보 전집』.

랭보의 詩 存在와 言語
― 미학적 조망과 존재론적 성취

李 準 五

I. 서 론

　　Rimbaud를 거론하기 시작하는 순간 사람들은 거의 침묵을 지켜 버리기 일쑤이다. 읽는 것으로, 즉 텍스트와 그 내밀한 소통을 하는 것으로, 되도록 만족하고 싶은 이같은 욕구가 혹시 Rimbaud자신에 의해 우리에게 주입된 것은 아닐까? 즉 그의 작품 서두에서 말미까지 줄곧 이같은 욕구가 도사리고 있는 것은 아닐까? 이 見者는 거의 수다가 없고, 무엇보다도 언어 활동을 멸시하며 항상 성급한 생략과 비약이 심하고, 독특한 반대어법(oxymoron)의 사용으로 은유나 상징을 가늠해 내기가 힘들며 언제나 수수께끼로 돌입할 태세를 갖추고 있다. 그렇지만 또 온갖 감각에 접근할 수 있는, 어떤 "보편적 언어"(langage universel)[1]를 꿈꾸었던 이가 바로 Rimbaud가 아닐까? "하나의 언어체계를 찾아낼 것 Trouver une langue"이라고 그가 외치곤 했으니 말이다.

　　이처럼 시인의 노력을, 언어를 통해 "분열된 자아"의 단일성을 회복하려는 언어의 연금술적 시도로 파악하든 아니면 언어와 대상사이의 미학적 조망하에 이뤄지는 存在론적 성취로 파악하든, 어쨌든 **Une Saison en enfer**와 **Illuminations**의 전반에 걸친 그의 기도는 "思考가 모든 형태에, 모든 存在에 참여"하며 무언의 말을 통해 잃어버린 행복을 다시 찾고자 노력한다. 시인의 노력은 기존의 단어들에 의존하면서도, 내면의 침묵을 기반으로 한 언어를 고안하는 일에 다름아닌 "끔찍한 작업 travail horrible"으로부터 작품이 생겨난 것이다. 그와 같은 의도와 노력은 인간 내부에 있는 神秘의 힘들을 되찾아 내어 "자아와 우주와의 이원성을 극복"함으로써 정신과 세계와의 일치된 자연의 감정을 얻고자 함이요, "제모습을 들여다보고 싶은 욕망"마저 잊어버린 황홀한 상태인 그저 존재하고 있다는 막연하고 감미로운 느낌속의 존재 그 자체에로 돌입하고자 하는 노력인 것이다. 그와 같은 노력이 初期時 Sensation[2]에서 "난 더 이상 말하지 않으리, 생각하지도 않으리"라고 예언한 바 있는 그 침묵을 통해 우리에게 그것을 생생하게 되돌려 주고자 깊이 탐색하는 시도이며, 또한 인간에게 자연히 內在되어 있는 우주의 지혜를 발견하려는 노력인 것이다.

1. 자아분열과 존재론적 불안

D. Laing은 자신이 "존재론적 불안"이라고 부르는 것에 대해 다음과 같이 기술하고 있다.

> (…) 일시적으로 구축된 인격체의 단일성(unité)에 수반되는 불안이 존재론적 불안형태들 중의 하나인 바, 이 말을 인간이라는 이 유한한 존재의 마음에 불가피하게 있기 마련인 불안을 가리켜 사용할 때 그렇다.[3]
>
> (…) l'insécurité qui accompagne une unit précairement établie de la personne est l'une des formes de l'insécurité ontologoque, si l'on désigne par ce terme l'insécurité inéluctable au coeur de cet être fini qu'est l'homme.

이것은 자기 분열의 한 형태를 수반할 수 있는 그 불안감으로서, S. Mallarmé 의 [牧神의 午後]에서, 운명적 목신의 눈앞에 신기루처럼 현존하는 두 여인의 이중성이며, P. Valéry의 [젊은 빠르크의 女神]에 나오는 "불타는 누나"와 "조심하는 누나"로 분열되는 "두

개의 누나"인 것이다. D. Laing은 이것을 "분열된 자아"의 경험이라고 부른다. 그에 의하면,

> 이같은 단일성 상실이 인격체로 하여금, '외부적', '현실적' 또는 '현재의' 자아가 거짓인 반면에, '내면적'이고 '진실'하지만 현실화되지 않는 한 자아를 지니고 있다는 감정을 유지하도록 만든다.[4]
>
> cette perte d'unité [écrit-il] fait que la personne conserve le sentiment d'avoir un soi 'intérieur', 'vrai', mais qui n'est pas réalisé, alors que le soi 'extérieur', 'réel' ou 'actuel' est faux.

이같은 존재론적 불안감을 우리 각자가 그렇듯이 Rimbaud도 느꼈던 것 같다. 그로 인해 시인은 "분열된 자아"의 경험을 절실하게 경험했던 것으로 보이는 바, 그는 글로 옮기기에 앞서 이 경험을 명철하게 분석했다. 그는 [見者의 서한]에서, 그 '他者'의 연구를 통하여 존재론적 자아를 그 얼마나 잔인하게 파헤치어 인식하려 했던가 —그리하여 외부적 자아와 내면적이고 진실한 자아와의 사이에서 자아분열의 경험을 한 시인은 자아의 단일성을 마침내 회복하게 되어 "'나'는 한 사람의 他者 je est un autre"라고 외친다.

> (…) 그가 그 자신을 찾으며, 그가 자기 내면에 모든 독을 고갈시켜 그 眞髓만을 간직하고자 한다. 이 형언할 수 없는 고문, 이 고문에서 그는 전적인 신념, 전적인 초인간적 힘을 필요로 하며 무엇보다도 중증의 환자, 큰 죄인, 철저히 저주 받은 자, —그리고 숭고한 '賢人'!—이 된다. 그렇게 하여 그가 '미지'에 도달하니까 말이다! 그가 이미 다른 그 무엇보다도 풍부한 자기 영혼을 연마했으니까 말이다![5]
>
> (…) il cherche lui-même, il épuise en lui tous les poisons, pour n'en garder que les quintessences. Ineffable torture où il a besoin de toute la foi, de toute la force surhumaine, où il devient entre tous le grand malade, le grand criminel, le grand maudit,-et le suprême Savant!—Car il arrive à l'inconnu! Puisqu'il a cultivé son âme, déjà riche, plus qu'aucun!

그리고 「Délires Ⅱ」 —'내 광기 한 가지에 대한 이야기'[6] —에서 그는 다음과 같이 분명히 밝히고 있다.

> 광기에서 나온—사람들 내면에 감추어진 광기에서 나온—궤변들 중의 그 어느 것도 나에게서 잊혀진 적이 없다. 나는 모든 것을 다시 말할 수 있을 것이니, 난 체계를 유지한다.[7]
>
> Aucun des sophismes de la folie,—la folie qu'on enferme,-n'a été oublié par moi : je pourrais les redire tous, je tiens le système.

시인에게 있어서 바로 이같은 "마법적 궤변들"[8]을, "단어들의 환각에 힘입어"[9] 설명하는 것이 관건인 것이다. 그 일부 국면을 통해 볼 때 Une Saison en enfer는 병리학적 정신분열증환자가 하는 이같은 지옥에 대한 이야기—시인이 그같은 자아의 분열을 극복했다는 감각을 갖는 순간, 그가

> (…) 내게서 승리가 이룩되었다. 이제 말할 수 있다.[10]
>
> (…) Je puis dire que la victoire m'est acquise :

고 단언하는 순간에 행해진 이야기—인 것이다.

이 兩分의 본질이 무엇인가? 대체로 보아서 그것을 자아와 육체의 분열이라고 부르기로 하자. Laing은 "존재자는, 정신과 육체로 분열되는 것을 느낀다"[11] 라고 기술한 다음,

> 대개는 그가 '정신'에서 자기를 더욱 밀접하게 확인한다.[12]
>
> D'ordinaire, c'est l'esprit qu'il s'identifie le plus étroitement.

라고 덧붙인다.

자아와 육체간의 이같은 분열감각이 극도로 고통스럽기는 하지만, 자아가 어떤 육체에 통합되기를 '불타'게 바라고, 다른 한편으로는

육체가 수많은 위험에 노출됨으로써 상처입을 여지가 너무 많음을 자아가, 두려워하며 '조심'하고 있다. 바로 이같은 연유로 자아의 "피난처"가 일종의 감옥, "지옥"이 되며, 여기에서 자아가 고문을 당하고 자기자신의 환영들에 의해 박해를 당한다.[13]

"지옥으로의 하강"이라는 은유는 인간의 불안한 심리현상 심층에 잠겨 있는 원형(archétype)의 일종으로서, 연금술적 언어의 전통상 널리 유포된 이 원형이 계속해서 문학에 자양분이 되고 있다. 그것은 이 원형이 자아의 발견으로 인도하는 심리적 경험을 옮겨 주고 있으며, 자기를 파악하고 자기를 단일체로 이해하려는 존재자의 열망을 표현해 주고 있는 것이다.

우리는 「Une Saison en enfer」 안에서 분열된 자아의 이같은 兩分 상태에 대한 다기한 표현들을 인용할 수 있을 것이다.

여기 아무도 없는데 또 누군가가 있네(…)[14]
Il n'y a personne ici et il y a quelqu'un

난 숨겨져 있는데 또 그렇지가 않네[15]
Je suis caché et je ne le suis pas

내가 기괴한 오페라가 되네(…). 존재자마다 여러 다른 생명들이 예정되어 있는 것처럼 보였네[16]
Je devins un opéra fabuleux, [...] A Chaque être, plusieurs autres vies me semblaient dues

등등으로 한 *存在者*는 "기괴한 오페라"라는 사물로 변하며, 놋쇠가 나팔로 변하듯[17] 혹은 나무가 바이올린이 되어 버린 자신을 발견하게 되듯이, 존재가 자기의미를 들어내며 상징적으로 존재를 현전화하고 있다. 따라서 시인에게 있어서 "나는 *他者*"가 되며 시(*詩*)는 마음속에 형성된 기존의 형식을 파괴시키고 있다.

이같은 분열된 자아의 경험이 문학적 맥락에서는 과연 어떤 의미를 띠는 것일까? 이 경험을 Rimbaud가 어떤 이름으로 불렀으며, 그가 그 "끔찍한 일꾼 l'horrible travailleur"[18]을 어떻게 초월했을까?

그리고 우선 이야기의 주체가[19] "나의 악덕"이라고 부르는 존재인 그 기이한 거주자는 무엇인가? 모든 저주의 원인으로 여겨지는 이 "악덕"은 어떤 것인가?

    떠나지 않는다. 내 악덕, 철들 무렵부터 벌써 내 곁에 고통의 뿌리를 뻗친 - 하늘에 올라 날 구타하고, 날 뒤집어엎고, 날 끌고 다니는 - 악덕으로 점철된 이 곳을 떠나 다시 길을 떠납시다.[20]

    on ne part pas,
    —Reprenons les chemins d'ici, chargé de mon vice, la vice qui a poussé ses racines de souffrance à mon côté, dès l'âge de raison — qui monte au ciel, me bat, me renverse, me traîne.

한 그루 작은 관목처럼 그에게 뻗친 이 "악덕 vice"은 「Adieu」에서 그가 배후에 남겨 놓는 "그 끔찍한 관목 l'horrible arbrisseau"이 아닐까? "철들 무렵부터 벌써 dès l'âge de raison" 그에게 영벌을 받게 한 그 原罪, 끝내 이름도 주어지지 않고 정확히 밝혀지지도 않는 이 악덕, 이것은 곧 言語가 아닐까? 또는 차라리 인간의 말로 자기를 표현하는 그 능력이 아닐까?

"분열된 자아" 즉 육체와 영혼, 대상 의식간의 이원적 관점에서 보면 인간의 말이 思考의 형태로서 육체와 동일시되므로, 세계와 모든 사물들과 동일시 될 것이다. 내면의 진정한 자아는 타인과 소통하기 위해 오히려 아무런 말도 사용하지 않기 때문이다.

다음 글에서처럼 인간의 실추가 언어의 출현에 결부되어 있다.:

    그렇지만 바로 그 과학의 선언과 기독교 이후로 인간이 즐기고 자명한 이치들을 증명하고 그같은 증명을 되풀이하는 기쁨에 뿌듯해 하고,

그리고 오로지 그렇게만 살아가는 바로 그 점에 어떤 실제적 고통이 있는 것이 아닌가![21]

— Mais n'y a-t-il pas un supplice réel en ce que depuis cette déclaration de la science, le christianisme, l'homme *se joue*, se prouve les évidences, se gonfle du plaisir de répéter ces preuves, et ne vit que comme cela!

이것은 곧 '말'의 지배를 선언함으로써 그것의 언어로 우리를 영원히 중독 시키는 기독교에 대한 고발이다.

심지어 내가 어떤 언어로 과연 말을 했던가? 그리스도가 말하는 섭리에도, —그리스도의 대변자인— 지체 높은 자들이 말하는 섭리에도 결코 내 모습은 보이지 않는다.[22]

(…) même, quelle langue parlais-je? Je ne me vois jamais dans les conseils du Christ ; ni dans les conseils des Seigneurs, représentants du Christ.

이렇게 기독교가 고발을 당하고 있거니와, 기독교가 인간을 '육체'와 '영혼'으로 분할하고 인간을 '지옥'에 가두어 타인과 소통할 수 없게 만들면서 인간을 그것의 언어, 그리고 그것의 존재 자체의 테두리 안에다가 소외시키고 있다는 고발이다.

2. 침묵과 自我同一化의 추구

「지옥에서 보낸 한 철」 내내 話者(narrateur)는, 자기자신의 내면에 침잠함으로써 인간들의 담화에 물들지 않은 어떤 말을 찾고 있다. 즉,

내가 말하는 것, 이것은 너무나 확실한 것이다. 이것은 信託이다. 난 이해하고 있지만, 이교도적 언사를 쓰지 않고서는 생각을 말할 수 없기에, 차라리 입을 다물고 싶다.

C'est très-certain, c'est oracle, ce que je dis. Je comprends, et ne sachant m'expliquer sans paroles païennes, je voudrais me taire.

나아가서 "메를노 뽕띠"가 『세계의 산문 La Prose du monde』에 서, 아라비아 십진법 algorithme에 관하여, 주어진 언어에 대한 혁명을 나타내는 그 "보편적 언어(체계)의 기획 ce projet d'une langue universelle"에 관하여, 기술했던 내용을 생각해 보라. 그에 의하면,

신의 말, 즉 언어 활동 이전에 있었으리라고 우리가 항상 가정하는 그 언어, 이것은 이제 기존의 언어(체계)들 안에서 발견되지 않으며, 역사와 세계에 섞여 있지도 않다.[23]

La Parole de Dieu, ce langage avant le langage que nous supposons toujours, on ne le trouve plus dans les langues existantes, ni mêlée à l'histoire ni au monde.

自我의 최심층부에서 단일성을 획득하고자 하는 노력 끝에, 원형적 언어를 쓰고 있는 "진정한 흑인들 les vrais nègres"이 있는 데로 되돌아가고자 유럽대륙을 떠나게 되면서, 그가 들어가는 곳이 "캄(그 후예가 흑인족을 이루었다는, 노아의 둘째 아들)의 진정한 어린아이들 왕국 au vrai royaume des enfants de cham"[24]이다.

「Enfance 유년기」[26]라는 일반적인 제목이 붙은 5편의 짧은 시를 통해서도 「Après le Déluge 대홍수 이후」에 금방 우리는 언어가 없는 환상적 침묵의 세계로 이끌어진다. 이 세계에서 事物과 人間은, 정상적으로 행동하지 않으며 그들의 유일한 기능은 시에서 시적 요소가 하는 것처럼 전재하는 것이 된다. 왜냐하면 그들은 현실적 삶과의 연관관계에서 떨어져 나와 言語 이전의 세계로 회귀할 수 있기 때문이다. 그러므로 어린이에게는 부모가 없고, 바다에는 배가 뜨지 않으며, 꽃에는 이름이 없는 "캄 cham"이 살았던 원형적 상징의 세계로 들어가는 것이다. 이러한 원시적 세계는 바다의 주변에

있으며, 여기에는 홍수(카오스), 보석, 무지개에 대한 이야기만 있는 것이다. 마침내 "은총의 카오스"는 사라지고 순수한 세계의 탄생을 축하하기 위해 "환상의 꽃과 바다가 결합"된 영원한 침묵이 언어를 대신하게 되는 것이다.

「유년기 Ⅲ」에서 "울리지 않는 시계 une horloge qui ne sonne pas"는 自然의 시계, 즉 "태양"일수도 있다. 보들레르의 작품「괘종 시계」[27]의 지나치게 수다스런 기계에 대한 문학적 비유로서 침묵의 비난일 수도 있다. 아니면, 랭보가 싫어하는 문명적 시계의 지배를 상징할 수도 있다. 그러나 시 자체에서 벗어나고자 하는 욕구는 存在하지 않는다. 이 시에서 "침묵"은 "노래"만큼 뜻밖의 것이며, "소리"의 不在만큼 강력하다.「Enfance」에서 우리는 "永遠이 재발견되고 L'Eternité, elle est retrouvée"「새벽 Aube」에서는 어린이가 "여름 새벽을 포옹하고", 시계의 "시간이 더 이상 존재하지 않는" 시간 밖의 세계에 들어간다. 따라서 시인은 "침묵의 주인 maître du silence"이 되는 것이다. 그럼으로써 자신의 見者의 역할에서, 새로운 세계의 어린 시절과 원시적 힘의(Future Vigueur) 영원한 젊음의 생을, 그리고 구원을 구상했던 것이다.

Rimbaud는「지옥의 밤 Nuit de l'Enfer」에서도 침묵과 말이라는 서로 상반된 두 가지 운동을 통해 自我同一化의 추구를 시사한다. 한 목소리, 즉 사탄의 목소리는 "입을 다물어, 입을 다물라니까! Tais-toi, mais tais-toi"하고 외친다. 그리고 이에 대해 저주받은 자는 다음과 같이 결심하는 것 같다 :

그래 입을 다물기로 하지, 그러면 시인들과 환상가들이 시기할 거야. 나야말로 천만 배 가장 부유하거든, 자 바다처럼 탐욕스러워지세나.[29]

je m'en tairai : poètes et visionnaires seraient jaloux, je suis mille fois le plus riche, soyons avare comme la mer.

하고, 마침내 침묵의 깊은 심연 속으로 빠진다. 그러나 어떤 기이한 마법가이며, 마술 환상 大家가 결국 승리하는 것으로 보인다. 그가 예수에 대등한 신비의 顯示者로 자처하며, 다음 글에서처럼 자신의 언어로 예수를 흉내내어 "종교적, 자연적 神秘"를 벗기고자 한다.

"이제 내가 온갖 신비를 폭로하겠다.(…) 내 말을 들으라!
(…) 그러니 날 믿으라, 믿음이(당신들을)위무하고 인도하고 치유할지니, 모두들 -어린애들까지도- 오라, 내 당신들을 위로하고, 누군가 당신들을 위해 그의 가슴을-경이로운 가슴을! -흩뿌리도록. 가련한 자들이여, 일꾼들이여! 난 기도 따위는 요구하지 않네, 당신들의 신뢰만 있으면 난 행복할 테니까"[30]

Je vais dévoiler tous les mystères religieux ou naturels [⋯] écoutez!⋯ [⋯] Fiez-vous donc à moi, la foi soulage, guide, guérit. Tous, venez, —même les petits enfants, —que je vous console, qu'on répande pour vous son coeur, —le coeur merveilleux! —Pauvres hommes, travailleurs! je ne demande pas de Prières : avec votre confiance seulement, je serai heureux.

"상상할 수 있는 짐짓 꾸민 표정이란 표정은 남김없이 toutes les grimaces imaginables"[31] 다 부리는 마법사이며 허풍쟁이며 어느 정도 협잡의 기미마저 보이는 이 창조주. 이 얼마나 기이한 시인이던가. 말을 하느냐 입을 다무느냐 하는 딜레마일랑 아랑곳하지 않고 그가 진기하게 강요하는 言語에 대한 反抗의 과정에서, "보편적 언어시대"의 몽상 속에서 Rimbaud가 "모든 神秘를 폭로"하고 "침묵을 응시"한다고 말한 하나의 형식, "하나의 언어(체계)"를 창조하고자 하는 것이다.

3. 보편적 언어의 발견

ⅰ) 存在와 言語

시적 언어 활동은 단순한 전달의 수단이 아니라 실재와 인간과의 특수한 관계의 적소로서 실존의 한 양상이다. 그것은 세계를 재생산 하는 것이 아니고 생산하는 것이다. 사실 미학적 조망과 존재론의 상호실현되는 것은 바로 이 새로운 실재인 것이다. 동시에 새로운 存在의 탄생인 것이다.

19세기 이전의 고전문학에 대해, 미쉘 푸코는

언어의 예술은 "어떤 기호를 만들어 내는" 방법이요, 어떤 사물을 기 호화하는 동시에 사물 주위에 기호들을 배치하는 방법이 된다.

L'art du langage était une manière de "faire signe", —à la fois de signifier quelque chose et de disposer, autour de cette chose, des signes[32]

라고 말하고 있다. 그러나 19세기를 지나 오늘에 이르면서 "보편적 언어"와 "그 언어체계를 발견"하려 했던 A. Rimbaud와, 일찍이 말 의 자율성에 대해 자각하고 세계의 모든 것을 말로 이루어지는 詩 에 의해 파악해 보려고 한 S. Mallarmé[33]를 지나, 온 생애를 광기 와 투쟁하며 言語와 思考의 극한 상황에서의 갈등과 싸워 왔던 A. Artaud[34]의 "言語의 사형에 처한 詩들"에 이르기까지, 문학은 일종 의 反一言說(contre-discours)을 형성했으며 언어의 표상 내지 기 호화의 기능으로부터 벗어나서 16세기 이래로 잊혀 왔던 이 생생한 "존재"에로 되돌아갈 수 있는 길을 발견했던 것이다. 그것은 言語가 사물이요, 사물의 存在가 言語이기 때문이다.

랭보에게 있어서 말(verbe)이란 사물의 의미를 내포하고 있기도 한 platon적 觀念(idée) 이상의 것이다. "태초의 말씀"과 같은 주술적 언어 활동으로 우주의 사물을, 생소한 이미지의 시어로 창조하고 있는 것은 말할 것도 없거니와 言語에 있어서도 라틴어 법과 여러가지 文彩는 단순한 고전 애호가의 편견에서 온 것은 아니다. 언어의 신선함과 신비주의적 내용을 가진 채, 인상을 언어속에 재생시키려고 하며 통합감각을 통해 차츰차츰 망령을 부르는 하나의 마법이 된 시적 표현을 혁신해 가는 감각적 교감의 idée를 나타내 주고 있다. 시인이 "모든 감각의 오랜 기간에 걸친 무한한 그리고 이성적인 착란"을 기도하기를 바란 시인은 바로 그것을 원하고 있었다. 그에게 있어서 "관념화된 言語"는 우주적 감각과 협력하기를 바란다.

ⅱ) 사물의 言語

우리들 눈앞에서 점점 틀에 박힌 것이 되어 가는 세계속에서 우리들의 감각이 사물에 대한 상투적인 습성에 의해 규제되고 저마다의 감각적 인상이 우리가 물체를 사용할 때의 사용법과 물체에 대해 품는 관념에 의해 박제되어 있다면, 본질적인 것은 그같은 결함을 언어의 새에 찍힌 이 봉인을 깨뜨리고 물체와 우리 자신과의 깊고 진실한 접촉으로 생기는 "나"와 "사물"의 분리된 인식에서가 아니라, "나"와 "사물"이 同一化된 소리나, 음악의 작용을 통해 어떤 다른 存在, 즉 '他者'를 찾는 일일 것이다.

> 내가 꽃이라고 말할 때 내 목소리는 뚜렷한 윤곽을 전혀 남기지 않고 이내 잊혀 버린다. 그러나 동시에 우리가 알고 있는 꽃과는 다른 현실의 어떤 꽃다발에도 없는 향그런 꽃의 관념 자체가 언어가 가지는 음악의 작용에 의해 솟아오르는 것이다.[35]

> Je dis : une fleur! et, hors de l'oubli où ma voix relègue aucun contour, en tant que quelque chose d'autre que les calices sus, *musicalement* se lève, idée même et suave, l'absente de tous bouquets.

S. Mallarmé 가 그의 「시의 위기 Crise de vers」에서 위와 같이 말하고 있듯이, 이는 관념과 言語사이에 소박한 심리학이 완전히 증명해 주는 유사성을 내보인다. 관념은 비록 소리 없는 것일지라도 항상 형태나 음향들의 결합에 의해 "색채와 소리와 향취는 서로 화답 한다"는 것이다. 랭보에게 있어서도 「Adieu 고별」에서

> 나는 새로운 꽃들, 새로운 유성들, 새로운 육체, 새로운 언어를 창조해 보려고 했던
>
> j'ai essayé d'inventer de nouvelles fleurs, de nouveaux astres, de nouvelles chairs, de nouvelles langues.

것과 같이 감각기관과 사물과의 직접적 접촉으로 인한 "언어 체계의 발견"을 통하여 "미지의 세계"를 추구하기 위한 시작행위를 선택했던 것이다. 따라서 시인으로서는 詩가 시 그 자체이면서 또한 그것이 人間的 事像 les choses humaines을 초월한 言語가 물질적 형태로 존재하는 것만으로 충분한 것이다. 이제는 사물 자체가 기호가 되기 때문이다.

또한 시적 언어의 생산을 노리는 무의식의 원리에서 자생하는 마술적 언어의 여러 원리를 시인은 Porta의 「자연마술 Magie naturelle」[37]와 Swedenborg(1688~1772)의 神知學에서 차용하여, 자신의 무의식 속에서 몽상의 자동기술적 언어의 실현과 연금술적 언어 구현을 하고자 하는 것이다.

iii) 鍊金術的 言語
a) 감각적 미학과 神話

Enid Starkie는 랭보의 시에 대해 연금술적 중요성을 강조하여[38] 마술과 연금술 책에서 빌려 온 상상력을 꽃 속에서 확인하고 있다. 연금술사에게 "꽃"이라는 말은 금속과 물질의 정신 속에서 나타나

는 순수한 실체를 의미하는 것이다.

어떤 사람은 상상이란 식물학[39]이나 정원의 책에서 빌려 온 것이라고 말할 수도 있을 것이다. 예를 들면 부드러운 잔디를 벨벳트(velours)로, 레코드(disque)를 어떤 꽃의 중심으로, 양탄자(tapis)를 잔디, 즉 푸른잔디(tapis de verdure)와 잔디(tapis de gazon)의 표현으로 이용되고 있다. 이제 연금술은 단어 그 자체 안에서 일어나고 있는 것이다. 마침내 "물의 장미 rose d'eau" "다이아몬드의 장미", "모래장미", "하늘장미", "바람장미"로 변모하는 것이다.

"물의 장미"는 「Mémoire 추억」에 나오는 조용한 꽃의 제왕이며, "물의 금잔화 souci d'eau"일 뿐 아니라 Nirvâna의 상징적인 꽃이기도 하다. 「Fleurs 꽃」에서 "물의 장미 rose d'eau"는 시의 고요한 중심이 되며 풍부한 감각적 상상-시적인 꽃-과 색채로 둘러 싸여 있다.

b) 事物과 오르페우스의 하프의 노래

우리는 여기서 사물들이 자신들의 "존재"의 표현으로서 나타내는 "언어"들인, 각양각색의 소리와 음악을 『착색판화집』의 여러 작품들을 통해 들어보기로 하자.

위와같이 시인의 "연금술적 언어"의 실현은 순수한 상상계의 사물들인 石化, 氷化 등과 같이 硬性體로 나타나, 오르페우스의 하프 악기소리에 생명을 얻은 모든 사물과 木石들도 그 "음악의 작용에 의해 솟아오르기도 하고, 또한 여명(Aurore)[40]의 아름다운 빛이, '새'[41], '나뭇잎', '꽃' 등과 같이 유동적이며 감각적인 매력으로 사물화되어 하나의 存在들로 나타나기도 한다. 그와 같은 사물들이 스스로 소리를 내며 활기를 띠고 비상하기에 이른다. 별(星座)이 된 오르페우스의 하프는 환상의 세계에서 줄곧 사물들을 즐겁게 해줌으로써 자연은 마치 우연에 의해 함께 모이게 된 것과 같은 존재들의 혼합인 것이다.

神話적 요소를 함께 지닌 사물과 언어속에 이처럼 한 존재자의 영혼의 비상과 변신 envol et métamorphoses으로 혼합되어 있는 이마쥬들이 음악적으로 나타나, 가령 「Barbare」에서는

> 音樂, 응결체들의, 별들과의 충동과 심연들의 선회.
> La Musique, virement des gouffres et de choc des glaçons aux astres.

위와 같이 사물들의 침묵(silence)으로 진입하여 음악 춤으로 동일시되어 나타나며, 침묵 속에 침잠해 있는

> 극지의 火山과 동굴들의 밑에 다다른 女性의 목소리.
> La voix féminine arrivée au fond des volcans et des grottes arctiques.

가 오르페우스 노래로서 어떤 飛翔 또는 전락의 청각적 효과를 담고 있기도 하다.

이처럼 소리(音)는 꿈을 실존에 이르게 하는 結晶된 침묵과 어느 정도 같은 성격의 것이다. 「유년기 Enfance Ⅰ」에서

> 몽상의 꽃들은 鍾처럼 울리며, 진동하며 빛을 낸다…
> Les fleurs de rêve tintent, éclatent, éclairent…

는 것처럼 몽상적인 '꽃'은 향기를 내뿜는 것처럼 소리나 빛으로 솟아오름에 의해 실존에 이르게 된다. 형태학적 사물구조로 보면 꽃이 향기를 노래로 품어내고, 鍾은 빛을 노래로 발하므로써 移調(transposition)의 형상을 나타내어 사물들의 음악축제가 한층 더 열기를 울린다. 또한 「Michel et Christine」에서도, 軟性體인 구름들이 硬性體인 조약돌이 된 다음, 상상의 유목민의 나막신들 아래 "울린다 sonner".[42]

「굶주림의 祝祭 Fêtes de la faims」에서는 환상적인 광물의 大酒宴에서 "울리는 창공아래 sous l'azur sonneur"와 쇠토막들이 짤랑거리는 어느 벌판에 가상의 양식들이 자라나고, 시인은 자신의 굶주림이 포식하도록 한다.

굶주림이여, 소리(音)들의 草原을 뜯어먹으라.

Paissez, faims le pré des sons.

1) 사물의 소리와 노래

「岬 Promontoire」에서는 건축술적인 방대한 증대와 음악적 모티브들과 건축술상의 모티브들이 갖는 장식적 역할과 동일한 역할을 하는 어떤 울리는 심연과 더불어, 다채롭게 재조직 orchestrée되며 바로 이 때문에

낮시간에 해안들의 온갖 타란텔라 舞曲에서, -나아가서는 유명한 예술계곡들의 小樂章들에서까지 곶(岬)-궁전의 정면들을 경이롭게 장식하는 것이

[…] aux heures du jour, à toutes les tarentelles des côtés (…) et même aux ritournelles des vallées illustres de l'art, de décorer merveilleusement les façades du Palais-Promontoire.

가능해진다.

이에 비슷한 현상들이「도시 Villes Ⅰ」안에서 일어나, 그림의 모든 광물적 요소들이 어떤 音을 발휘하고 있는 것이다.

오래된 분화구는 선율적으로 불길속에서 포효한다(…) 사랑의 축제가 운하 위에서 울린다(…) 오케스트라의 管鍾의 추적이 협로에서 외친다(…) 거대한 가수들의 합창단이 빛살처럼 달려온다. 롤랑의 군대들이 그들의 무공을 알린다. 교외의 바쿠스 神들이 흐느껴 운다(…) 달(月)은 불타서 울부짖는다. (…) 무리들을 이루고 종루는 理想을 노래한다. (…)뼈로 세워진 城에서는 미지의 음악이 흐른다. 야만인들은 쉴

새없이 밤의 축제를 춤춘다. 무리들이 새로운 일의 기쁨을 노래했던 것이다(…)

　　Les vieux cratères(…) rugissent mélodieusement dans les feux. (…) Des fêtes amoureuses sonnent sur les canaux(…). La chasse des carillons crie dans les gorges (…). Des corporations de chanteurs géants accourent(…) comme la lumière. les Rolands sonnent leur bravoure. Les Bacchantes des banlieues sanglotent (…).
　　La lune brûle et hurle, (…). Des groupes de beffrois chantent les idées(…). Des châteaux bâtis en os sort la musique inconnue.
　　Les sauvages dansent sans cesse la fête de la nuit. Des compagnies ont chanté la joie du travail nouveau, (…)

　이처럼 랭보의 사물의 言語들은 "캄"의 언어로 원시화되어 "rugir 포효한다" "sonner 울린다" "crier 외친다" "accourir 달려온다" "sangloter 울부짖는다" "chanter 노래하"게 되며, 급기야는 "미지의 음악"에 "춤을 추며 danser", 그 동료의 무리들이 새로운 일의 기쁨을 노래했던 것이다. 이러한 풍요함에 대한 감각이 시를 통틀어서 구체적인 복수명사의 집합과 현재형 동사에 의해서 전달되고 있다. 이제는 사물의 기호가 사물과 마찬가지로 현실성을 갖고 存在하게 되는 것이다. 이 동사들은 각 문장에서「Enfance 유년기」에서와 마찬가지로 우리가 실제로 랭보가 보유한 환상의 경이로움을 공유하고 있다는 느낌을 갖게 해 준다.「Fleurs 꽃」에서의 색채의 풍요로운 시각으로부터, 이제「Villes」에서의 청각적인 상상속에서 환상이 뚜렷해지고 있다. 江과 바람의 소리는 "도랑의 흐름 La Rivière de cassis"를 지배하고, 그 "미지의 음악"은 "황금으로 지어진 城들"에서 새어나온다. 상징의 숲에서 나오는 어렴풋하기도 하고 "혼잡하기도 한 confuses paroles" 각양각색의 음향들(sonorités)이 침묵의 결정에서 "분화구 cratères" "管鍾 crillons" "종루

beffrois" 또는 "뼈로 된 城 des chateaux bâtis en os"등과 같은 단단하고 응결된 사물들에서 생기는 것이다.

「다리 Ponts」의 광물적 얽힘의 장식안에서[43] "短篇의 和音이 교차하여 줄달음치고 현악은 제방에서 오"[44]고 "위풍당당한 연주회의 휘날래"[45] "국가들의 마지막 잔음"[46]과 마찬가지로 絃들이 斜面들을 기어오르며,

> 왼쪽에는 능선의 부식토가 모든 전쟁들과 모든 살인들에 의해 발을 구르고, 온갖 끔찍한 소리들이 곡선을 그리며 줄달음치고 반면에 그림 윗부분의 무리는 바다의 소라고둥들과 인간의 밤들의 그 소용돌이치며, 뛰어오르는 웅성거림으로 이루어져 있다.[47]

> A gauche le terreau de l'arête est piétiné par tous les homicides et toutes les batailles, et tous les bruits désastreux filent leur courbe.(…) Et tandis que la bande en haut du tableau est formée de la rumeur tournante et bondissante des conques des mers et des nuits humaines.

이와 같은 광물적 언어가 이야기의 진행상 표상되는 기호들의 한계를 넘어 영상의 재료가 되어 나타난다. 그것은 일상적인 지혜의 해독을 요구하는 언어가 아니라 감각적 영상을 요구한다. "순전히 감각적 건축술 une architecture purement sensorielle"을 추구하는 소리(音)와 色彩로 영상을 불러일으키고 있는 것이다.

또한 「Vies Ⅰ」에서는

> 진홍색 비둘기의 비상이, 내 思念 주변에서 천둥치듯 울린다.[48]
> un envol de pigeons écarlates tonne autour de ma pensée.

이 "진홍빛 새벽의 솟아오름"이 "천둥치듯"이 울려줌으로써 보들레르의 「照應 correspondances」이상의 것이 이미지 속에 숨어 있다. 동적이며 우렁차며 가시적인 천둥질이 폭발하며, 音(소리)과 色의

움직임이 폭발하여 해체된다.

「Métropolitain」에서는 물의 요정과 江과의 대화인 그 두런거림이 동시에 솟구치는데, "江바닥에 바스락거리는 드레스의 바보 같은 물의 요정"[49]을 분비해 내는 것이 바로 이 "두런거림 le murmure"인 것이다. 마침내 오펠리아가 호수의 물결에서 태어났듯이 Hélène가 수액에서 탄생하게 된다. 이와 같은 연쇄적 반응이 꿈 rêve에다 현실 réalité의 농도를 부여해 준다.

바로 이렇게 하여 詩의 공간 속에, 디오니소스적이자 오르페우스적인 이미지가 솟구치는데 이 詩人=창조주는 자신이 존재하도록 만드는 우주 le monde에다가 모음들, 음들, 음정들에 못지 않는 무지갯빛 氣泡들, 얼어붙은 물방울들, 짤랑거리는 수정들과 더불어 다음과 같이 '사물들'이 창조된다. 이렇게 해서 "태초의 말씀"으로 우주와 세계는 창조되었던 것이다.

> (…) 이 여름, 이 세상은 꽃으로 넘쳐 있었던가! 대기와 형상이 죽어간다. 무능과 부재를 누그러뜨리기 위한 합창대를! 유리컵들과 밤의 멜로디가 실린 합창대를![50]
>
> que le monde était plein de fleurs cet été, les formes mourants… un choeur, pour calmer l'impuissance et l'absence! Un choeur de verres, de mélodies nocturnes.

여기서 "보편적 언어"를 만들어야만 하는 詩人의 역할은 다름이 아니라 주술적 언어로서 소리(音)를 말(Verbe)에다가 轉移하는데 보장하는 일이다. 이렇게 하여 "날개들이 소리없이 일어나설"[51] 때만이 아니라, 특히 "꽃 하나가(그에게) 자기 이름을 말할 때"도 동틀녘 시인의 발자국 아래서 自然이 실재로 잠을 깨는 것이다. 初期詩「Buffet」에서처럼 어떤 내밀한 言語를 담고 있는 사물들의 욕구가 이렇게 해서 해명되는 것이다.

오 옛날의 찬장, 넌 숱한 이야기들을 알고 있겠지.
너의 그 이야기들을 들려주고 싶겠지.
네 시커먼 큰문들이 서서히 열릴 때 네가 두런거리는 것은.

O Buffet du vieux temps, tu sais bien des histoires.
Et tu voudrais conter tes contes, et tu bruis
Quand s'ouvrent lentement tes grandes portes noires.

2) 영혼의 언어와 춤

이와 같이 집결하여 소리(音)들로 응결되는가 하면 물질의 硬度를 열망하고 소리(音)들은 말(Verbe) 또는 音樂, 요컨대 言語가 되었으면 한다. 그와 아울러 이미 硬度를 지니고 있는 물질은 생명을 열망하고, 육체적 표현(parole corporelle), 즉 가장 초보적이요, 원시적인 상태가 "Marchre 발걸음"이라면, 말을 쓰지 않는 言語활동의 첫번째 신호로 나타나는 것이 다름 아닌 "춤"인 것이다. 의미의 말에서 소리의 말로 바뀐 언어가 이제는 몸짓의 말로 바뀌기를 열망하고 마침내 활력을 내리게 하는 영혼의 언어를 불러내고 있는 것이다.

하프 악기 소리에 모든 사물이 생기를 얻어 춤을 추듯이 고대의 調和와 美의 상징인 "Hermaphrodite"石像도, 肉身으로 化하여 산책을 할 정도로 활기를 띄게 된다.

두 눈이 움직이고, 두 볼에 보조개가 파이고 가슴이 고대 희랍의 하프에 유사하며 몸 전체 땡그랑거리는 소리들이 감돌게 하는데는 이같은 유사성만으로도 충분하다.[53]

(…) Tes yeux, des boules précieuses, remuent. […] tes joues se creusent. Ta poitrine ressemble à un cithare, des tintements circulent dans tes bras blonds. Ton coeur bat dans ce ventre où dort le double sexe. Promène-toi, la nuit, en mouvant doucement cette cuisse, cette seconde cuisse et cette jambe de gauche(…)

또한 美의 개념을 구체화 또는 活性化해 주고 있는 「美의 存在」
에서는

죽음의 휘파람 소리들과 무성음악의 소용돌이가 상승시키고, 넓혀져
서 환영처럼 이 숭배되는 육체를 떨리게 하는 것.[54]

Des sifflements de mort et des cercles de musique sourde font
monter, s'élargir, et trembler comme un spectre ce corps adoré.

처럼 육체적 言語(Parole Corporelle)는 "오한과 전율 Des
sifflements et cercles"이 수반되어 있음을 볼 수 있다.

또한 「오페리아」에서는 "물거품과 비너스의 탄생"이라는 신화적
전설을 말해 주고 있다. 한 사람의 여자를 태어나게 하는데 있어서
시인에게는 호수의 흰색 레이스만으로 충분한 것이다. 시인에게 있
어서 호수는 한 사람의 여자이다. 호수의 수면위에 한층더 반짝이는
반사의 빛에 매혹되어 순간적인 형태에 넋을 잃은 시인은 물결 사
이에서 태어난 운동에서 떠 오르는 토르스(Torse)이고 미쳐 날뛰는
파도의 호흡 그 자체이며 열광하는 물의 가슴을 엿보게 된다. 이 때
여자는 바로 넘실거리는 파도이며 거기서 육체적 언어가 탄생하는
것이다.

만일 이 파도의 에너지. 호수의 신비적 변신에 대한 인간적 확대
에 참여하지 않는다면 시인에 의해 그려진 형태는 결국 늪 어딘가
에 버려진 호수의 형태 이상의 다른 아무것도 되지 못 할 것이다.
먼 수평선과 평화를 말하는 각적소리를 듣게 된다. 여기서 우리에게
호수의 위대한 변증법은 보이지 않는다. 무한에 순응하는 사랑과 자
유의 시선을 위한 고요와 폭풍속에서 역사의 변증법을 보게 될 것
이다. 호수가 어떻게 거울같은 평면인 체로 잠잠할 수 있겠는가? 그
리하여 이제는 다리가, 유방이, 그리고 목이 우리들을 향해 부풀어

올라 밀려온다.
 Ophélie가 아름다운 것은 환상적인 형상과 빛 때문이 아니라 그 형상과 색체를 넘어서서 자연과 동일시되는 순순함과 사랑이 있기 때문이며 거기서 얻어지는 "자유와 영원"이 "오훼리"의 보이지 않는 아름다움인 것이다.
 시인은 이와 같이 자연적 범주에서 생명있고 인간을 향해 이행되는 육체적 언어를 만들게 되며 자연 속에서 시인 자신을 용해하므로써 존재론적 성취를 달성하게 되는 것이다.
 「Fairy 요정」에서 또한 音樂과 生存의 역학 관계인 "춤"이 어떻게 언어 활동의 품격으로까지 격상될 수 있는지를 보여주고 있다. 그것은 시인이 '춤추는 여자'를 말할 때는 춤이 암시되어 있기 때문이다. 새벽빛의 여신인 춤추는 여자 Hélène는 최초의 美女를 상징하는 것으로서 古代의 神話와 과거를 반영하고 있다. 다름아닌 고대 신화로부터 이같은 여성의 형상이 세워지는데 이 형상은 '美의 存在'처럼 "樹液"의 형태로 솟아난다.

> 엘렌느의(탄생을) 위해 처녀지인 그늘들 속에 있는 장식적 수액들과 유성의 침묵속에 무감각한 빛들이 서로 공모하고 있다.
>
> Pour Hélène se conjurent les sèves ornementales dans les ombres vierges et les clartés impassibles dans le silence astral.[55]

이 "탄생의 공모"야말로 아직도 혼돈상태인 우주로부터 잘못 나온 인간 생명의 징후로 나타난다. 생명 있는 存在자인 최초의 인간 Hélène가 탄생함에 따라 "생명의 고유한 색채"[56]가 짙어지고, 우주가 생기를 얻게 되는 것처럼 보인다.

> 여자나무꾼들의 곡조에 황폐한 숲속 급류의 웅성거림까지, 가축들의 방울소리에서 계곡의 메아리와 대초원들의 울음소리에 이르기까지의 그 순간이 지난 다음.

Après le moment de l'air des bûcheronnes à la rumeur du torrent sous la ruine des bois, de la sonnerie des bestiau à l'écho des vals, et des cris des steppes[57]

마침내 음악이 솟구치고, 音들의 폭발적 반향으로 "나무꾼 여인네들의 곡조", "급류의 웅성거림", "가축들의 방울소리", "계곡들의 메아리"와 "대초원들의 울음소리들"과 같이 言語와의 대결의 소리인 고함으로까지 확대되어 대자연의 코러스 합주가 연주되어 더욱 생동적이다.

이와 같이 世界라는 광활한 언어의 統辭法에서는 상이한 존재들이 서로에게 적응된다. 식물은 동물과 대화하며 육지는 바다, 그리고 자연은 인간을 탄생시키며 인간은 그를 둘러싼 모든 것과 대화하게 된다. 유사성은 더 많은 인접물에로 확대됨으로써, 시인은 그의 음악을 詩的언어로 탈바꿈시키는 것이다.

III. 결 론

소멸과 부활

실제로 랭보는 모든 감각과 모든 사상을 표현할 수 있는 보편언어를 포함하는 시의 작업으로 나아갔다. "하나의 언어 une langue", "모든 말이 곧 관념인 어떤 보편적 언어 활동을 찾아내려는"[58] 자신의 욕구를 표명했던 것이요, "단어들의 환각"[59]을 통해 보편적 調和를 나타내는 "언젠가는 온갖 감각에 접근 가능한 하나의 시적 언어를 고안해 내겠노라"[60] 했던 망상의 실현이었던 것이다.

"그것은 음악의 樂句만큼이나 간단한 것이다"[61] 그렇지만 음악이 되고자 하는 이 言語는 그것과 동일시되었던 베를렌느의 詩歌처럼 존재하는 것만으로는 만족하지 않는다. 사실 그는 시인이 "기괴한 오페라 un opéra fabuleux"[62], 조화롭고 유유한 매혹, "달아나고 비상 하는 말 Parole"[63], "그 순간 단 한 번의 숨결로 노래하는"[64] 목소리가 되는 순간에야 일어났던 것이다. 바다(Mer) 또는 눈 (neige)을 말해야 하는 그 목소리[65]는 모음들의 "잠재적 탄생 Naissances latentes"[66]을 드러내기를 바라고, "침묵과 어둠을 쓰기", "표현 불가능한 것에 유의하기", "현기증들을 응시하기"[67] 등등을 바라고 있다.

이 새로운 言語는 스스로 和聲的(harmonique)이기보다는 더욱더 "조화롭기 harmonieuse"를 바라며, 「언어의 연금술이」 조화로운 음악 속에서 노래하고자 하는 랭보의 시도를 나타내고 있다. 한편 일부 다른 텍스트들은 보편적 조화를, 재생해야 한다는 의미에서의 그 새로운 언어의 화성적 특성을 이야기하고 있다. 그것은 "예전의 부조화"[68]로부터 인간을 끌어내어 인간으로 하여금 영적인 형상을 지닌 "천상들의 초목"[69]인 유성음들의 음악을 듣게 한다고 자처하는 피타고라스적 구상(構想)인 것이다.[70] 그리고 바로 이 때문에 「나의 방랑 Ma bohème」이 그의 별들에 귀를 기울이고 있는 詩人—어린 아이를 환기시키고 있는 것이다. 이같은 오르페우스적 기능이 그의 "상처난 구두"들을 "칠현금의 絃들로"[71] 변형시킨다. "합창과 협주의 온갖 에너지들과 그 에너지들의 순간적인 실행의 우호적인 각성"[72]에 대한 이같은 탐색은 사물들의 자기 통일성을 구하고자 하는 그야말로 힘든 구상인 것이다. 이렇게 하여 시인은 개인적 신화로 자처하는 무생물계에도 영혼이 있다고 하는 animisme에 구축되기에 이른다. 그리고 시인에게만이 지각되는 자연의 그 왕성하고 신비로운 생명의 실재가 초기시 「태양과 육체 soleil et chair」에서 이미 예감되더니, 『일류미네이션』의 여러 시에서와 더불어 「도시 villes」에서도 완연히 나타남을 우리는 알 수 있다.

여기서 우리는 각종 사물 및 짐승의 언어 활동을 이해하고, 삼라만상과 더불어 말하며 바로 그럼으로써 삼라만상에 말과 생명을 부여하고 그 결과 삼라만상을 재창조하는 오르페우스의 영상이 뚜렷이 잡히는 것을 보게 된다. 이같은 이상적인 우주의 조화속에서 시인이 지혜롭게 "혼돈한 자신의 모든 감각"을 통해 우주와의 교감에 돌입한다. 그리고 이 교감이 同一視로 변하여 시인 자신이 창조한 우주가 되는 것이다. 우주는 이처럼 시인 창조자를 통해 풍요로워진다. 그가 하나님이 되어 자기 형상대로 세계를 만들지만 세계 또한 그를 흡수하여 그를 재창조한다. 그리하여 초기에는 人間化된 自然이 시인에 의해 길들여지고, 급기야는 그 창조주가 자신이 창조한 우주속에 용해되어 버리는 이마쥬들이 다시금 나타나는 것이다. 이제 모든 것이 동그랗게 고리형으로 연결되어 있음을 見者는 깨닫게 된다. 見者가 바라보는 모든 사물들이 하나의 원으로 떠오른다. 그 원은 시인에게서 출발하여 다시금 시인에게로 돌아오는 것이다. 이제 깨닫는 자(見者)는 神과 하나가 되는 것이다.

이와 같이 자신을 우주와 同一視함으로써, "자아와 우주와의 이원성을 극복함으로써", 우주를 탈취하고자 했던 한 존재자의 동일한 우주적 생존의 여러 양상들이 나타난다. 여기서 랭보가 "해체를 통한 부활"이라는 오르페우스적 개념인식에 합류하고 있거니와 이같은 부활이, 생성의 주체이자 동시에 객체인 '자연 Nature'안에서

>[…] 살아 있는 피조물인 어머니-자연이
>장미속에서 살고 밀밭에서 성장하도록 그의 생기를
>북돋아줄 거대한 용광로 밑바닥에서

>[…] au fond
>De l'immense Creuset d'où la Mère-Nature
>Le ressuscitera, vivante créature,
>Pour aimer dans la rose, et croître dans les blés.[74]

이루어진다. 이 곳이 곧 시인의 물질적 상상적 공간이요, 그 상상의 질료인 흙, 물, 공기, 불을 거치는 것이요, 그 속에서 시인은 소멸되어 다시금 부활되기를 바라는 것이다.

　Etnas 火山에 몸을 던진 엠페도클레스 가 불길에 몸을 던져 스스로 存在의 재[76)]를 흩뿌리며, 용해되는 대지(Terre)에 몸을 던지는 것과 같이 시인은 우주의 끊임없는 순환에 자신을 맡기게 되는 것이다.

　이리하여 Rimbaud는 엠페도클레스와 오르페우스(Orpheus)교에 의해 그 관계가 주도되는 그의 우주발생론을 회상했을 것이다.

● 주　　석

1) Lettre à Demeny, Charleville, 1871. 5. 15 p. 252.
2) 「Sensation」: "Je ne parlerai pas. Je ne penserai pas."
3) R.D. Laing, Soi et les autres, Paris, Gallimard, 1971. p. 61.
4) *Ibid*, p. 60.
5) Rimbaud à Paul Demeny (Charleville, 15 mai 1871. p.251) "Lettre du voyant."
6) 「Délires Ⅱ Alchimie du verbe」 "L'histoire d'une de mes folies"
7) *Ibid*, p. 111.
8) *Ibid*, p. 108 "Sophismes magiques."
9) *Ibid*, p. 108 avec l'hallucination des mots.
10) 「A Dieu」 p. 116.
11) "L'être se sent divisé en un esprit et un corps."
　네덜란드의 정신병 의사인 Ernst Verbeek가 Rimbaud를 대상으로 벌였으며, 「La Revue des lettres modernes」지에 그 보고가 발표되(Maro Quaghebeur, "Arthur Rimbaud의 알려지지 않은 病歷", dans 「Arthur Rimbaud 2」연구는 우리가 읽을 기회가 없었다. 이 보고서에 의하면 Ernst Verbeek가 "1870년 7월에서 1873년 7월 사이에 급격히 심해진 정신분열증"이라는 진단을 내리고 있다. 물론 Rimbaud 사후 오래 뒤에 내려진 것이므로 이것은 추정적 진단에 불과하다. 정신분열적 사항들이 표출되었다고 해서 이것이 반드시 사람 자체의 정신병적 양상에 해당하는 것은 아니다. 여기서 정신분열증 환자라는 용어에 대해 R.D. Laing이 내리고 있는 정의를 되새겨 보기로 하자. "정신분열증 환자라는 용어는 그 총체적 경험이 二重의 파열을 겪은 개인을 가리켜 쓰이는 말이다. 즉 한편으로는 주위 세계와의 자신이 제반관계에 있어서의 단절, 다른 한편으로는 자기자신과의 자신이 제반관계에 있어서의 단절이 일어난 경우다. 이같은 개인은 자신이 타인들과 화합을 이루고 있다거나 이 세계에서 '자기만의 공간에 chez lui'에 있다고 느낄 수 없으며, 오히려 그 반대로 절망적인 고독과 고립의 감정을 체험한다. 더욱 심각한 것은, 자기자신을 온전한 인격체로 느끼는 것이 아니라, 분열되거나 '파열된 것으로', 즉 다소간에 불안정한 끈으로 한 육체에 연결된 어떤 정신처럼 두 존재 (또는 더 심하게), 서로 다른 두 존재처럼 느낀다는 점이다."(「Le Moi divisé」), Paris, éd, Stock, 1970, p. 15).

12) *Ibid.*
13) R.D. Laing이 이 현상에 대해 기술한 내용을 소개하면 다음과 같다.
   a. 살아 존속하기를 희망하면서도 동시에 그 무엇이든 "흡수하는 것"을 두려워하는 나머지, 自我가 메마르고 시들어간다.
   b. 自我가 주변의 모든 것에 대한 증오심에 사로잡힌다. "존재하는 것"에 의해 자기가 파괴되지 않고 그것을 파괴할 수 있는 유일한 방법이 스스로 자기자신을 파괴하는 길로 여겨질 수 있다.
   c. "내면의" 自我 그 자체가 분열되어, 그 동일성과 통합성을 상실한다.
   d. 自我가 그 現實性(réalité) 및 외부 현실과의 모든 직접적 접촉을 상실한다.
   e, 自我의 '피신처'가 일종의 감옥이 되고 소위 그의 은신처는 일종의 지옥이 된다. 마침내는 감옥 독방의 안전성마저도 인식하지 못하게 되어, 自我가 다시 고문실에 처하게 된다. 거기에서 "내면의" 自我는 자기자신의 구체화된 요소들 또는 이제 제어 불가능하게 된 자기자신의 환영들에 의해 학대를 당한다(「Le Moi divisé」, p. 144).
14) 「Nuit de l'Enfer」, p. 101.
15) *Ibid*, p. 102.
16) 「Délire Ⅱ」 p. 110.
17) 「Lettre du voyant」, à Paul Demeny, Charleville, 1871. 5. 15. p. 250. "Si cuivre s'éveille clairon."
18) *Ibid*, p. 251.
19) 「Mauvais sang」 p. 96.

우리가 「Une Saison en enfer」를 '이야기 récit'라고 부르는 데는 다음과 같은 이유가 있다. 즉, 여기에서 자신의 독자-청자를 증인으로 삼고, 다른 "인물들"을 개입시키며, 제반 성찰상의 자신의 관계를 차단하고, 때로는 口頭의 이야기행위 조건들을 재설정하면서, 한 살인마의 '나'가 이야기를 들려주고 있기 때문이다. 연속적인 단계들을 나타내고 진행의 증거를 보이면서, 이같은 내면적 路程이 계속 이어진다.

20) 「L'Impossible」 p. 113.
21) 「Mauvais sang」 p. 95.
22) *Ibid*, p. 95.
23) M. Merleau-Ponty, 「La Prose du Monde」, Paris, Gallimard, 1969, p. 10.
24) 「Mauvais sang」 p. 97.
25) 「Enfance」.
26) 조화와 통일을 구하는 혼돈과 카오스를 말함.
27) 「l'horloge」: (Euvres complètes de Baudelaire, éd. Gallimard.
28) 「l 'Eternité」
29) 「Nuit de l'Enfer」 p. 100.
30) *Ibid*, p. 101.
31) *Ibid*.
32) Michel Foucault 「les mots et les choses」, éd Gallimard, 1964, p. 58.
33) S. Mallarmé, 「(OEuvres complètes」, éd Gallimard, 1945, "Crise de vers 시의 위기", p. 368.
34) A. Artaud(1896~1948) : 프랑스 시인, 연극인. 5~6세에 뇌막염으로 일생동안 광기와 투쟁. 1924년 초현실주의 참가했지만 2년뒤 재명. 초현실주의는 병원에서 보낸 그의 생애 거의를 지배할만큼 큰 영향을 주었다. 1926년 극단 "알프레드 자리극장" 조직하였다. 정신질환으로 시달리면서도 그의 시나리오 "Le Théâtre et son double 1983", 평론 "Lettres Rodez, éd G.L.M. pp. 18~19, "les poèmes des suppliciés du lang qui sont en perte dans leurs écrits", 1946.", Van gogh ou le suicid de la société, 1947.", 희곡 "Les Cenci 1956"등이 있다. 이 작품들은 語와 思考의 극한 상황에서 갈등으로 묘사되고 있다.
35) S. Mallarmé : OEuvres complètes éd. Gallimard, pléiade, 1945 「Variations sur un sujet」 "Crise de vers".
36) Jacques Derrida, 「Da la grammatologie」 p. 72, "사물 자체는 기호이

다."
37) Giambattista della Porta(1540~1615) :「Magie naturelle. 1589」, 불어판 Rouen, 1650.
38) Enid Starkie :「Arthur Rimbaud」, éd London 1961, p. 169. Flammarion, 1982, pour la traduction française.
39) Linnée :「philisophie botanique」
40) 「Enfance I」: 새벽의 여신 Aurore을 말함. ① "une voiture d'Apollon" 神話的언어를 사용. ② "Des bêtes d'une élégance fabuleuse circulat" 백마의 무리들. Néptune을 상징하기도 하고 「Fairy」: ③ "Pour l'enfance d'Hélène"최초의 美의 女神. 탄생으로 새벽을 나타내기도 함.
41) 「Scènes」: 시인의 몽상속에 새벽빛을 꽃과 새들로 동식물화된 유동적 이미지로 置換하여 나타남.
"Des oiseaux mystères 신비의 새들"로 유동적인 "새벽"을 나타내고 있음.
「Bateau lvre」: "Peuples de colombes 비둘기의 무리들"로 빛을 置換하고 있다.
「Fairy」: "Million d'oiseaux d'or 수많은 금빛 새들"
「Vie I」: "un vol de pigeons 비둘기들의 비상"
Isodore Ducasse(1846~1870)의 「말도르의 노래 éd José Corti 195 (Lautréamont)에서도 "살아있는 동백꽃들"이 "한 인간존재를 지옥의 동굴로" 이끈다. p. 220.
42) 구름들(Nuages célestes), 조약돌(Les cailoux) "Les cailloux sonnent sous cette fière bande!"
43) 「Ponts」: Des ciels girs de ciristal, un bizare dessin de ponts, ceux-ci droits, ceux-la bombes, d'autre descendant ou obliquant en angels sur les premiers. 수정의 잿빛 하늘, 다리의 괴장상 뎃상, 이쪽 몇개는 수직으로, 저쪽 몇개는 둥글게 구부러져 있고, 다른 다리는 첫째 다리와 각도를 이루어 가거나 교차되어 있다.
44) *Ibid*, 〈Des accords mineurs se croisent, et filent, des berges〉.
45) *Ibid*, 〈des restants d'hymnes publics〉.
47) 「OEuvres complètes」,「Mystique」éd Gallimard, p. 140.
48) *Ibid*,「Vies」dans「les Illuminations」p. 128.
49) *Ibid*,「Métropolitaine」, 〈L'ondine niaise à la robe bruyante, au bas de la rivière〉

50) Ibid, 「Jeunesse Ⅲ vingt ans」 p. 148.
51) Ibid, 「Aube」, 〈les ailes se levèrent sans bruit〉 p. 140.
52) Ibid, 〈une fleur [lui] dit son nom〉
53) Ibid, 「Antique」 p. 127.
54) Ibid, 「Being Beouteous」 p. 127.
55) *Ibid*, 「Fairy」.
56) *Ibid*, 「Being Beouteous」 〈Les couleurs propres de la vie se foncent (…) autour de la vision〉.
57) *Ibid*, 「Fairy」.
58) 「Lettre du voyant」: à Paul Demeny, p. 252. "un langage universel (… tout parole étant idée".
59) 「Alchimie du verbe」: "l'hallucination des mots."
60) *Ibid* : "d'inventer un verbe poétique accéssible, un jour ou l'autre, tous les sens."
61) 「Guerre」: "C'est aussi simple qu'une phrase musicale."
62) 「Alchimie du verbe」.
63) 「O Saisons」, O Chateaux」: "une parole qui fuit et vole."
64) 「Age d'or」.
65) 「Comedie de la soif」.
66) 「voyelles」.
67) 「Alchimie du verbe」.
68) 「Matinée d'iverêss」: "l'ancienne inharmonie" 분열된 자아를 가리킴.
69) Crollius oswald croll(1580~1609) : 독일의 의사. 「징조론 Traité de signatures」 Lyons 1624, p. 18.
　　Michel Foucault 「Les mots et les choses」 p. 45에서 재인용.
70) Pythagorace : B.C. 582-B.C. 497. 그리이스 종교가, 철학 수학자. 그의 연구중 만물의 근원을 〈수〉로 보아 수학적 우주론을 구상하고 음악과 수학을중시하였는데, 음악에서는 일현금(一弦琴)에 의하여 음정이 수에 비렐르 이루는 현상을 발견하고 으악을 수학의 한 분과로 보았다.
71) 「Ma bohème」.
72) 「Conte」, "l'eveil fraternel de toutes les énergies choroles orchestrales et leur applications instantanées."
73) au fond : 시련의 마지막 단계에서.
74) 「Soleil et chair」.

75) Empedoclès(B.C. 490 – B.C. 430) : 고대 그리스 철학자가 자신을 神格化하기 위해 Etnas 火山에 몸을 던졌다는 전설.

그의 저서 「정화 淨化」라는 책에서는 神靈의 輪廻를 논하고, 「自然에 대하여」의 저서에서는 우주의 구조를 논하고 있다. 후자에서 만물의 근원을 흙, 공기, 물, 불로 구성되어 있으며 이 불생, 불멸, 불변의 四元素가 〈사랑〉과 〈투쟁〉의 힘에 결합 분리되어 만물이 생멸한다는 것이다.

76) 필자 박사학위논문 「Littérature et pensée de l'orient dans l'oeuvre d'Arthur Rimbaud」〈L'Incantation〉(éd 프랑스 Rennes Ⅱ Université) p. 75. 註(2) 참조.

• 참 고 문 헌

A. Rimbaud, *OEuvres complètes*. pléiade, annoté par R. Reneville.
G. Bachelard, *L'eau et les rêves*. Bibl. p. 154.
_____, *La Terre et les rêveries du repos*(Corti, Paris, 1948)
_____, *L'Air et les songes*(Corti, Paris, 1943)
_____, *La Terre et les rêveries de la volonté* (Corti, Paris, 1948)
_____, *La Psychanalyse du feu*(Gallimard, Paris, 1949)
_____, *Le droit du rêve*.
André Guyaux, *Lectures de Rimbaud*(Revue de l'Université de Bruxelles.)
A. Camus, *Noces. l'Etranger*.
Barrere, Jean-Bertrand, *Le regard d'Orphée ou l'Echange poétique* : Hugo, Baudelaire, Rimbaud, Apollinaire(Sedes CDU, Paris, 1977)
Bonnefoy, Yves, *Le Nuage rouge*(Mercure de France, Paris, 1977)
Paul Lapeyre, *Le Vertige de Rimbaud,* Bibli(Suisse, Payot, 1981)
Chaudwick, *Etudes sur Rimbaud*(Nizet, Paris, 1960)
Char, René, *Recherche de la base et du sommet*(Gallimard, Paris, 1960)
Delattre, Dr J. L. *Le déséquilibre mental d'Arthur Rimbaud,* Thèse de Médecine(Paris, 1928)
Eigeldinger, Marc, *Rimbaud et le mythe solaire,* (Baconnière, la Neuchâtel, 1964)
Poésie et Métamorphoses(à la Baconnière, Neuchâ-tel, 1973)
Giusto, Jean-Pierre, *Rimbaud créateur*(Paris Ⅳ, 1977)
Richer, Jean, *L'Alchimie du verbe de Rimbaud ou les jeux de jean-Arthur* (Didier, Paris, 1972)

Bernard. Suzanne, *Rimbaud, Proust et les Illuminations,* Revue dès Sciences humaines, No spécial : Autour du Symbolisme(2e trim. 1955)

Jean Cohen, *Poésie et redondance*(Verlaine, Rimbaud, Baudelaire) (Poétique Ⅷ, 1976), p. 413~422.

Clement, Pierre, *Illuminations, Barbare.* Explication française(Information littéraire ⅩⅩⅥ, 1974)

Poulet, George, *Les Métamorphoses du cercle*(Plon, Paris, 1969) *La Conscience Cririque*(Corti, Paris, 1971)

Anne Clancier, Psychanalyse et critique littéraire, éd Edouard Privat 1973.

Résumé

Etre et Langage chez A. Rimbaud
—la perspective esthétique et l'accomplissement ontologique

L'oeuvre de Rimbaud est étonnante, surprenante,. déroutante même. Cela tient tant à l'originalité de son écriture qu'à la richesse de sa pensée poétique ; il introduit toute la sagesse de l'Orient et de l'Occident, d'Orphiques au hymne védique de l'Inde.

Au moment oú l'on commence à parler de Rimbaud l'envie nous vient presque de se taire, on aimerait se contenter de la lecture, de cette communication silencieuse avec le texte. Ne nous serait-il pas transmis par Rimbaud lui-même, ce désir de se taire, n'est-il pas caché dans son oeuvre, d'un bout à l'autre? Peu bavard, le voyant, et refusant l'utilité du langage comme pas un, toujours prompt à l'ellipse, toujours prêt l'enigme. N'est-ce pas lui, pourtant, qui rêvait d'un "langage universel", accessible à tous les sens par "déréglement raisonable"? Il écrit que c'est de "trouver une langue". Enfin Le poète realise l'accomplissement ontologique par la création de la beauté, et il retrouve l'Etre sous la perspective de la valeur de la beauté entre la conscience et l'objet.

Qu'on y voie une tentative alchimique de reconquérir l'unité de soi, divisé par la langue, ou une descente en enfer. Dans l'ensemble d'「Une saison en enfer」et「Illuminations」, son entreprise reste de ce que "la pensée participe à toutes les formes et à tous les êtres", et de ce qui essaie de rechercher le bonheur "parfait et plein", le bonheur perdu par la langue. Son résultat est né de ce "travail horrible" qui se compose d'inventions, une langue à partir du silence intérieur, à cause de rien des mots existants.

Cette tentative assez dure, est le travail de "ressaisir les puissances obscures" et de tenter de "surmonter le dualisme du moi et de l'univers", et d'obtenir le sentiment naturel d'union avec l'esprit et le monde, d'entrer à l'Être lui-même dans son extase, le sentiment confus et délicieux de l'existence.

「Une saison en enfer」et「Illumainations」sont l'espace de l'ultime tentative de fouiller le silence pour nous le ramener vivant, ce qui prédisait "je ne parlerai pas, je ne penserai rien" dans「Sensation」, de trouver la sagesse universelle que la nature demeure à l'intérieur de l'homme, transmis par une parole poétique.

En réalité, Rimbaud, s'identifiant avec l'univers par le langage universel, qui est possible d'exprimer toute l'idée et tous les sens, présente les aspects de l'existence universelle d'un Être qui avait pris l'univers.

Enfin, la langue qu'il avait trouvée devient les choses, inversement, les choses se faisant la langue du silence, parlent en verbe corporel, chantent, dansent par la lyre orphique qui frappait en cadence. On y voit que le poète s'unit à la connaissance de la conception orphique qui ressuscite par disparition.

Et puis c'est, à l'image d'Empédocle qui se jeta dans l'Etna, se livrer au feu du 《coeur terrestre éternellement carbonisé》, à la terre qui fond, dispersant les cendres de l'âtre dans l'air.

Peut-être, Rimbaud devait-il se souvenir de sa cosmogonie, fondée sur les quatre éléments dont les rapports étaient régis par Empédocle et Orpheus. La cosmogonie rimbaldienne fait apparaître son univers comme un chaos où les éléments se fondent, mais souvent se téléscopent.

삐에르 브뤼넬 1939년 생. 빠리 에꼴 노르말 쉬 뻬리외르 졸업. 문학 박사. 현 빠리 소르본느 대학 불문학 및 비교문학부 교수. 논문: "Rimbaud récrit l'Evangile", "La Poétique du récit mythique dans les *Illuminations* de Rimbaud", "La fin de l'idylle" etc. 저서: *Arthur Rimbaud ou l'éclatant désastre, Rimbaud—Projets et réalisations, Claudel et Shakespeare, Qu'est-ce que la littérature comparée?, Précis de littérature comparée, Le Mythe de la métamorphose, Pour Electre, L'évocation des morts et la descente aux enfers* etc.

랭보의 세 번 죽음

삐에르 브뤼넬*

한 작가나 예술가의 사망 100주년이 거행될 때, 주기(週忌)란 애도하는 날이라는 의미 외에, 후세에까지 그가 도달할 수 있는 조건으로서의 죽음을 포함하는 양면적 뜻이 존재하게 된다. 우리가 한 시성의 문명 속에 처해있다는 것은 — 발레리(Valéry)가 이미 언급했듯이 — 이미 인지의 사실이기 때문에, 이러한 인간의 후속성이란 불멸성이 아닌, 영광의 불빛에 다다르는 것이다. 프루스트(Proust)가 『여죄수(La Prisonnière)』에서 베르고트(Bergotte)의 죽음을 두고, "세권씩 세권씩 배열된 그녀의 책들이 마치 날개를 활짝 편 천사처럼, 소생의 상징이 이제는 될 수 없는 자를 위한 듯이, 밤을 지새웠던" '불켜진 유리창'을 상상하며 던져준 감동적 이미지를 지닌 불빛이다.

1891년은 랭보가 사망한 해이다. 그러나 또한 파리의 즈농소(Genonceaux)출판사에서 발간된, 로돌프 다르장(Rodolphe Darzans)의 서문을 포함하여 184쪽(서문을 제외하면 156쪽)짜리 랭보시 초판본, *Reliquaire, Poésies*가 탄생되는 해이기도 하다. 1891년 11월 전반부의 날짜를 정확하게 짚고 넘어갈 필요가 있다. 랭보는 10일 죽는다. 그리고, 11일에, 저작권 침해가 있다는 다르장의 요청에 따라, Saint-André-Arts 구역의 경찰서에서 그 판본의 일부를 압류한다[1]. 아주 자극적이며, 베를렌느의 말처럼 '가증스런' 그의 서문은 파문을 일으킬 소지가 있었으며, 판본 그 자체는 랭보의 시가 아닌 또는 진

---

* 랭보 사망 100주년 기념 강연, 1991. 6, 서울

위를 알 수 없는 4편의 시(그 유명한 「잃어버린 독(Poison perdu)」 이란 시가 여기에 포함되며, 이 작품은 초현실주의 시대에 와서 많은 논쟁과 평론의 대상이 된다)와 랭보의 주요 시편들을 수록하고 있다. 1891년말, 바니에(Vanier)출판사에서, 베를렌느의 (기존에 쓰여진) 간략한 해설과 함께, 최초로 『일류미네이션(Illuminations)』과 『지옥에서 보낸 한 철(Une saison en enfer)』을 한 권으로 묶어 출간하였다.[2]

 이 산문시들은 1886년 『라 보그(La Vogue)』지에 실리면서 (『지옥에서 보낸 한철』의 경우는 재판임) 이미 알려져 있었다. 그런데, 이 잡지의 제11호를 참조(1886년 7월 5일~12월, 196면) 해 보면, 『일류미네이션』의 간행의 종결이 다음과 같이 선언되고 있다 : "끝. 모종의 영애를 안고 죽은 자의 작품의 총체적 출간은 이제 사실상 여기서 종결되었다."[3] 그러나 랭보는 죽을 때까지 아직도 5년의 세월을 더 두고 있었던 것이다.

 잘못 전해진 소문 때문인가, 혹은 은유적인 죽음을 일컫는 말인가? 1886년의 이러한 죽음은 이 시기에 랭보가 문학적으로 생명을 잃었다고 간주할 때만이 수긍될 수 있다. "나는 더이상 그것에 관여하지 않아"라고 그는 1879년 9월 에르네스트 들라에이(Ernest Delahaye)에게 말했다고 한다.[4] 따라서, 시인으로서의 '사망'의 시기를 찾기 위해서는 시간을 더욱 거슬러 올라가야 한다.

 마리오 마뛰시(Mario Matucci)는 '랭보의 두 얼굴'[5]—젊은 시인과 아프리카 탐험가—을 언급했는데, 나는 랭보의 세 가지 죽음을 말할 것이고, 결국, 우리들은 1991년에 의식이 거행되는 죽음은 어떤 죽음이며, 특히 랭보의 시가 죽음 자체를 통해서 존재하고 있는지 여부에 대해서 생각하게 될 것이다. 이것을 위해서는, 랭보의 탄생의 시점이 아니라면, 어쨌든 죽음의 탄생의 순간이 될 수 있는 한 지점까지 역으로 올라가야 할 것이다.

랭보의 세번째 죽음(1891)

예컨대, 이브 본느프와(Yves Bonnefoy)가 그의 역작 『그 자신에 의한 랭보(Rimbaud par lui-même)』[6]의 마지막 부분에 위치시킨 랭보 생애의 연대기를 바라보자. 이 연대기의 끝맺음은 다음과 같다.

"1891년 11월 10일-마르세이유의 콩셉시옹 병원에서 랭보는 사망하다."

생애의 결말을 이렇게 무감각적으로 언급한 것은 추호도 놀랄일이 아니다. 작가의 인생이란 대략 이런 유형으로 완성되고 있음을 우리는 잘 알고 있고, 공동묘지의 대리석판에 적힌 다른 죽은자들의 이름처럼 우리들의 개론서 속에서 작가들의 이름에는 늘, 탄생과 죽음이라는 두 가지의 숙명적인 날짜가 따라붙는 법이다. 게다가,『랭보 앨범(Album Rimbaud)』속에서 그 사진을 볼 수 있듯이, 랭보의 무덤은 샤를르빌(Charleville)의 묘지에 존재하고 있다. "한 삶이 다른 삶에 의하여 탈취당했고, 한 인간이 미래를 운명과, 태양의 아들의 자유를 상인과 노동자의 열악한 생활 환경과 맞바꾸어버렸음을 확증하는, 소시민 혹은 농부의, 군생(群生) 적이며 옹색하기 짝이없는, 이 무덤" 위에서 묵상할 것을 이브 본느프와는 우리에게 제의하고 있다. 그리고 또한 그는 이렇게 말한다. "날짜만이 간명하게 새겨진 비석위에 죽음의 정체속에, 그곳에서 분명 의기양양하게 드러나는 것은 바로 물질이며, 유한(有限)성이며, 랭보가 그토록 투쟁했었던 현실의 아주 용이한 이런 실체적 풍화작용인 것이다"[8]라고.

그렇지만 나도 무덤가에 가서 묵상에 잠기는 행동은 하지 않을 것이다.

"이름없는 존재로 회귀한 자의 발자취를 애써 추적하려는 것은 합당치않은 일로 생각된다"라고 이브 본느프와는 말하며, "아프리카에서 랭보가 그의 가족에게 보낸 편지는 읽지 맙시다. 언젠가는 '불을 훔쳐내겠다(Voler le feu)'던 자가 이것을 팔았는지 혹은 저것을 팔았는지 따위를 알아내려 노력하지도 맙시다"[9]라고 우리에게 간곡히 요구하고 있다. 나는 이 견해에 결코 동조할 수 없다. 애니드 스타키(Enid Starkie)와 마리오 마뛰시의 작업은 분명 필요했던 것이다. 그리고, 최근에 와서, 알랭 보레르(Alain Borer)는 삶의 이미지는 물론 죽음의 이미지들이 점철하는 「도매상인이라는 어떤 랭보(Un sieur Rimbaud se disant négociant)」(1984), 「아비시니아의 랭보(Rimbaud d'Arabie)」(1991) 등을 환기시키며 랭보의 불꽃을 되살리기도 했다.

　나는 우선 방랑자 랭보, "바람구두를 신은 사나이" 랭보라는 이미지는 어느 정도 고착되어 있다는 점에 유의코자 한다. 이 방황의 계절(1876-1880)과 지옥에서 보낸 또하나의 계절(1880-1891), 즉, 아덴(Aden)과 아라르(Harrar) 사이에서, 한 회사(마즈랑, 비아네, 바르데社)의 노예로서, 특히 이 회사가 파산하고 그것이 1884년 바르데 형제社로 재건립된 이후, 그가 속박으로부터 벗어나려했던 '도매상인'으로서의 그 인생 사이에는 분명한 상이점이 존재한다. 그가 이미 「유년기(Enfance)」 5부에서 생각했었던 것처럼, 이 긴 세월동안 한 무덤 속에서 산채로 감금되어있는 랭보를 상상할 필요는 없다. 그러나, 그는 1880년 8월 25일 편지에서 "마실 물 한 방울도, 풀 한 포기도 없는 이 참혹한 바위덩어리"인 아덴에서 "감금되어 있는 자로서의" 자신을 발견한다. 1885년 4월 14일, 여전히 아덴에서 그는 질식당할 것같은 느낌을 받으며, 이곳의 '참담한 삶'은 평범한 생존의 상황에서 보다 더 빨리 그를 소모시켜버린다고 쓰고 있다.

　　건강이 몹시 나빠졌습니다. 이곳의 일년은 다른 곳의 오년과 마찬가지

입니다.

1891년 2월 20일 어머니에게 보낸 편지에서도 같은 말이 반복된다.

· 이곳의 일년은 다른 곳의 오년에 해당됩니다. 수단 전체에서와 마찬가지로, 이곳에서, 사람들은 빨리 늙어 갑니다.

이런 갑작스런 늙음은 랭보 자신이 이 기간중에 찍은 사진에 확연히 드러나있다. 그는 머리카락이 완전히 하얗게 되었다고 스스로 말한다.[10] 희망해왔던 것처럼, 아덴으로부터 그는 빠져나온 것일까? 아비시니아로의 여행은 그의 '건강을 아주 악화'시켰다(1887년 10월 8일자 편지). 기후가 낫다는 아라르에서조차 그는 한없는 권태에 시달리며 자신이 점차 우둔해지는 것을 걱정한다(1888년 8월 4일자 편지).

이 '악마같은 나라'(1890년 4월 21일)에서 그는 죽음의 위협을 강하게 느끼고 있다. 자신의 카라반과 함께 랭보가 타쥬라(Tadjoura)에서 묶여있는 때 쓴 1880년 1월 6일자 편지가 그것을 말해준다.

어떠한 군병참도 열병에 걸리지 않고는 3개월 이상 버틸 수 없답니다. 한두 달 후면 열병이 엄습하는 계절인데 저는 그것을 여기서 보낼 작정입니다.
인간은 인생의 마지막 1/4을 편안히 보내려고 3/4을 고통받으며 지내죠. 그런데, 종종 그의 계획이 어떻게 되어가고 있는지도 모른채 비참한 생활만 하다가 죽어갑니다.

그렇지만 랭보의 건강한 체구가 파멸된 것은 열병 때문이 아니며, 알프레드 바르데(Alfred Bardey)의 말처럼 그가 감염되었을 것이라는 매독 때문은 더욱 아니다. 격렬한 아픔을 유발시킨 것은 바로 그의 오른쪽 다리에 생긴 '류마티즘'(1891년 2월 20일 어머니에게 보낸 편지)이다. "말을 타고 겪었던 너무 큰 고생" 그리고 "지치도록 계속했던 도보행진"으로부터 생긴 결과라고 랭보는 믿는다. 그런데, 사실은 그를 조금씩 침식시키는 후에 마르세이유에서 그 존재가 확인되는 어떤 집요한 악(惡)으로부터 기인한다.

아라르에서부터 아덴으로 그를 철수시킨 수송단의 모습은 장례행렬의 그것이었다. 나쁜 날씨 때문에 더욱 곤역스러운 끔찍한 도정에서 원주민들에게 의하여 들것으로 운반되는 병자가 연필로 써내려간 짧막한 글인 「아라르에서 와랑보(Warambot)까지의 열정」을 통해서 우리는 그 행렬의 모습을 알고 있다.[11] 이 여정은, 알랭 보레르에 따르면, '무덤에서 쓰여진' 것이며 '삶에서 죽음을 향한 여행'이다. 그리고 "랭보는 이 죽음의 여정이 한 편의 『일류미네이션(Illumination)』같은 힘과 형태를 취할 지경에 이르기까지, 출발과 도착, 요소들의 해체, 극적인 현실을 반복하는, 전진하며 쓰여진 이런 11편의 짧은 글 속에서 가장 멀리 시와 단절되어 있다"라고 그는 덧붙인다.[12]

1891년 4월 말경 아덴에 도착한 후 5월 20일 마르세이유로 돌아온 그는 이미 돌이킬 수 없는 죽음의 몸이었던가? 콩셉시용병원에 입원하여 '넓적다리의 종양', 즉 암종(cancer)[13]이라는 진단을 받은 랭보는 5월 22일 그의 어머니에게 보낸 전보에서 죽음을 역시 예견하고 있다.

> 오늘, 엄마나 이자벨이 급행열차를 타고 마르세이유로 올 것. 월요일 아침. 다리절단 수술을 함. 죽을 위험이 있음.

달려온 사람은 마담 랭보였다. 그녀는 5월 27일에 가서야 절단 수술을 받은 환자를 위로하고 6월초 다시 떠나버린다. 희망을 걸어볼 수 있는 순간이 지나간 후, 랭보는 가장 암울한 절망속에 빠진다. "난 밤낮으로 우는 것 이외는 아무것도 할 수 없으며 죽은 자이고, 평생의 불구자가 되어버렸다"라고 6월 23일, 그의 누이동생인 이자벨에게 쓴다. 여기에서 또한, 살아야할 생의 나머지 부분의 의미와 이상하게 근접한 죽음에 대한 선입감이 표출되고 있다.

"나의 생은 끝났다. 나는 움직일 수 없는 토막에 불과하다"라고 6월 10일 편지에서 이자벨에게 말한다. 그러나 7월 23일, 그는 기차를 타고 떠나도록 허락받는다. 『지옥에서 보낸 한 철』에서 이미 예언적 언급이 있었던 것처럼, '더운 나라에서 돌아온 이 사나운 불구자를 돌볼' '여인들'인 그의 어머니와 누이동생이 있는 로슈(Roche)로 가서 한달을 채 못머무르게 된다. 8월 23일, 그는 더이상 일어설 수 없게된다. 아프리카로 귀환할 수 있다고 믿으며 다시 떠나지만, 그는 더이상 멀리갈 수 없음이 마르세이유에서 확인된다. 병원이 그를 다시 기다리고 있으며, 가장 혹독한 고통, 점차 강렬해지는 근심 그리고 그의 누이동생이 받아적은 해운회사 지배인에게 보낸 마지막 편지이후, 1891년 11월 10일 아침에 도래하는 진정한 죽음이 그를 기다리고 있을 뿐이다.

이자벨이 그녀의 어머니에게 보낸 편지들과 그녀의 메모를 통해 우리는 종말의 고통의 모습을 알고 있다. 마르세이유까지 그를 동반한 그녀는 곧 그를 '빈사상태의 사람', '죽음을 면할 수 없는 사람' (1891년 9월 22일자 편지)으로 판단한다. 그 스스로도 정신이 들 때에는, 이미 회복의 가망이 없음을 알고 있다.

> 정신이 나면, 오빠는 구름 한점 없는 하늘에서 여전히 빛나고 있는 태양을 창문너머로 바라보고는, 바깥의 태양을 다시는 볼 수 없게 될 것이라고 말하면서 울기시작한다. "나는 땅속으로 갈 것이고, 넌 태양빛 아래로 걸어가게 될거야"라고 말한다. 이름도 없는 절망과 한정없는 불평이 이런식으로 하루종일 계속된다.

이자벨의 말을 믿는다면, 이 절망은 종교적 계시로 찬란히 인도되어진다. 10월 28일자 편지는, 아르뛰르는 신앙을 갖게 되었고, 십자가를 짊어진 그리스도를 부르며 임종의 침대 위에서 기도를 한다는 테데엄(Te Deum)과 같은 신의 은총을 장엄하게 찬양하는 의식의 성가와 다름 아니다. 이자벨의 남편이 될 빠테른느 베리숑(Paterne Berrichon) 이후, 뽈 끌로델(Paul Claudel)은 이러한 증언을 신뢰하며 마지막 순간에, "그는, 마르세이유 병상에서 한쪽 다리를 절단당한 채, 깨우치게 되었다"[14]는 것에 설복되어, 그를 성녀 샹탈 (Sainte Chantal)과 서슴없이 견주하였다.

이것은 바로 분명한 언급이 불가능할 정도로 지나치게 과장한 신비인 것이다. 독실한 신자의 욕망에 따라, 그녀에게 아주 적합한 의미로 여러 모습들을 해석할 수 있었던 이자벨의 증언도 신뢰하기에는 역시 어려울 듯하다. 『대 유희(Grand Jeu)』誌의 공동책임자인 앙드레 브르똥(André Breton)은 끌로델의 랭보에 대한 해석을 '수치스러운' 것으로 생각할 수 있었다. 랭보에 대하여 쓰여진 어떠한 증언도 랭보의 개종에 대한 이러한 견해를 확고히 하는 것이 없다.[15] 누이 동생이 받아적은 그의 마지막 편지에는 그리스도의 이름도 신의 이름도 나타나지 않는다. 여기에는 오직 해운 회사의 배편으로 떠나고자 하는 욕망만이 있을 뿐이다. 이 몇 줄의 글에 어떤 희망이 있다면[16], 그것은 기독교적 희망이 아닌 것이다. 그러나 임종의 순간에 처한 영혼의 비밀을 누가 말할 수 있겠는가?

랭보의 두번째 죽음(1886)

이런 처절한 이야기 다음에, 이제 거의 우스꽝스러운 그러나 불길하게 우스꽝스러운 에피소드에 잠깐 눈을 돌려보자.

1886년에 랭보가 사망했다는 풍문이 퍼졌다. 라보그 지에 『일류미네이션』이 발간되던 그 순간에 이 잡지에 그의 부고(訃告)가 실렸고 제3호(6월 7일-14일), 제4호(6월 13일-20일) 그리고 제5호 (6월 21일-27일)속의 랭보 텍스트들은 "고(故) 아르튀르 랭보(Feu

A. Rimbaud)"의 작품이라고 표현되어 있다.

 이 잘못된 소문은 어디서부터 오게 되었는가? 알 수 없는 일이다. 베를렌느는 옛친구로부터 아무런 소식을 받지 못했지만, 그로부터 나온 이야기는 분명 아니다. 1884년, 그가 『저주받은 시인들(Les Poètes maudits)』에서 랭보에 관한 글을 쓸 때, 그 자신의 글의 "랭보의 눈에 우연히 들어와 읽힐 수 있다"[17]는 가설을 내세웠다. 1886년 라 보그(La Vogue)출판사에서 『일류미네이션』을 소책자로 출간할 때 쓴 짧은 서문에서 그는 신중하게 의문을 제기한다.

> 그가 죽었다고 여러번 얘기되고 있다. 우리는 이 세세한 일을 모르고 있으며, 만약 그렇다면 그것은 몹시 애석한 일이 아닐 수 없다. 그가 이러한 소문과 아무 관련도 없는 경우에는 이 이야기를 알고 있기만을 바랄뿐이다. 왜냐하면, 우리는 오래전부터 그의 친구였고 또 지금도 친구이기 때문이다.[18]

왜 차라리 "그가 여러번 죽었다고 얘기되고 있다"라고 쓰지 않았는가? 랭보가 스스로 『지옥에서 보낸 한 철』에서 "모든 존재에는, 여러가지의 '각각 다른' 삶들이 마땅히 부여되고 있는 듯하다"라고 말한 것처럼, 베를렌느가 보기에는 '여러가지의 죽음'이 랭보에게 정당히 주어져있는 듯이 모든 일이 진행되고 있다. 더욱 놀라운 것은, 왜 베를렌느는 이 죽음을 하나의 '세세한 일'이라고 부르는가? 그것은 천재적 시인들의 인생도정에는 작은 사건에 불과한 것인가? 이 몇줄의 글에서 나는 이런 죽음을 거의 믿지않는 자의 확인할 수 없는 어떤 냉소적 태도가 있음을 추측하게 된다.

랭보의 첫번째 죽음

 1886년 베를렌느는 이미 오래전부터 글을 쓰지 않고 있는 랭보를 두고 시인으로서의 그는 죽은 것이라고 판단하는 사람들중의 일원이었다. 이러한 견해를 베를렌느는 1895년 바니에출판사 판본 『시전집(Poesies complètes)』의 서문에서 다음과 같이 피력하고 있다.

> 이제 나의 마지막 말은 이런 것이다. 즉, 무엇을 하고 또 존재하는데 있어서 그의 마음에 들지않는 것에 어떤 식으로든 가담하는 것에 대해 지고하게 경멸한 그런 것으로부터 독립하려는 희망속에서, 일찍 죽어간 사람(1891년 11월 10일, 마르세이유의 콩셉시용병원에서 37세의 나이로 사망함)인 것처럼, 어떠한 진부함이나 퇴폐성으로부터 오염되지 않은 채, 시인으로서의 랭보는 요절한 자(1854년 10월 20일 샤를르 빌에서 태어난 그로부터 1872년 이후 운문시가 발견되지 않음으로써 결국 18세나이에 죽은 셈이다)라는 것이다.[19]

따라서, 베를렌느는 랭보의 두번째 죽음을 믿기보다는 첫번째와 세번째 죽음사이의 관계설정을 분명히 하고 있는 것이다. 그러나, 그는 시인으로서의 랭보의 죽음을 1872년에 위치시킴으로써 우리를 또 한번 놀라게 하고 있다. 그는 1873년에 랭보가 지옥에서의 한철을 썼고 간행했다는 사실을 간과할 수 있다는 말인가? 그해 봄에 아직 『이교도의 책(Livre päien)』, 혹은 『흑인의 책(Livre nègre)』이라는 상태에 있던 작품의 형성과정은 분명히 베를렌느의 목전에서 진행되고 있었으며, 브뤼셀(Bruxelles)사건 이후 완성된 이 책에는 그들의 관계단절의 이야기가 할애되어 있고 『광기의 성처녀(Vierge folle)』의 탄식으로부터 『언어의 연금술(Alchimie du verbe)』에 나오는 "이렇게 나는 어떤 돼지같은 녀석을 사랑했다"라는 거친 선언에 이르기까지 그 자신에 대한 그렇게 자랑할 것이 못되는 몇몇 암시들이 포함되어 있다는 사실을 그는 알고 있다. 그리고 그는 브뤼셀(37, rue du Choux)에서 10월에 간행된 이 소책자의 한 부를 헌사와 함께 맡았던 것이다.[20]

『지옥에서 보낸 한 철』은 (완전히 지나간 과거의 작품인, '언어의 연금술'이 인용되어 있는 운문시를 제외하고는) 산문으로 되어 있다. 따라서, 베를렌느에 있어서 시인 랭보란 그가 1884년 저주받은 시인들 속에서 참모습을 보여준 운문의 시인, 즉 '세상에서 가장 아름다운 운문시'[21]의 작가를 말하는 것이다. "이 기적같은 16세와 17세 사이"[22]였다고 베를렌느는 확신하고 있다. 결국, 랭보가 1871년 9월, 파리에서 그를 만나기 전 그에게 보냈던 것이 바로 가장 훌륭한 시라는 것이다.

그러나 베를렌느는 모순에 빠지기도 한다. 즉, "산문시의 랭보는 아마도 운문시를 썼던 그보다 우수한 것 같다"[23]라고 후에 말한다. 게다가, 그는 어떤 면에서는 『일류미네이션』의 발견자가 아닌가? 1886년, 그는 이 작품을 "벨기에, 영국 그리고 독일 전체를 여행하면서, 1873년과 1875년 사이에 쓰여진 것"[24]으로 소개하고 있다. 이런 류의 책소개에는 재언급이 필요한 부분이 있을 것이다. 산문시와 『라보그』지에 혼재되어 실려있는 '새로운 운문시(Vers nouveaux)'라는 것의 다른 원고를 보면 거의 랭보 스스로 1872년이라는 연도를 붙여놓았다. 랭보는 독일에서 아무것도 쓰지 않았던 것이 거의 틀림없는 것이다. 그리고 1875년은 너무나 늦은 시점이다. 왜냐하면, 런던에서 제르맹 누보(Germain Nouveau)와 함께 체류하며 그의 도움을 받아 랭보가 『일류미네이션』을 재정서했던 시기는 바로 1874년도라는 것에 오늘날 누구도 이견이 없기 때문이다.[25]

베를렌느는 시인으로서의 랭보의 죽음은 1872년 이후라는 것을 인정할 수밖에 없다. 만약 1872년에 '시인이 사망했다'면 — 그런데 『일류미네이션』에 들어있는 "의도적인 파격이 상큼하게 부여된 시행"[26]을 과소평가했던 베를렌느는, "우리는 '진정한 의미'의 시인을 말하고 있는 것이다"[27]라고 분명히 강조하고 있다 — "경이스런 산문가"가 뒤를 이어 교대하는 것이다. 랭보는 『지옥에서 보낸 한 철』(1873)과 『일류미네이션』(1873-1874) 이후에야 침묵하게 된다.

첫번째 죽음을 의미하는 이러한 '랭보의 침묵'에 대한 숙명적인 날짜를 더욱 뒤로 미루어보고자 하는 사람들이 있는 것같다. 1875년 10월 14일 에르네스트 들라에이에게 보낸 편지 속에 삽입되어 있는 내무반의 군가 일종인「꿈 (Rêve)」을 랭보의 아마도 가장 천재적인 시편으로 해석코자 했던 앙드레 브르똥이나 최근의 마리오 리슈테르(Mario Richter)가 바로 그러한 것을 시도한 사람들이다.[28] 앙뜨완 아당(Antoine Adam)은 탐험가인 랭보의 어떤 여행의 경험과 부합되는 현상들을 찾아내기 위해서는 몇편의 『일류미네이션』의 제작연대를 늦출 수 있다고 믿었다. 즉,「민주주의(Démocratie)」란 시는 1876년 쟈바의 네덜란드 외국인 용병군단에서 보냈던 체험을 환기시킨다는 것이다.[29]

나는 1874년을 주장한다. 이 연도는 『일류미네이션』의 「청춘(Jeunesse)」이란 시편에서 의도적으로 강조되어 있는 「이십 세(Vingt ans)」의 '아다지오(Adagio)'와 일치되기도 한다. 이 '랭보의 침묵'은 더 해석되어야 할 여지가 있다. 1896년, 말라르메(Mallarmé)는 그의 유일한 평론에서 그런 작업을 했던 것이다.[30] 그는 이런 "예술사에 있어서 독보적인 모험"이 "미래에 호소함도 없이 거의 존재할 시간을 갖기전에, 격렬하고 장엄한 숙명적인 것들로 인해 수명을 다한 문학적 날개로 너무나 일찍이 그리고 성급히 상처를 입은 아이"의 모험이라고 말할 때의 어떤 숙명과 의지의 행위, '살아서 시를 완수한' 자의 행위 사이에서 실은 머뭇거리고 있는 것처럼 보인다. 가브리엘 부누르(Gabriel Bounoure)는 랭보의 침묵에 대하여 한 권의 수필을 썼고(『랭보의 침묵(Le Silence de Rimbaud)』, le Caire, Librairie LDF, coll. Le chemin des sources) 로제 뮈니에(Roger Munier)는 1973년-1974년의 앙케트에서 침묵의 문제를 세번째와 네번째 질문의 중심부에 위치시켰다.

4. 그의 작품에 접근하기 위해서는, 그의 침묵과 시와의 영원한 단절

을 포함한, 랭보 운명의 총체를 고려해야 한다고 생각하십니까?
  5. 어떻게 당신은 그의 침묵을 해석하십니까? 이것은 시적 경험의 평면에 도달하여 그 경험을 이해하는데 도움을 줄 수 있다고 보십니까?[31]

이 질문에 대한 여러 답변들 중에서, 나는 두 가지의 근본적인 생각을 포함하고 있는 이브 본느프와의 것을 채택하겠다.[32] 그의 두번째 생각으로부터 시작해보자. "신비로운 경험으로부터 탈피되어 있는 벌판에서 보낸, 아프리카의 이 침묵의 몇 년을 그의 시 바깥세상에서 이해하려는 것만큼 오류를 범하는 일은 없으며" "절대에 대한 사상은 언어가 파멸되는 곳에서 확립될 수 있다"는 것이다. 따라서 그의 첫번째 죽음너머, 진정한 랭보는 그의 편지 속에, 또는 그의 계산서들, 책과 상품들의 한정없는 목록들과 함께 있는 것이 아니라, 바로 침묵의 존재 속에 위치하고 있는 것이다.

랭보에게 있어서 침묵이란 1874년의 침묵 이전에 이미 현존하는 것이라는 본느프와의 또다른 생각이 있다. "랭보가 말한 모든 것 속에서, 그리고 처음서부터 침묵은 활동적이었다(…). 랭보의 시라는 '텍스트'에 구멍을 뚫는 이 여백, 그의 글쓰기의 단념에 대한 최초의 선언, 이것들은 또한 매순간마다 극복되는 그의 고심속에서 장소가 되는 것이고 언어에 대한 그의 의지의 징표와 같은 것이다."

그 어느 곳보다도 『지옥에서 보낸 한 철』에서 가장 현저하게 이런 침묵의 위협이 드러나 있다. 「착란 1 (*Delires I*)」에서 "광기의 성처녀"가 "지옥의 남편(Epoux infernal)"의 명령을 환기시키려할 때, 침묵의 암초에 충돌하게 된다.

  어떻게 당신에게 그의 모습을 묘사해 보겠습니까! 이젠 말할 줄도 모르게 되었어요. 저는 상복을 입고 울고 있습니다. 무서워요.

일종의 허구 속에서 취해진 이런 예시와 동일한 형태가 또한 「아침(Matin)」이란 시편에서 나타나지 않는다면 그것은 채택될 수 없을 것이리라. 그런데 이번에는, "저주받은 자의 수첩"의 저자의 입을 통해 언급되고 있다.

　　난 이제, 〈주기도문〉이나 천사 축사인 〈아베마리아〉나 계속 중얼거리는 거지로밖에는 내 자신을 설명할 수 없다. 〈이젠 말할 줄도 모르게 되었다〉.

　이런 침묵의 위협은 이해된다. 그러나, 랭보적 시학의 중심부에는 '침묵을 쓰고', '표현할 수 없는 것을 적어두고', '현기증을 응시하려는' 욕구가 있었다. 「언어의 연금술」 속에서 「새들로부터 멀리…」(다른 곳에서 「눈물(Larme)」이라는 제목이 붙어 있음)와 「아침 네 시에…」라는 두 편의 시가 이런 역설적인 시도의 모습을 밝혀주고 있다. 1872년의 또 다른 시, 「브뤼셀(Bruxelles)」[33]은 침묵 속에서 완성된다.

　　(…)그리고 또 너무 아름답구나! 너무나! 이젠 더 말하지 말자. ―혼잡치 않고 장도 서지 않는 고요하나 가로수길, 모든 드라마와 모든 희곡의 여러 장면들이 무한정 모여들어 이루어지는 곳, 난 그대를 알고 침묵 속에서 찬탄하노라.

　"나는 침묵의 대가이다"라고 또 랭보는 「유년시절」 제5부에서 말하고 있다. 사실상, 『일류미네이션』은 "구름 속에서(…) 울려퍼지는" "장미빛 불꽃의 종"과 같은, 침묵을 쓰는 하나의 방법인 것이다. 침묵쓰기란 소리가 없는 것에 소리를 부여하는 행위일 것이다. 그러나 이것은 또한 침묵을, 위대한 침묵을 준비하는 것과 다름아니다. 그것은 바로 제작날짜를 모르지만, 『일류미네이션』의 문집속에 위치시키며, 우리가 그 예언적인 기능을 이해한다고 믿고 있는 「염가판매」라는 산문시의 기능을 말하는 것이다. "이 시에서는 유보되어 있던 믿음과 에네르기의 최후까지 조소 속에 침잠되어 버림으로써, 진정한 의미에서 이것은 마지막 시가 될 수 있다"라고 이브 본

노프와는 말한다.[34]

"친우들과 연인들에게는 잔혹한 죽음"이 처분해야할 재산목록속에 들어있다는 것에 놀라워 할 필요는 없다. 그것은 극도로 거추장스러운 어떤 것을 청산하는 방식이 아닌가?「이성에게(A une raison)」에서 어린아이의 목소리가 "시간은 선별되어야 한다"는 것을 요구할 때, 그 목소리는 아마도 또 다른 어떤 것을 갈망하고 있는 것이리라…

애초부터 침묵과의 관계를 설정하고 있는 것과 같이, 랭보는 죽음과도 관계를 맺고 있었다. "랭보는 죽음에 대한 조급한 축제를 벌려 왔고, 그것이 근접하며 위협하는 것을 고통스럽게 감내하고 있었다"[35]라는 예를 제시하면서, 루이 포레스티에(Louis Forestier)는 랭보와 죽음과의 관계에 관하여 연구를 했다. 그렇지만, 죽음은 고아들의 「새해 선물(Les Etrennes des orphelins)」이라는 그의 첫번째 시에서부터 분명 존재한다. 그리고 그 이미지는 『지옥에서 보낸 한 철』과 「유년시절」 5부에서 볼 수 있는 선험적인 예견의 순간에 이르기까지 그의 뒤를 끊임없이 추적하게 된다. 마치 죽음으로부터 몸을 숨길 수 있는 최선의 방책이 살아서 삶의 다른 쪽으로 가는 것인양, 랭보는 과거에 대한 자성적 전율에 휩싸여 『지옥에서 보낸 한 철』의 「고별(Adieu)」에서 "난 거기서 죽어 있었는지도 모른다"라고 말한다.

따라서 랭보의 세 가지 죽음에 대하여 말하는 것만으로 충분한 것인가? 글쓰기를 시작한다는 것은 이미 죽음이라는 현상을 양육함을 의미한다"라고 루이 포레스티에는 그의 글[36] 서두에서 확언하고 있다. 랭보에 있어서 최초로 맺은 관계는 바로 죽음인 것이다. 1874년의 은유적인 죽음, 1886년의 위조된 죽음, 1891년의 평상적인 실제적 죽음은 언어는 물론 침묵으로도 만족하는 하나의 성취에 대한 다양한 양태인 것이다.

(청주대학교 한대균 교수 번역)

● 주　석

1) Voir Pierre Petitfils, *L'Oeuvre et le visage d'Arthur Rimbaud — Essai de bibliographie et d'iconographie*, Nizet, 1949, p. 21~34.
2) *Ibid.*, p. 34~35.
3) Reproduit *ibid.*, p. 28 n.
4) Marcel A. Ruff, *Rimbaud*, Hatier, coll. "Connaissance des lettres", 1968, p. 253.
5) *Les deux visages de Rimbaud*, Neuchâtel, A la Baconnière, 1986.
6) Editions du Seuil, 1961, p. 188.
7) Gallimard, 1967, p. 313.
8) *Rimbaud par lui-même*, p. 173.
9) *Ibid, loc. cit.*
10) Lettre à sa mère du 21 avril 1890 : "il me blanchit un cheveu par minute. Depuis le temps que ça dure, je crains d'avoir bientôt une tête comme une houpe poudrée."
11) On trouvera ces notes dans l'édition des *Oeuvres complètes de Rimbaud* par Antoine Adam, Bibliothèque de la Pléiade, 1972, p. 659~661.12) *Rimbaud en Abyssinie*, ed. du Seuil, 1984, p. 323.
13) *Album Rimbaud*, p. 295. Le mot cancer revient dans les lettres d'Isabelle à Madame Rimbaud.
14) Préface pour l'édition établie par Paterne Berrichon et publiée au Mercure de France en 1912. Texte repris dans les *Oeuvres en prose de Claudel*, Gallimard, coll. Bibliothèque de la Pléiade, 1965, p. 514~521.
15) Sur ce point difficile, je me range volontiers à l'avis d'Yves Bonnefoy, qui lui consacre un appendice dans son *Rimbaud par lui-même* : "Qu'on fasse de la conversion d'un mourant le singe du réveil de Dieu si l'on veut. Mais qu'on ne cherche pas la présence de celui-ci dans une poésie qui l'a souvent provoqué sans rien rencontrer que son silence"(p. 184).
16) Voir *ibid.*, p. 172 : "nous y retrouvons toutes ces catégories de l'espoir que j'ai essayé de décrire : la mystérieuse paralysie, fille du vol de l'amour : le bateau plusieurs fois rêve comme le symbole

même de la vraie vie : et de l'un à l'autre, indomptable, et donc irrationnel de l'espoir."

17) Le texte figure dans Henri Peyre, *Rimbaud vu par Verlaine*, Nizet, 1975, p. 63.
18) Réédition dans la collection "Ressources" de chez Slatkine(facsimile), 1979, p. 6~7).
19) On trouvera ce texte dans H. Peyre, *op. cit.*, p. 106.
20) P.Petitfils, *L'Oeuvre et le visage d'Arthur Rimbaud*, p. 20~21.
21) Preface pour les *Illuminations*, ed. cit., p. 6.
22) Phrase du manuscrit d'un texte écrit en 1887 et publié en janvier 1888 dans *Les Hommes d'aujourd'hui* : dans H. Peyre, *op. cit.*, p. 94~95.
23) Préface pour les *Poésies complètes*(1986) : H. Peyre, *op. cit.*, p. 106.
24) Reprint Slatkine, p. 5.
25) Voir par exemple ce qu'écrit André Guyaux dans l'introduction à la réédition des oeuvres de Rimbaud, Garnier, 1981, p. LX.
26) Préface de 1886, Slatkine, p. 5.
27) *Les Poètes maudits*, dans Peyre, p. 77.
28) Voir Mario Richter, *Les deux 'cimes' de Rimbaud : "Devotion" et "Rêve"*, Slatkine, 1986.
29) Voir l'edition de la Pléiade citée, p. 1018.
30) Publié d'abord dans la revue américaine The Chap Book(15 mai 1896). Repris dans *Oeuvres complètes de Mallarmé*, Gallimard coll. Bibliothèque de la Pléiade, 1945, p. 512~519.
31) *Aujourd'hui, Rimbaud*, Minard, coll. Archives des Lettres modernes, 1976, p. 10.
32) *Ibid.*, p. 25~31. Le texte a été repris dans *Le nuage rouge*, Mercure de France, 1977, sous le titre "Rimbaud encore", p. 213~219.
33) A dire vrai, ce poème est sans titre. L'indication liminaire, "Bruxelles, Boulevard du Regent" n'est qu'une sorte d'épigraphe.
34) *Rimbaud par lui-même*, p. 146.
35) "La mort dans les *Poesies* de Rimbaud", dans *Cahiers de l'Association internationale des études françaises*, mai 1984, numéro 36, p. 215.
36) *Ibid.*, p. 205.

이계진 1943년 생. 성균관대 졸업. 성균관대 대학원 석사. 프랑스 루앙 대학 문학 박사. 숭전대 불문과 교수 역임. 현 인하대 불문과 교수. 논문 : "Les traits rimbaldiens chez Tchu Yo-Han" 외. 저서 : 『빙하기』, 『유리창에 이마를 대고』, 『슬픈 반도』 외. 역서 : 『촛불의 미학』, 『물과 꿈』, 『불사조의 시학』, 『꿈꿀 권리』(G. Bachelard), 『살라망드르가 사는 곳』(Y. Bonnefoy).

물의 시학
― 랭보의 초기시에 나타난 역동적 이마쥬

이 계 진

지금까지 쓰여진 랭보 연구 가운데 물의 주제 또는 이마쥬에 대한 분석을 심도있게 다룬 것으로서 우리의 주목을 끄는 것은, M. J. 비타케르(M.-J. Whitaker)의 『랭보의 상상적 세계의 구조』와 쟈끄 플레상(Jacques Plessen)의 『산책과 시 *Promenade et poésie*』 정도가 될 것이다. 특히 비타케르는 위의 저서 제3부에서 '눈물의 바다'와 '민물', 그리고 '얼은 물'이라는 개념들을 사용하여, 랭보적 물의 이마쥬가 갖는 특성을 흥미롭게 분석하고 있다.[1] 그는 랭보에 있어서 바다와 강, 인간의 눈물과 자연의 물이 뚜렷이 구분된다고 설명하면서 물의 원초적 기능인 정화작용(purification)이 '민물', 즉 강물에 의해서는 이루어지지 않으며, 짠물인 '눈물'과 '바다'에 의해서 가능해진다고 주장하고 있다.[2] 그러나 '민물'과 '짠물'이라는 명확한 대립적 이분법에 의해 랭보의 물질적 상상력을 단정적으로 해석하려 함으로써, "존재의 실체를 끊임없이 변모시키는 본질적 운명" (un destin essentiel qui métamorphose sans cesse la substance de l'être)[3]으로서의 물이 갖는 과도적인 기능과 친밀성을 소홀히 취급하고 있는 측면이 있다.

한편 플레상은 그의 『산책과 시』 제3장 「산책자의 코기토」에서 「취한 배」와 「갈증의 희극」에 나타나는 '존재론적 갈증'(soif ontologique), 즉 '마시려는 욕망'(désir de boire)과 '마셔지는 욕망'(désir d'être bu)의 콤플렉스를 중점적으로 분석하면서[4], 자아와 세계의 에로틱한 융화를 통해 "자연의 품안에서 해방되는 無化"(anéantissement libérateur dans le sein de la nature)[5]의 행복스런 소유에 다다르고자 하는 랭보의 정신적 갈망을 추적하고 있다. 그러나 플레상 역시 랭보의 형이상학적 갈증이 갖고 있는 특성을 밝히는 데 촛점을 맞추고 있어 그 자체로서 '용해'(dissolution)의 기능과 '배합'(combinaison)의 능력을 갖고 있는 물의 역동적 특질에 대해 소홀히 다루고 있다.

우리는 앞서 이루어진 이러한 연구들로부터 기본적으로 상당한 암시와 시사를 받으면서, 동시에 이들 연구들과 견해를 달리하는 측면에 대해서는 다른 각도에서 조심스런 해석을 시도하고자 한다. 우리는 이 작은 試論에서 1870-1871년 사이의 시편들 중 가장 좋은 예로 보이는 「오필리아」, 「골짜기에 잠자는 사람」, 「취한 배」를 택하여 물 이마쥬의 초기적 양상을 면밀히 분석함으로써, 랭보 시의 전개과정 전체를 통해 나타나는 역동적 상상력의 특징을 밝혀낼 수 있는 실마리를 포착하고자 한다.

I

샤를르빌 중학교의 수사학 교사 조르즈 이장바르(Georges Izambard)의 격려에 힘입어, 16세의 랭보는 1870년 위대한 선배 시인들의 시에 동화된 작품, 그러나 자신의 뚜렷한 독창성을 드러내는 작품을 벌써 쓰기 시작한다. 물론 이 해에 쓴 시편들에는 물의 주제가 시의 뼈대를 이루는 작품이 많이 나타나지 않는다. 그러나 「오필리아 Ophélie」와 「골짜기에 잠자는 사람 Le Dormeur du val」 두 편은 랭보의 초기시에 있어 물의 이마쥬를 계시적으로 드러내는 매우 뜻깊은 시라할 것이다.

1870년 5월 24일자 테오도르 드 방빌(Théodore de Banville)에게 보낸 편지 속에, 「감각 Sensation」, 「하나됨의 믿음 Credo in unam」과 함께 동봉한 「오필리아」는 랭보가 파르나스파의 형식적 완벽성을 추구하는 미학에 깊이 경도되어 있던 시기의 작품이다. 당시 무명시인이었던 랭보로서는 『현대 파르나스』지에 작품을 싣기 위해서는 아무래도 방빌 류의 스타일을 따르지 않을 수 없었을 것이다. 이 작품에 드리워져 있는 영향의 흔적을 추적해 보면, 방빌의 『女人像柱 Les Cariatides』 속의 「은하수 La Voie lactée」, 셰익스피어의 「햄릿」, 또는 영국 화가 밀레스(J.E.Millais)의 그림 「오필리아」 등에 긴밀히 결부되어 있음을 엿볼 수 있다. 이런 점에서 볼 때, 랭보의 「오필리아」는 아직 전통적인 주제를 다루고 있는, '견자의 시학'이 확고하게 정립되기 이전의 작품에 속한다 하겠다. 그럼에도 우리가 여기서 그의 「오필리아 Ophélie」[6]를 첫번째 분석 대상으로 삼는 이유는, 이후의 랭보 시에 나타나는 물의 이마쥬가 갖는 독특한 역동성을 살펴나가는 데 기본적인 단서를 제공해 주기 때문이다.

시각적인 면에서 볼때, 이 작품의 전체적 분위기를 물들이고 있는 색채는 두개의 대조적인 색깔, 즉 오필리아를 묘사하는 흰색 계통의 빛깔과 강물의 흐름을 묘사하는 검은 색 계통의 빛깔이다. 작품 안에서 구체적으로 오필리아를 수식하는 표현을 찾아보면, '하얀 오필리아'(La blanche Ophélia, 2행), '하얀 환영'(fantôme blanc, 6행), '창백한 오필리아'(pâle Ophélia, 17행), 다시 반복되는 '하얀 오필리아'(36행) 등의 직접적 수식에, 백색을 환기시키는 '한 송이 커다란 백합처럼'(comme un grand lys, 2행), '흰 눈처럼'(comme la neige, 17행) 등을 덧붙일 수 있다. 이와는 반대로, 강물의 흐름에 관련되는 표현을 찾아보면, '어둡고 고요한 물결 위에'(Sur l'onde calme et noire, 1행), '어두운 긴 강물 위에'(Sur le long fleuve noir, 6행) 등을 들 수 있다. 이처럼 흰색과 검은색이라는 대조적인 색깔이 이 작품을 지배하는 색조를 이룬다. 흰색은 오필리아의 깨끗함과 순수함을 환기시켜줄 뿐만 아니라, 그녀가 그 위에 떠서 흘러가는 물결의 검은 빛깔에 더욱 선명히 부각되어, 오필리아의 '차거움'과 '창백함'을 강조한다. 우리는 여기서 또한 흰색과 검은 색의 배합이 죽음의 빛깔이라는 것을 상기할 필요가 있다. 이러한 '검은 물'(l'eau noire)이라는 랭보의 독특한 물은 그의 다른 시편들, 예컨대 「취한 배 Le Bateau ivre」, 「까시 강 La Rivière de Cassis」, 「기억 Mémoire」 등에도 나타난다.

또한 청각적인 면에 있어서도, 시인이 신비로운 환상적 분위기를 효과적으로 살리기 위해 세심한 주의를 기울이고 있음을 엿볼 수 있다.

> 먼 숲 속에서 들려오는 사냥꾼의 뿔피리 소리.(4행)
> On entend dans les bois lointains des hallalis.
>
> 상한 수련이 그녀 몸 둘레에서 한숨 짓고 ;
> 그녀는 이따금 작은 날개의 떨림이 새어나오는 둥지를,
> 잠든 개암나무 속에서 깨어나게 한다 :
> -신비로운 노래가 금빛 별들에서 쏟아져 내린다.
>
> Les nénuphars froissés soupirent autour d'elle ;
> Elle éveille parfois, dans un aune qui dort,
> Quelque nid d'où s'échappe un petit frisson d'aile ;
> —Un chant mystérieux tombe des astres d'or.

이처럼 '어둡고 고요한 물결'이 흘러가는 강의 정적에, 먼 숲 속에서 들려오는 사냥꾼의 외침 소리 또는 뿔피리 소리, 그리고 작은 날개의 떨림 소리를 대비시킴으로써, 시의 주요 무대 배경이 되어 있는 강의 고요한 분위기를 더 한층 강조한다. 아스라한 사냥꾼의 뿔피리 소리가 들려오는 강변은 따라서 일상적 세계로부터 단절된 신화적 장소임을 나타냄과 동시에 몽환극적 분위기를 느끼게 하는 효과를 준다. 시간적으로나 공간적으로 현실세계에서 유리된 환상적 세계를 설정하여 신비로운 분위기를 만들어내는 이러한 기법은 「눈물 Larme」과 『일류미네이션 Illuminations』 속의 「요정 Fairy」에도

보인다 :

새들과 양떼 그리고 마을 처녀들로부터 멀리 떠나
나는 술을 마시고 있었다.
녹음이 우거진 훈훈한 오후의 안개 속에서,
어린 개암나무 숲에 둘러싸인 히이드 벌판에 웅크리고 앉아서.

「눈물」에서

Loin des oiseaux, des troupeaux, des villageoises,
Je buvais, accroupi dans quelque bruyère
Entourée de tendres bois de noisetiers,
Par un brouillard d'après-midi tiède et vert.

Larme[7]

－숲의 벌목된 폐허 아래로 흐르는 급류의 소음에 섞이는 나무꾼 아내들의 노래 소리와 골짜기의 메아리에 섞이는 가축 떼의 방울 소리, 그리고 초원의 외침 소리가 들린 뒤.－

「요정」에서

－Après le moment de l'air des bûcheronnes à la rumeur du torrent sous la ruine des bois, de la sonnerie des bestiaux à l'écho des vals, et des cris des steppes.－

Fairy[8]

환상적인 무대 배경으로서의 강물, 오필리아가 떠서 흘러가는 그 강물은 이제 더 이상 일상적인 강물이 아니다. 그것은 흘러감에 따라서 꿈의 세계 깊숙이 빠져 들어가는 것 같은 강물이다. 이 꿈의 세계로 향한 강물의 흐름 위에서 오필리아는 인간의 존재 양태로부터 벗어나 죽음에 보다 가까이 다가간다. 그리고 그녀는 점차 물질화되어 간다. 이와는 반대로, 오필리아를 둘러싸고 있는 자연 즉 '바람', '물', '버드나무', '갈대', '수련', '개암나무' 등은 생명체로 살아나 활동하기 시작하며 감정을 표현하기까지 한다. 서로 역행하고 있는 이러한 잠재적인 두 개의 운동이 오필리아와 자연 사이의 조응을 더욱 강조한다. 그러나 엄정한 의미에서 조응(correspondance)이라는 말이 인간과 자연 사이에 가로 놓여있는 칸막이를 완전히 허물어버리는 것을 뜻하는 것이라면, 언제나 인간 쪽에서 그 칸막이를 강하게 의식할 수 밖에 없는 것이므로, 사실상 인위적인 조응으로 끝나버리기 마련이다. 그렇지만 오필리아의 경우는 그러한 인위적인 조응과는 다른, 매우 조화로운 융합을 보여준다. 다시 말하면, 인간과 자연이라는 두 개의 이질적인 것들 사이의 조응이 아니라, 자연(물질화된 오필리아)과 자연(강물)의 융합을 이루는 것이다.

바슐라르는 '죽음의 네 개의 고향'(les quatre pays de la mort)[9], 즉 불, 물, 공기, 흙이라는 4원소 중의 하나에로 되돌아가는 오필리아에 대해 다음과 같이 말한 바 있다 :

> 오필리아는 그러므로 우리에게 있어서 여성적인 자살의 상징이 된다. 그녀는 참으로 물 속에서 죽기 위해 태어난 인간이며, 셰익스피어가 말한 것처럼, 그녀는 다시 '자기 자신의 원소'를 발견하는 것이다. 물은 젊고 아름다운 죽음, 꽃다운 죽음의 원소이며, 또한 인생과 문학의 드라마에 있어서 물은 오만함과 복수심이 없는 죽음, 마조키스트적 원소인 것이다. 물은 자신의 고통으로 '울' 줄밖에 모르며, 눈이 쉽사리 '눈물에 빠지는' 여성의 깊은 유기체적 상징인 것이다.
>
> Ophélie pourra donc être pour nous le symbole du suicide féminin. Elle est vraiment une créature née pour mourir dans l'eau, elle y retrouve, comme dit Shakespeare, "son propre élément". L'eau est l'*élément* de la mort jeune et belle, de la mort fleurie, et, dans les drames de la vie et de la littérature, elle est l'*élément* de la mort sans orgueil ni vengeance, du suicide masochiste. L'eau est le symbole profond, organique de la femme qui ne sait que *pleurer* ses peines et dont les yeux sont si facilement noyés de larmes.[10]

오필리아와 물은 서로 헤어질 수 없는 두 개의 '원소'로서 융합한다. 오필리아는 물 속에서 '자기 자신의 원소'(son propre élément)

를 발견하고 생명을 다시 찾는 것이다. 오필리아는 물질로 환원함으로써 다시 젊어지는 것이다.

그런데 「오필리아」 II부에서는 시적 어조가 갑자기 바뀌어, 관념적인 표현이 주로 많이 사용되는 것을 볼 수 있다. "하늘이여! 사랑이여! 자유여! 아 가엾은 미친 여자여!"(29행)라고 부르며, '불에 녹아버린 눈'에 그녀를 비유하고 있다.

하늘이여! 사랑이여! 자유여! 아 가엾은 여자여, 이 무슨 꿈인가!
불에 녹아버린 눈처럼, 그대는 그에게 온통 마음을 빼앗겨 버렸다.
그대의 커다란 환상이 그대의 말문을 막아버렸다.
그리고 두려운 '무한'이 그대의 파란 눈을 놀라게 했다!(29-32행)

Ciel! Amour! Liberté! Quel rêve, ô pauvre Folle!
Tu te fondais à lui comme une neige au feu :
Tes grandes visions étranglaient ta parole
Et l'Infini terrible effara ton oeil bleu!

우리는 I부에서 '하얀 눈'에 비유되던 오필리아가 여기서는 불에 비유된 햄릿에 녹아버린 '용해'의 현상을 보게 된다. 이것은 시인이 상반되는 두 개의 원소를 하나로 결합시킨 매우 암시적인 비유이다. 물과 불, 차거움과 따뜻함이 자연스럽게 짝을 이루는 이러한 랭보 특유의 온도 감각에서 나온 파격적인 표현법은 그의 작품에 빈번히 나타난다.

이제 그것은 불꽃과 얼음의 천사들로 끝난다.
「도취의 아침」에서

voici que cela finit par des anges de flamme et de glace
Matinée d'iversse[11]

어쩌면 심연, 불의 샘인지도 모른다.
「유년시절 V」에서

Peut-être les gouffres, des puits de feu.

Enfance. V[12]

얼음꽃 돌풍에 섞여 쏟아져 내리는 불티, ―감미로움이여!― 우리들을 위해 영원히 탄화(炭化)되어 버린 땅 깊숙이에서 다이아몬드의 바람으로 분출되어 비처럼 내리는 불길,

「야만인」에서

Les braises, pleuvant aux rafales de givre, ―Douceur!―les feux à la pluie du vent de diamants jetée par le coeur terrestre éternellement carbonisé pour nous.

Barbare[13]

드디어 되찾았다.
무엇을? ―영원.
그것은 태양과 함께
어울린 바다.

「영원」에서

Elle est retrouvée
Quoi? ―L'Eternité
C'est la mer allée
Avec le soleil

L'Eternité[14]

 위에 인용한 예들에서 보듯이, 극단적인 감각의 합일, 또는 충돌은 랭보에 있어서 흔히 파괴와 조화를 동시에 실천할 수 있는 특권적인 시적 순간으로 표현된다.
 「오필리아」 II부는 이야기 전개의 순차적인 흐름에 따른다면, I부에 먼저 위치시켜야 할 시간에 속한다. 이같은 이야기 전개에 있어서의 물리적인 시간의 순서에, 갑자기 아주 이질적인 시간이 들어선 것이다. 그리하여 II부에서 I부로 흘러가야 할 시간과 III부의 시간 사이에는 뚜렷한 공백이 있게 된다. 그 사이에 오필리아는 계속 떠내려 간 것이다. III부에서 '시인은 말한다'(Le Poète dit, 33행)라

고 직설법 현재로 불쑥 등장하는 시인의 개입이 조금도 부자연스럽게 느껴지지 않는다. 시인은 오히려 I부의 시간과 II부의 시간 사이의 공백을 메꾸어 주고, 꿈의 세계와 현실 세계를 연결시켜 주는 다리 역할을 하는 것이다.

쟈끄 쟝구(Jacques Gengoux)는 『랭보의 시적 사상 *La pensée poétique de Rimbaud*』에서 '되돌아가기'(rentrée)[15]라는 용어를 사용하여, 「오필리아」를 쓸 무렵의 랭보 시에 나타나는 원환구조에 대해 언급한 바 있다. 그는 거기에서 정작 「오필리아」에 대해서는 다루지 않고 있다. 그렇지만 우리는 「오필리아」 III부의 마지막 부분에서 I부의 처음 부분으로 되돌아 가는 원환구조를 쉽사리 발견할 수 있다.

긴 베일의 옷을 입은 채 물 위에 드러누워
하얀 오필리아가 한 송이 커다란 백합처럼 떠내려가는 걸 본다
(35-36행)

Et qu'il a vu sur l'eau, couchée en ses longs voiles,
La blanche Ophélia flotter, comme un grand lys.

별빛 잠든 어둡고 고요한 물결 위로
하얀 오필리아가 한 송이 커다란 백합처럼 떠내려간다,
긴 베일의 옷을 입은 채 드러누워, 아주 천천히 떠내려간다…(1-3행)

Sur l'onde calme et noire où dorment les étoiles
La blanche Ophélia flotte comme un grand lys,
Flotte très lentement, couchée en ses longs voiles.

이것은 물 속에서 본래의 원소, 즉 영원한 생명을 획득한 오필리아가 물결 위에 드러누워 계속 흘러간다는 것을, 반복되는 시구를 통해 은연중 암시하는 것이라 할 것이다. "젊고 아름다운 죽음"의 원소이며 "마조키스트적 자살의 원소"인 물, 그 끝없이 순환하는 우주적 질서에 스스로를 내맡김으로써 오필리아는 다시 소생하는 것이다.

II

1870년 10월 벨기에로의 방랑에서 돌아온 랭보는 자신의 시를 노트 2권에 정리하여, 친구인 뽈 드므니(Paul Demeny)에게 넘겨준다. 그 두번째 노트에는 「겨울의 꿈 Rêvé pour l'hiver」, 「골짜기에 잠자는 사람 Le Dormeur du val」, 「카바레 '녹색'에서 Au Cabaret-Vert」, 「찬장 Le Buffet」, 「나의 방랑 Ma Bohème」등 7편이 수록되어 있는데 모두 소네트 형식으로 되어 있다. 그러나 「나의 방랑」을 빼놓고는 각 작품 끝에 작성 날짜가 적혀있기 때문에, 「찬장」, 「나의 방랑」, 「골짜기에 잠자는 사람」 이외의 작품들이 모두 벨기에 방랑 체험으로부터 소재를 얻어 쓴 것으로 대부분의 주석자들은 판단하고 있다.

그러나 「골짜기에 잠자는 사람」이 실제적 체험에 뿌리를 두고 있는 것인지, 순수히 독서에 의한 간접 체험에서 나온 것인지 하는 문제는 그다지 중요한 일이 아닐 것이다. 전기적 사실로부터 한 작품의 감추어진 비밀을 해명할 수 있는 어떤 실마리를 찾아낼 수도 있으나, 시적 테스트 그 자체로 돌아가, 그것의 깊은 의미를 밝혀내는 것이 더 유효한 접근일 것이기 때문이다.

「골짜기에 잠자는 사람」[16]에 대해 감각 양상의 차원에서 살펴본다면, 우선 시각적인 면에서의 특징을 들어야 할 것이다. 이 작품에는 빛의 감각과 색채의 감각이 매우 효과적으로 사용되고 있다. 앞에서 살펴본 「오필리아」에서는 오필리아와 강물을 묘사하는 색깔이 각각 무색인 흰색과 검은색이었는데 반해, 「골짜기에 잠자는 사람」에 보이는 색깔은 강렬한 원색이다. 구체적으로 그 시구를 찾아보면, 식물을 수식하는 색깔로는 '푸르름의 구렁'(un trou de verdure, 1행), '싱그러운 푸른 냉이'(le frais cresson bleu, 6행), '초록빛 침대에'(dans son lit vert, 8행) 등이 있고, 병사를 수식하는 색깔로는 '창백한'(pâle, 8행), '두 개의 붉은 구멍'(deux trous rouges, 14행) 등이 있다.

풀을 수식하는 녹색과 푸른 색은 공통적으로 활기찬 생명력과 신선함을 강조한다. 이 색깔은 사실상 차가운 빛깔에 속한다. 위에 열거한 표현들 가운데서 병사를 수식하고 있는 '창백한'이라는 형용사만이 유일하게 무색이다. 싸늘하게 죽어 물 위를 떠내려가는 오필리아를 수식하고 있던 바로 그 '창백한' 색깔을 떠올리게 한다.

또한 불타오르는 듯한 생명을 환기시키는 따뜻한 색깔인 '붉은 색'이 물가에서 죽은 병사에 결부됨으로써 매우 강렬하고 인상적인 효과를 나타내고 있다. 초록빛 식물들에 둘러싸여 있는 병사의 붉은 상처가 유난히 선명하게 부각되어 있다. 초록빛 속에 붉은 두 개의 구멍이 보이는 것으로 묘사되어 있는데, 이것은 눈부신 색채의 대비를 이루고 있는 것이기도 하다. 두 개의 색깔이 서로 그 강도를 높이고 있기 때문에, 조그만 구멍에 지나지 않는 붉은 색이 더욱 돋보이게 된다. 마지막 시구만 따로 떼어서 읽어 보면, 잔혹한 광경 묘사일테지만, 선명한 색채 대비의 강렬함에 빠져들어가다 보면, 전쟁터의 피비린내나는 비극적 영상은 사라지고 그야말로 미적인 광경으로 바뀌어 버리는 것이다.

빛의 감각이라는 측면에서 볼 때, 이 작품에 나타나는 특징은 그림자의 요소가 전혀 보이지 않는다는 점이다. 그것도 아주 투명한 빛, 눈부신 햇살이 넘쳐 흐르고 있다.

 i) 남루한 풀섶에 은빛 아지랭이 미친듯이 달라붙어(2-3행)
 Accrochant follement aux herbes des haillons / D'argent :

 ii) 크나큰 산등성이로부터 해가 비치면(3-4행)
 où le soleil, de la montagne fière, / Luit :

 iii) 작은 골짜기는 햇살이 빛난다(4행)

c'est un petit val qui mousse de rayons.

iv) 구름 아래, 풀밭 위
햇살 쏟아지는 초록 침대 위에 창백하게 누워있다.(7-8행)
il est étendu dans l'herbe, sous la nue,
Pâle dans son lit vert où la lumière pleut.

v) 그는 햇빛 속에 잠든다(13행)
Il dort dans le soleil

위에 인용한 5개의 예에 대해 특별히 주목해야 할 것은, 초록색으로 물들어 있는 병사에 넘쳐흐르는 햇빛이 결부되어 있는 점이다. v)의 인용에서만 빛이 직접적으로 결부되어 있지 않으나, iv)의 인용과 중첩시켜 보면 이내 그것을 알게 된다. 이 작품과 같은 시기에 쓴 시「악 (Le Mal)」에서 랭보는 전쟁터에서 죽은 자들을 애도하면서 이렇게 외친다:

여름 풀섶 속에서 기쁨으로 죽어간 가엾은 자들이여!
'자연'이여! 아! 성스러이 인간들을 창조했던 그대여!(7-8행)

Pauvres morts! dans l'été, dans l'herbe, dans ta joie,
Nature! ô toi qui fis ces hommes saintement![17]

「골짜기에 잠자는 사람」은 말하자면「악」의 이 부분을 좀 더 구체화시켜 또 하나의 다른 그림으로 확대한 것으로 볼 수 있다. 싱그러운 생명력으로 넘쳐 흐르는 푸른 식물과 빛의 결합은「악」에서 랭보 자신이 사용한 용어를 그대로 빌려 말한다면, 황홀한 합일의 '기쁨' 그 자체가 될 것이다.

또한 우리가 주목해야 할 것은 청각에 관계되는 요소로서의 골짜기의 물소리에 대해서이다. 아스라히 먼 곳에서 들려오는 소리를 도입하고 있는 점에 있어서는,「오필리아」의 경우와 비슷한 수법이지만,「골짜기에 잠자는 사람」에서는 물소리가 단순히 인간의 소란스

러움에서 멀리 떨어진 골짜기의 고요를 강조하는 것만이 아니다. 그
것은 유일한 청각적 요소로서 시 전체의 분위기를 자연의 환희로
울려 퍼지게 하는 역할을 한다. 골짜기에 안겨 넘쳐 흐르는 대지의
생명력을 구체적으로 실감하는 이러한 합일의 기쁨은 「태양과 육체
Soleil et Chair」 속에서도 찾아볼 수 있다 :

생명과 애정의 원천인 태양은,
기쁨 넘치는 대지 위에 불타는 사랑을 쏟아붓는다.
골짜기에 몸을 눕힐 때, 느끼는 것은
대지의 젊음과 용솟음치는 피 : (1-4행)

Le Soleil, le foyer de tendresse
Verse l'amour brûlant à la terre ravie,
Et quand on est couché sur la vallée, on sent
Que la terre est nubile et déborde de sang :[18]

한편 「골짜기에 잠자는 사람」에서는 서로 상반되는 요소들이 조
화롭게 조응하는 완전한 결합상태를 볼 수 있다. 싸늘하게 식어버린
병사의 시체를 둘러싸고 있는 자연은 모두 눈부신 푸르름으로 약동
하는 절정기의 생명을 나타낸다. 이 점에서는, 「오필리아」에서 보는
바와 같은, 자연(강물)과 인간(오필리아) 모두가 본래의 원소 상태
로 되돌아가 융화되는 세계와는 뚜렷한 차이를 드러낸다고 하겠다.
이러한 삶과 죽음의 대비관계를 '차거움'과 '따뜻함'이라는 온도
감각의 측면에서 포착하여 절묘하게 표현하고 있는 다음과 같은 구
절에 주목해야 할 것이다.

자연이여, 그는 추워하고 있으니, 따스하게 잠들게 해주오.(11행)

Nature, berce-le chaudement : il a froid.

그러나 우리는 여기서 단순히 '차거움'과 '따뜻함'을 대조적으로
관련시키고 있는 대비의 효과만이 아니라, 자연이 어머니의 품이 되

어 차가워진(죽은) 병사에게 영원한 휴식을 약속해주고 있다는 사실도 알아야 한다. 전적으로 상반되는 차거움의 요소와 따스함의 요소가 아무 충돌 없이 자연스런 융화를 이루고 있는 것이다.

　자연의 한 현상으로서 등장하는 태양은 빛에 의해, 그리고 식물은 푸르름에 의해, 이 작품 속에서 제각기 중요한 역할을 한다. 한편 골짜기의 물은 그 특유의 차거움에 의해 병사와 결부될 뿐만 아니라, 추운 색깔인 초록빛 식물과 접점을 가지며, 그 투명도에 의해 눈부신 햇빛과도 공통성을 나누어 갖는다. 또한 이 골짜기의 물은 병사를 적셔 주고, 식물에 활기를 주고, 햇빛과 유희하는 것을 통해, 이 세가지 것들 사이의 관계를 상호적 친화의 관계로 맺어지게 한다. 다시 말하면, 골짜기의 물은 병사와 햇빛을 결부시키는 핵심적 매개자의 역할을 수행하면서, 이것들 사이의 융화를 도와주는 것이다. 그리하여 서로 대립되는 것으로 보이는 병사와 자연의 결혼을 원활하게 한다. 생명에서 죽음으로 향하는 과정 속에 있는 것이 아닌, 엄밀히 말해서 삶과는 단절된 죽음의 상태에 있는 병사는 하나의 사물의 자격으로 자연과 결혼함으로써, 풍경 속에서 매우 독특한 존재 의미를 획득하게 되는 것이다. 자연과의 결혼 상태에 있는 병사의 모습은 본래의 원소 상태로 되돌아 간 저 오필리아의 모습과 흡사한 점이 있다.

　그러면 여기서 「골짜기에 잠자는 사람」에서 볼 수 있는 특이한 원환구조에 대해 살펴 보기로 하자. 「오필리아」에서 이미 지적한 바 있는 원환구조를 '시간적' 원환구조라고 부른다면, 이 작품에 보이는 것은 '시각적' 원환구조라 할 수 있을 것이다. 골짜기의 원경 묘사로부터 시작하여 시점을 차츰 가까이 접근시켜, 골짜기의 풍경을 자세히 묘사하는 데에 이르는 제 1연에는 병사가 아직 등장하지 않는다. 시점이 이동하여, 물가에 누워 있는 병사의 모습이 포착되는 것은 제2연에서 부터이다. 제2연과 제3연에서 병사와 그를 둘러싸고 있는 자연의 묘사가 계속되다가, 마지막 연에 이르러서는 병사의 모습만 집중적으로 묘사된다. 시점이 병사의 극히 미세한 부분(상처)을 포착하는 거리에까지 접근하는 것이다. 제1행의 '푸르름의 구렁'이라는 원경으로부터 시작하여 마지막 행의 '두 개의 붉은 구멍'에까지 시점을 이동시키는 동안에, '푸르름'(verdure), '푸른 색'(bleu), '초록빛'(vert)이라는 녹색 계통의 영상에 온통 젖어들게 되는 것이다. 마지막 행에 이르러서야 선명한 붉은 색깔이 나타나지만, 이미 녹색 영상에 익숙해 있던 우리의 망막에는 일종의 잔상효과로서 '푸르름의 구렁' 위에 두 개의 붉은 구멍이 중복되어 나타난다. 그리고 거꾸로 다시 제1행의 '푸르름의 구렁'으로 되돌아갔을 때, 우리의 망막에 진상으로 남아 있던 '두 개의 붉은 구멍' 위에 '푸르름의 구렁'이 중복되어 보인다. 이렇게 해서 녹색이 붉은 색으로, 다시 붉은 색이 녹색으로 한없이 서로 교환되는 일종의 시각적 원환구조가 이루어지는 것이다.

Ⅲ

'견자'이어야 하고 '견자'가 되어야 한다고 저는 말합니다. '시인'은 길고 거대하며 이치에 맞는 착란을 통하여 '견자'가 되는 것입니다. 그는 모든 형태의 사랑, 고통, 광기를 스스로 찾아 그 모든 독소를 자기 내부 속에 흡수하여 그것들의 정수만을 간직하는 것입니다. 이것은 그가 모든 신앙과 모든 초인적인 힘의 도움을 필요로 하는 형언할 수 없는 고통인 것이며, 그것에 의해 위대한 환자, 위대한 범죄자, 위대한 저주받은 자,—그리고 훌륭한 '현자'! —가 되는 것입니다. 그는 미지에 도달한 것이므로.

Je dis qu'il faut être *voyant,* se faire *voyant.* —Le Poète se fait *voyant* par un long, immence et raisonnée *dérèglement de tous les sens.* Toutes les formes d'amour, de souffrance, de folie : il cherche lui-même, il épuise en lui tous les poisons, pour n'en garder que les quintessences. Ineffable torture où il a besoin de toute la foi, de toute la force surhumaine, où il devient entre tous le grand malade, le grand criminel, le grand maudit,—et le suprême Savant!—Car il arrive à *l'inconnu*![19]

1871년 5월 15일 드므니에게 보낸 유명한 이 견자의 편지에서 보듯이, 랭보는 이전의 모든 '시적 고물'(la vieillerie poétique)들과 결별을 선언하는 매우 혁신적인 태도를 취한다. 그는 심지어 1870년에 쓴 자신의 시편들을 모두 불태워 버리라고 드므니에게 부탁하기까지 한다. 뿐만 아니라 1871년 8월 15일 방빌에게 보낸 편지에 동봉한 시「꽃에 관해 시인에게 한 말 *Ce qu'on dit au poète à propos de fleurs*」에서는 파르나스 풍의 시작 태도를 날카롭게 조롱하기도 한다.

이러한 견자의 시학에 대한 확고한 신념의 표명과 더불어, 1871년 5월 16일「취한 배」라는 획기적인 장시를 쓰는 것을 계기로 해서, 랭보는 '말의 환각'(l'hallucination des mots)에 의한 '마술적 궤변'(les sophismes magiques)의 극단적인 세계를 추구해 나간다.「취한 배」는 말하자면 파르나스 파와의 결별 또는 대결의식을 넘어서는 새로운 전환점의 위치에 놓이는 것으로, 랭보에 있어서 물의 주제의 변천과정을 논의하는 데 대단히 중요한 의미를 갖는 작품이다.

앞에서 우리가 살펴 본 1870년의 시편들「오필리아」,「골짜기에 잠자는 사람」과「취한 배」사이에는, 시인이 시에 개입하는 방법에 있어 근본적인 차이가 있음을 알 수 있다. 물론「오필리아」와「골짜기에 잠자는 사람」에서도 등장인물인 오필리아와 병사에 대한 시인의 감정이입이나 동일시가 없는 것은 아니지만,「취한 배」의 경우처럼 시적 퍼스나인 '나'(Je), 즉 '배'(le bateau)가 완전히 일치하지는 않는다.「취한 배」에서는 시적 퍼스나로서의 등장인물과 시인 사이에 가로놓여 있는 벽을 제거해 버리고, 시인이 직접 작품 속에 등장한다. 다시 말하면 시인의 감정이입의 대상이었던 매개자를 없애버린 것이다.

이렇듯 시인 자신이 작품 속에 개입하는 것은, 「일곱살의 시인들 Les Poètes de sept ans」에 묘사된 바와 같은 닫힌 세계(어머니의 억압적 규제)를 박차고, 자유로운 모험의 세계(바다)로 나아가려는 랭보 자신의 '존재론적 갈증'의 증대와 관련된다고 할 수 있다. "초록빛 창공을 삼키고 있는, 별들을 쏟아놓은, 젖빛으로 물든 '바다의 시' 속에서 헤엄치고" 싶은 참을 수 없는 갈증에 사로잡힌 랭보는 시인과 시적 주인공 사이에 있는 거리를 없애버림으로써 보다 직접적으로 자기 자신의 자유에의 갈망을 노래하고자 한 것이다.

「취한 배」에 나타나는 물의 이마쥬는 1870년의 시편들에서 살펴본 물의 이마쥬와는 질적으로 다르다. '민물'인 강과 '짠물'인 바닷물이라는 명백한 차이에 대해서는 말할 필요도 없지만, 랭보가 「취한 배」의 무대 배경으로 설정한 바다는 독서에 의한 간접 체험의 상상적인 바다라는 특징을 갖는다. 「오필리아」와 「골짜기에 잠자는 사람」에서도 독서 체험의 흔적을 엿볼 수 있으나, 이들 작품에 나오는 강물 이마쥬의 바탕을 이루는 것은 역시 시인에게 낯익은 강, 즉 뫼즈 강이나 아르덴느 지방의 강임이 틀림없다. 이에 비해, 그 때까지 한번도 바다를 본적이 없는 랭보가 쓴 「취한 배」의 바다는 '말의 환각'에 의해 형상화된 바다, 즉 관념화된 바다이다.

그러나 이러한 구분이, 물 자체의 원초적 기능에 있어, '민물'과 「취한 배」의 '바닷물' 사이에 결정적인 차이가 있다는 것을 뜻하지는 않는다. 비타케르는 '민물'(l'eau douce)과 '짠물'(l'eau salée)이라는 용어를 사용하여 랭보에 있어서의 정화작용이 강물에 의해서는 이루어지지 않으며 '눈물'과 '바닷물'에 의해서 이루어진다고 지적하고 있다.[20] 그러나 이것은 다소 성급한 단정일 것이다. 오히려 랭보가 바닷물을 직접적으로 체험하지 않았다는 사실에서, 그의 관념화된 바다가 갖는 특수한 속성에 대해 더 깊이 파헤칠 수 있는 해명의 여지를 남겨주고 있다 할 것이다.

그러면 여기서 '파도'(flot)의 기능에 대한 베르나르(Suzanne Bernard)의 분석[21] 그리고 눈물과 바닷물에 원초적 기능에 대한 비타케르의 분석[22]을 통해서 어느 정도 밝혀진 '정화작용'(purification)의 문제를 다시 검토해 보기로 하자.

> 오, 기기묘묘한 파도여
> 내 마음을 사로잡아라, 그리고 구원하라 : (13-14행)
> ―「어릿광대의 마음」에서

> O, flots abracadabrantesques,
> Prenez mon coeur, qu'il soit sauvé :
> Le Coeur du pitre[23]

> 초록빛 바닷물이 어린애들에겐 시큼한 사과의 속살보다 더 부드럽게
> 내 전나무 선체에 스며들고
> 파란 포도주의 얼룩들과 토사물들을
> 키와 닻에 흩어지게 하면서 나를 씻어 주었다.(18-20행)
> ―「취한 배」에서

> Plus douce qu'aux enfants la chair des pommes sûres
> L'eau verte pénétra ma coque de sapin
> Et des taches de vins bleus et des vomissures
> Me lava, dispersant gouvernail et grappin
> Le Bateau ivre

위의 인용에서 공통적으로 나타나는 것은, 정화작용과 파괴작용이 상호적으로 합치되거나 병치되고 있다는 사실이다. 확실히 랭보의 바닷물이 갖는 이러한 정화작용과 파괴적 요소는 따로 떼어서 생각할 수는 없는 것이다. 「취한 배」도처에 바다의 파괴적 요소가 나타나지만, 그것은 랭보를 매혹하는 바다의 속성 중의 하나이다. 랭보의 시작행위가 보여주는 변증법적 과정을 파괴와 생성의 반복 운동으로 볼 수 있다는 것에 대해서는 이미 여러 논자들이 지적한 바 있다.

랭보에 있어서 파괴는 생성을 위한 필연적인 수단이 된다. 바다의 힘을 빌려서 자기파괴를 감행하는 그의 미지를 향한 실존적 投企 (projet) 속에는 열렬한 생성에의 갈망이 잠재되어 있는 것이다. 우리가 「취한 배」를 랭보 자신의 '존재론적 갈증'을 그대로 반영한 자서전적 작품으로 간주할 때, 파괴에 이어지는 생성의 과정을 위에 인용한 시구와 다음에 인용하는 시구를 관련지어 확인할 수 있다.

> 그 때부터 나는 초록빛 창공을 삼키고 있는
> 별들을 쏟아놓은, 젖빛으로 물든 '바다의 시' 속에서 헤엄쳤다.
> 거기에선 창백하게 넋잃은 부유물처럼
> 생각에 잠긴 익사체가 가끔씩 가라앉는다 : (21-24행)

> Et dès lors, je me suis baigné dans le Poème
> De la Mer, infusé d'astres, et lactescent,
> Dévorant les azurs verts : où, flottaison blême
> Et ravie, un noyé pensif parfois descend :

이것은 말할 것도 없이 자신을 시인으로 명확히 자각한 랭보가 시작활동이라는 정신적 모험으로서의 항해에 몸을 내던졌다는 것을 의미한다. 이 작품 속에는, 뤼프(M. A. Ruff)가 마지막 구절에 대해서 언급한 바 그대로, "존재 이유를 잃어버린 시의 포기와 또 다른 존재를 향한 출발"(l'abandon d'une poésie qui aurait perdu sa raison d'être, et le départ pour une autre forme d'existence)[24], 즉 낡은 껍질을 부수고 새로운 삶을 쟁취하려는 변혁에의 생성의지가 엿보인다.

또한 이 시에는 시인의 자기파괴의 욕망(죽음의 욕망)과 바다를 향해 뛰어들려는 출발의 욕망이 동시에 병존하고 있기도 하다 :

> 오, 나의 용골이여 부서져라, 오, 바다에 뛰어들고 싶어라!
> O, que ma quille éclate! O que j'aille à la mer!

이러한 낡은 껍질과의 결별 또는 새로운 세계로의 출발은 그 때까지 해왔던 모방과 동일화의 수법에 의한 시작활동과의 결별을 암시하는 것이다. 동시에 그것은 항해라는 형식을 빌려 표현한 랭보 자신의 실존적 투기를 뜻하는 것이라고도 말할 수 있다.

한편, 랭보에 있어서 자기정화의 작용은 자기파괴의 작용과 마찬가지로 생성의 작용에로 연결된다. 이미 앞에서 살펴본 바와 같이, 차거운 시체가 된 오필리아도 병사도, 물결 위에 떠서 흘러가는 것에 의해, 또는 골짜기의 물에 씻겨지는 것에 의해, 제각기 새로운 생명을 획득한다. 간단히 말하자면, 오필리아도 병사도 물의 정화작용을 받아들이고 있는 것이다. 비타케르는 물을 '민물'과 '짠물'로 명확히 구분하여 고찰하면서, 랭보시에 나오는 '민물'에는 정화작용의 기능이 없다고 단언하고 있다.[25]

랭보는 역동감 넘치는 바다의 여러 파괴적 속성들을 「취한 배」에 도입하고 있다. 그러나 면밀히 살펴보면, 그가 묘사한 바다는 간접체험을 바탕으로 해서, 상상력의 도움을 받아 언어의 연금술적 은유로 주조(鑄造)한 바다이다. 바닷물이 짠물이라는 고유의 특성을 행사하여, 실존의 근본적인 기반 자체를 뒤흔들고 변화시키는 정화작용의 기능을 발휘하기 위해서는, 랭보가 바닷물을 직접 보고 감각적으로 접촉하는 직접적인 체험을 가졌어야 했을 것이다. 그렇기는 하지만 「취한 배」의 경우, 바닷물과 민물은 본질적인 기능이라는 측면에서 중복되어 나타난다. 유년시절부터 늘 가까이 바라보고 접촉하던 뫼즈강의 물이 점차 증대되어가는 랭보의 갈증을 해소시킬 수 없는 한계에 이른 것이다.

내가 유럽의 바다를 그리워한다면, 그것은 향기로운 황혼에
슬픔에 찬 아이가 쭈그리고 앉아
5월의 나비처럼 부서지기 쉬운 배를 띄우는
검고 차거운 웅덩이에 지나지 않을 뿐.(93-96)

> Si je désire une eau d'Europe, c'est la flache
> Noire et froide où vers le crépuscule embaumé
> Un enfant accroupi plein de tristesses, lâche
> Un bateau frêle comme un papillon de mai.

우선 위에 인용한 구절이 "오, 나의 용골이여 부서져라, 오, 바다에 뛰어들고 싶어라!"(92행)라는 시구 뒤에 나온다는 사실에 주목할 필요가 있다. 이 '검고 차거운 웅덩이'(la flache noire et froide)가 나오는 구절이야말로 「취한 배」의 전체적 형상화를 가능케 하는 원점이라 할 수 있다. '검고 차거운 웅덩이'의 이마쥬를 중심으로 하여 바다의 여러 요소들을 '말의 환각'으로 포착하는 시적 상상력의 확대가 이루어진 것이다. '검고 차거운 웅덩이'가 '초록빛 물결'로, '부서지기 쉬운 배'가 '취한 배'로 치환된 것이다.

바다에 관한 용어와 현상 묘사가 빈번히 나오는 이 작품의 무대가 바다임에는 틀림 없지만, 여기에 나오는 물의 이마쥬를 반드시 바닷물의 이마쥬라고 단정할 수는 없다. 랭보가 바닷물과 민물을 뚜렷하게 구별하여 바닷물을 그리고 있다고는 생각되지 않는다. 플레상의 분류에 따르면, '죽음의 물'(l'eau-de-mort)[26]에 속하는 '검고 차거운 웅덩이'의 물은 민물인 「오필리아」의 물과 일치한다. 또한 바슐라르가 "자기 자신이 오필리아가 되는 연못의 물"(l'éau de l'étang qui d'elle-même s'ophélise)[27]의 이마쥬에 「취한 배」의 다음과 같은 구절을 결부시키고 있는 점으로 미루어보더라도, 랭보의 바닷물이 강물의 기능을 갖는다는 것을 알 수 있다.

> 거기에선 창백하게 넋잃은 부유물처럼
> 생각에 잠긴 익사체가 가끔씩 가라앉는다.(23-24행)

> Dévorant les azurs verts ; où, flottaison blême
> Et ravie, un noyé pensif parfois descend ;

이렇듯 '죽음의 물'과 '오필리아가 된 연못의 물'에 결부되는 랭보의 '검고 차거운 웅덩이'의 물은 '초록빛 물결'(바다물), 그리고 낡은 껍질과의 결별 이전의 민물(강물)과 본질적으로 중복되는 것임을 확인할 수 있다.

또한 "내가 유럽의 바다를 그리워한다면… 검고 차거운 웅덩이에 지나지 않을 뿐"이라는 시구에서 보듯이 '나'(랭보)가 그리워해 마지 않는 물이 실은 '나'가 결별을 고했던 바로 그 '검고 차거운 웅덩이'의 물이라는 것을 알 수 있다. 샤를르빌의 뫼즈 강을 비롯하여, 아르덴느, 벨기에 지방의 시냇물, 연못, 계곡물 등을 암시하는 '검은 물'은 '푸른 여인숙'(auberge verte)과 더불어, 랭보의 내적 고향을 암시하는 매우 중요한 요소이다. 시적 변모과정과 그 문맥에 비추어 볼 때, 랭보가 '검은 물'과의 결별을 결심한 것에 대해서는 충분히 인정하지만, 그러한 시인으로서의 의지와는 관계없이, '검은 물'은 그로 하여금 역설적인 자기모순의 감정에 빠지게 한다. 특히 "내가 유럽의 바다를 그리워한다면…"이라고 한 구절에서, 그가 역으로 '검은 물'과의 결별을 아쉬워하고 있는 것처럼 보인다. '검은 물'을 떠나야 할 필요가 있고, 또 떠나야만 하는 시인으로서의 현실인식과 그 '검은 물'을 완전히 포기하지 못한 채 그리워하는 자세 사이에 자기모순의 틈이 있는 것이다. 낯익은 고향의 물이라고도 말할 수 있는 '검은 물'에 관한 이같은 자기모순의 감정은 이 후 랭보의 시에 계속해서 나타난다.

이상에서 우리는 1870년과 1871년의 랭보 시 가운데 물의 주제를 가장 전형적으로 드러내 보여주는 본보기들, 「오필리아」, 「골짜기에 잠자는 사람」, 「취한 배」를 비교적 정밀하게 분석해 보았다. 이 시편들에 나타나는 물의 원초적 기능에 대한 분석을 통해서 우리가 확인하게 된 것은, 랭보의 심리현상(psychisme) 밑바닥에는 물의 강박관념이 깊숙이 자리잡고 있다는 사실이다. 그가 막 시를 쓰기

시작할 무렵의 작품인 「오필리아」에서 「취한 배」를 거쳐 『지옥에서 보낸 한 철 Une saison en enfer』과 『일류미네이션』(착색 판화집)에 이르기까지, 물은 그의 상상적 세계를 지배하는 가장 근원적인 요소가 되고 있다. 그것은 「오필리아」에서는 '하얀 오필리아'를 일상적 세계로부터 단절된 환상적(신화적) 세계로 이끌어가는 '젊고 아름다운 죽음의 원소로', 「골짜기에 잠자는 사람」에서는 죽은 병사와 식물과 햇빛을 상호적인 친화의 관계로 맺어지게 하는 핵심적 매개자로 나타난다. 그러나 랭보가 견자의 시학을 확고히 표명하게 되는 1871년의 시 「취한 배」에서는 물이 보다 활달하고 생명감 넘치는 파괴적 속성을 지니게 됨과 동시에 시인의 무한한 자유에의 갈망, 참을 수 없는 '존재론적 갈증'을 해소시켜 주는 활력소의 특징을 갖는다.

랭보가 유년시절부터 보았고 접촉했던 뫼즈 강의 물과 아르덴느의 숲 속에 숨겨져 있는 연못의 물은 그의 시적 상상 세계에서 하나의 원점으로 작용한다. 고향의 그 물은 『일류미네이션』 도처에서 보듯이, 그에게 시적 영감의 원천이 되며 풍요의 보증이 되기도 하지만, 또한 의도적으로 저항하고 떠나려는 반역의 대상이 되기도 한다. 그는 수없이 샤를르빌의 따분한 권태와 질식할 것같은 일상성의 표징인 '검고 차가운 웅덩이'의 물과 결별을 선언하고 탈출을 시도한다. 하지만 완전히 그리움을 떨쳐버리지는 못한다.

이러한 모순과 갈등, 역설에 차 있는 랭보의 갈증은 더욱 심화된다. 「대홍수 뒤 Après le déluge」의 넘쳐흐르는 물의 풍요에도 불구하고 갈증을 해소하지 못한 그는 역방향으로 물 한 방울 없는 사막, 즉 물의 부재의 극한지대인 '순결한 사막'(les sables vierges)[28]에까지 도망친다. 그리하여 마침내 그 어떤 액체에 의해서도 달랠길 없는 절대적 목마름 속에서 물에 대한 그리움을 가라앉히기 위해 역설적으로 불에게 구원을 청하는 것이다. 『지옥에서 보낸 한 철』에 나오는 "나는 요구한다. 나는 요구한다! 쇠스랑의 내려침을. 한 방울 의 불을!(Je réclame. Je réclame! un coup de fourche, une goutte de feu)"[29]이라는 처절한 외침은 물의 강박관념에서 벗어나려는 미친 듯한 갈증의 호소라 할 수 있다. 랭보는 결국 "영원/그것은 태양과/어울린 바다"라는 상반된 두 개의 원소들의 우주적인 결합, 즉 물과 불의 완전히 통합을 실현함으로써, 자신의 절대적 갈증을 해소하기에 이르는 것이다.

• 주 석

1) M. J. Whitaker, La structure du monde imaginaire de Rimbaud, Nizet, 1972. p. 82-110.
2) Ibid., p. 87.
3) Gaston Bachelard, L'Eau et les Rêves, José Corti, 1942. p. 8.
4) Jacques Plessen, Promenade et poésie — L'expérience de la marche et du mouvement dans l'oeuvre de Rimbaud, Mouton & Cie, 1967. p. 74-85.
6) Rimbaud, Oeuvres complètes, Edition établie, présentée et annotée par Antoine Adam, Pléiade, 1972. p. 11.
7) Ibid., p. 72.
8) Ibid., p. 146.
9) Bachelard, L'Eau et les Rêves, p. 111.
10) Ibid., p. 112-113
11) Rimbaud, Oeuvres complètes, p. 131
12) Ibid., p. 124.
13) Ibid., p. 144-145.
14) Ibid., p. 79.
15) Jacques Gengoux, La pensée poétique de Rimbaud, Nizet, 1950, p. 101.
16) Rimbaud, Oeuvres complètes, p. 32.
17) Ibid., p. 30.
18) Ibid., p. 6.
19) Ibid., p. 251.
20) M. J. Whitaker, op. cit., p. 87.

21) Rimbaud, *Oeuvres*, Edition de Suzanne Bernard, Garnier, p. 399.
22) M. J. Whitaker, *op. cit.*, p. 85-87
23) Rimbaud, *Oeuvres complètes*, p. 46.
24) M. A. Ruff, *Arthur Rimbaud, Poésies*, Nizet, 1978. p. 174.
25) M. J. Whitaker, *op. cit.*, p. 87. "Mer et rivière, lar- mes humaines et eaux de la nature se trouvent nettement divisées dans l'univers de Rimbaud ; nulle part la purification, cette fonction pourtant primordiale de l'eau, n'est associée à l'eau douce."
26) J. Plessen, *op. cit.*, p. 122. "(…) l'oeuvre de Rimbaud connaît deux espèces d'eau bien distinctes. A l'eau qui est sève, source, chaleur, bondissement vers de hautes clartés, "eau-de-vie", s'oppose une eau sourde, froide, entassée dans ses profondeurs, une vraie eau-de-mort, qui pourtant exerce une étrange fascination sur le poète."
27) Bachelard, *op. cit.*, p. 113.
28) Rimbaud, *Oeuvres complètes*, *Alchimie du verbe*, p. 107.
29) *Ibid.*, p. 101.

Résumé

La Poétique de l'eau
Les images dynamiques dans la première poésie de Rimbaud

Le but de notre étude est d'extraire les images dynamiques de l'eau dans quelques poèmes de Rimbaud écrits entre 1870 et 1871 : *Ophélie, Le Dormeur du val, Le Bateau ivre*. A travers l'analyse structurale de ces oeuvres poétiques considérées comme des exemples représentatifs, nous pouvons constater que l'eau est un élément d'une importance primordiale dans le monde imaginaire de Rimbaud, et qu'elle est aussi "le destin essentiel qui métamorphose sans cesse la substance de l'être."

Dans *Ophélie*, l'eau maîtrise l'élément de la mort jeune et belle qui mène "la blanche Ophélie" à l'espace mystérieux(mythique) éloigné de l'espace ordinaire. Dans *Le Dormeur du val*, elle exerce une fonction organisatrice qui joue un rôle d'intermédiaire pour s'associer le soldat mort, l'herbe verte et la lumiére. Ces deux sonnets de 1870 esquissent des perspectives sur un monde où les données de sensations se répondent. Dans *Le Bateau ivre*, long poème où on discerne clairement la poétique du voyant, l'eau est censée avoir à la fois une qualité de destruction plus vive et une vitalité capable d'apaiser la soif ontologique insou- tenable et le désir de s'élancer vers l'Infini.

Nous pouvons ici souligner que l'eau de mer rimbaldienne dans *Le Bateau ivre* contient la qualité de 'l'eau salée' qui possède la fonction de purification évoquée par J. W. Whitaker. Mais elle contient aussi la qualité de 'l'eau douce' avant de se livrer à l'aventure spirituelle de l'innovation poétique. Prêtons encore attention à 'la flache froide et noire' dans la dernière strophe du *Bateau ivre*. C'est une 'flache' par laquelle Rimbaud exprime des regrets de vouloir revenir, bien qu'il manifeste l'adieu à 'l'eau noire' qui symbolise le milieu familial, le conformisme bourgeois et le catholicisme. En effet, 'l'eau noire', eau-de-mort de Meuse ou des étangs ardennais très chère depuis l'enfance, que Rimbaud a vue et contactée, est un point de départ, source dans son imagination poétique. Cette eau noire de son pays natal, comme on l'a vue partout dans *Les Illuminations,* est un germe des images aquatiques ainsi qu'un objet de son révolte. L'eau rimbaldienne est certainement un élément qui a cette double qualité.

La soif ontologique de Rimbaud, pleine de contradictions et de désaccords augmente sans cesse. Malgré l'abondance de l'eau dans *Après le déluge,* en sens inverse, il tente de s'enfuir jusqu'aux 'sables vierges', désert comme une extrêmité de l'absence de l'eau. Pour apaiser la soif absolue qu'aucun breuvage ne peut désaltérer, il porte paradoxalement secours au feu : "Je réclame. Je réclame! un coup de fourche, une goutte de feu." Ce cri brûlant doit être un appel de cette soif démente pour échapper à la hantise de l'eau.

Le vers le plus significatif de *L'Eternité*, 'C'est la mer allée/Avec le soleil', marque la dernière étape de la recherche métaphysique de Rimbaud sur ce problème de la soif ontologique qui n'a pas cessé de l'obséder. Enfin il peut aboutir au 'coincidentia oppositorum', en réalisant une fusion totale de l'eau et du feu, véritable osmose entre ces deux éléments opposés.

요시까주 나까지 1952년 11월 8일생. 동경대 졸업. 동경대 대학원 석사. 빠리 III대학 문학 박사. 현 동경대 문과대 교수. 학위 논문: *Combat spirituel ou immense dérision? Essai d'analyse textuelle d'Une Saison en enfer.* 역서:『랭보의 시집』.

뜨내기 약장수 시인의 초상

요시까주 나까지

　종교적 신비 혹은 자연의 신비, 죽음 출생, 미래, 과거, 우주발생론, 無등, 모든 신비의 베일을 벗기리라. 난 환영의 대가라오.
　잘 들어보시오!…
　난 모든 재능을 지니고 있소. 여기엔 아무도 없는데 누군가 있으면 내 보물을 털어놓지 않겠소―흑인의 노래를 부를까요, 회교 극락미인의 춤을 출까요? 사라져서, '반지'찾아 잠수할까요? 원한다면, 鍊金하여 치료제를 만들겠소.
　그러니 날 믿으시오. 믿음은 위로하고, 인도하고, 치유하는 것이오. 모두들―어린아이들까지도―이리 오시오. 난 그대들에게 위안을 주고 그대들을 위하여 우리가슴을―멋진 가슴을 털어놓도록 하겠소! 가엾은 자들여, 노동자들이여! 기도는 필요없고, 단지 그대들이 나를 믿어주기만 하면, 난 행복할 것이오.
「지옥의 밤」(『지옥에서 보낸 한 철』)

　Je vais dévoiler tous les mystères : mystères religieux ou naturels, mort, naissance, avenir, passé, cosmogonie, néant. Je suis maître en fantasmagories.
　Ecoutez!…
　J'ai tous les talents! Il n'y a personne ici et il y a quelqu'un : je ne voudrais pas répandre mon trésor.―Veut-on des chants nègres, des danses de houris? Veut-on que je disparaisse, que je plonge à la recherche de l'*anneau*? Veut-on? Je ferai de l'or, des remèdes.
　Fiez-vous donc à moi, la foi soulage, guide, guérit. Tous, venez, ―même les petits enfants,―que je vous console, qu'on répande pour vous son coeur,―le coeur merveilleux!―Pauvres hommes, travailleurs! Je ne demande pas de prières ; avec votre confiance seulement, je serai heureux.

『지옥에서 보낸 한 철(Une Saison en Enfer)』은, 어떤 자율성을 향유하면서도 '지옥'의 횡단이라는 단일 이야기를 형성하고 있는 아홉 편의 시들로 이루어져 있다. 첫 번째는 짧은 서시로서 셋이 아닌 네 줄로 된 다섯 개의 별표가 제목을 대신하고 있다. 이미 작성되어 '저주받은 자의 수첩' 속에 감금되어 있으며 이제 서술자가 그 곳으로부터 해방시키려고 하는 뒤이은 여덟편의 시들에 비해서 이 서시는 보다 상급의 위치에서 서술되고 있다. '사랑하는 악마'에게 문집을 헌정하는 것이 그 가능이기 때문이다. 각각의 다른 시편들이 지옥의 도정에서 중개과정이 되고 있는 반면, 이것은 이렇게 총괄적 시각을 소유하고 있는 것이다.

자서전, 일기 혹은 고백론과 같은 일인칭 서술형의 문학쟝르들과 『지옥에서 보낸 한 철』이 구분되는 것은 우선 그것의 강한 연극성에 있다. 물론, 이 문학쟝르들 역시 부분적인 자아의 변형 혹은 윤색을 내포하고 있지만, 어떠한 경우라도 기교를 억제하고 연극성의 흔적을 배제하는 것이 이 쟝르들의 원칙인 것이다. 예컨대 루소가 "한 인간을 본성의 완전한 진실속에서 그의 동류들에게 보여주려고" 시도했다는 『고백론』의 서두부에 나오는 "나는 나쁜 것에 입다물고 있지 않았으며, 좋은 것을 덧붙이지도 않았다"[1]라는 말을 생각해 보자. 반대로, 랭보에 있어서, 연극성은 공공연히 개입되어 있다. 이것은 서술자-주인공의 진실성을 보여주기 위하여 은폐해버려야할 폐물이기커녕, 그에게는, "영혼과 육체속에서 소유"해야하는 그러나 끊임없이 도피하여 접근할 수 없는 "진리"에 도달하는 수단자체가 되어 버린 것이다.

작품이 전개되면, 특히 그 전반부에서, 이 연극성은 양상을 달리한다. 서시에 연이은 「나쁜 혈통(Mauvais sang)」에서, '나'라는 자는, '열등한 종족'으로 스스로를 규정짓고, 자신의 육체적 정신적 열등성의 발로들을 열거하면서 이야기를 시작한다. 그후, 『여자 마법사(La

Sorcière)』의 미슐레(Michelet)처럼, 자신이 속해있는 이 열등 종족의 상징이며 자아의 또 다른 분신인 유일한 주인공을 통하여 그는 프랑스 역사를 되살리며 편력하고 있다. 끝으로, 그는 어쩌면 자기 자신일 수도 있는 여러명의 '타자들'과 동일화하는 수단을 통하여 열등성에서 탈피하려고 노력한다. 여기서 담론은 결정에 달한 미메시스에 간혹 귀속되고 있음에도 불구하고(4부와 8부), 추상적 성찰의 것으로 되며, 연극성은 동일화 몸짓의 원초적 형태하에서만 표출되고 있을 뿐이다. 아주 연극적인 테두리속에서 전개되고 있는 「착란어 I(*Délires I*)」의 「미친 성처녀(*Vierge folle*)」에서, "지옥에서 온 어떤 동료의 고백을 들어봅시다"라는 말이 나타내듯, '나'는 관객 — 독자들이 보기에 여주인공(신분, 게다가 성별까지 애매모호한)의 독백을 구현하는 연출가로 변신되어있다. '미친 성처녀'는 '지옥의 남편'과 보낸 부부로서의 삶을 '예수 그리스도'에게 고백하는 것이다. 여기서 '성처녀'가 진술하고 있는 부차적 인물과 연출가와의 간교한 신분일치가 드러나고 있다. 이 두사람은 '미친 성처녀'의 고백을 통해 서로 친숙한 눈짓을 보내는 것이다. 2부로 되어있는 「착란어」의 다른 한짝인 「착란어 II」의 「언어의 연금술(*Alchimie du verbe*)」은 연극성의 또 다른 형태, 즉 아리아의 레시타티브가 교차하는 오페라의 형태를 도입하고 있다.[2] 그렇게하면서, 1872년에 더 정확히 말하면 그해 오월에 쓰여진 시편들을 수정하여 일반적 담론속으로 삽입시키어 그것들에 대한 가치부여와 청산을 동시에 함으로써, 이 연극성의 형태는, 지금까지 조심스럽게 거리를 두고 있었던 자서전적 담론체로 돌아간다. 「불가능(*L'Impossible*)」에서 「고별(*Adieu*)」까지의 마지막 네 편의 이야기에서는 연극성이 다시 쇠퇴하고, 담론은 「나쁜 혈통」의 그것과 유사성을 띠게 된다.

그런데, 서시와 「나쁜 혈통」이후 세 번째로 나오는 「지옥의 밤 (*Nuit de l'enfer*)」은 이 이야기에 적합한 연극성으로 명확히 규정되어 있다. "갈증나 죽겠다. 숨막히는구나. 소리를 지를 수도 없다. 이것이 바로 지옥의 영원한 고통이리라. 불길이 얼마나 치솟아 오르는가를 보라! 나는 멋지게 불탄다. 가라, 악마여!"라는 겪으면서는 도저히 논평할 여유를 가질 수 없는 고통스러운 감각, '내'가 지금 체험하고 있는 육체적 혹은 생리학적 감각에 대하여 말하고 있는 것에서 연극성이 나온다. 지옥으로부터 '생중계'되고 있는 이러한 모방적 담론은 이중의 틀에 맞추어져 있다."—신학은 진지하다. 지옥은 분명 '저 아래'에 있고—천국은 저 높은 곳에 있는 법이다"라는 기독교적 지옥의 상투적 틀이 하나이고, 저주받은 자들이 그들의 원죄의 성격과 무게에 따라 흩어져있는 아홉 개의 동심원으로 구성된 단테적 지옥("나는 분노 때문에 가는 지옥, 오만함 때문에 가는 지옥—그리고 애무의 지옥을, 말하자면 여러 지옥들의 연주회를 갖게 되리라")이 그 두번째이다. 자서전의 전형적 원리와 비교하면 이 모방담론은 일인칭 서술형 이야기의 '허구성'을 드러내고 있다. 이것은 또한, 정신적 고통을 육체적 고통으로 전위시킨, 지옥의 '비유적 의미'도 나타내고 있는 것이다.

뜨내기 약장수-시인의 초상이라는 이 글의 중심주제에 들어가기 전에, 『지옥에서 보낸 한 철』에 스며있는 여러 형태의 연극성과 아울러, 랭보의 작품에나타난 자화상의 중요성을 언급해야 할 것이다. 1871년 5월의 유명한 편지들은 시인-'견자 Voyant'의 모습 혹은 정신적이며 동시에 미학적인 초인간적 소명을 짊어지고 '지고한 학자'가 되기 위해서는 거쳐야 할 시련들인 '논리적 착란', '모든 형태의 사랑과 고통'에 헌신하는 시인-프로메테우스의 모습을 제시했었다. 이러한 인류를 위한 견인차로서의 시인의 이미지('서로 매달리고 끌어주는 사상'/'진보의 배율기')는, 조금씩 그 형을 다양하게 변화시키면서, 시인 랭보이후의 자화상에 근간을 이루게 된다. 이렇게 하여 그는 "어떠한 도덕성도 면제된, 마법사 또는 천사"(「고별」),

다시 말하면 '천재'(「천재 (Génie)」, 또는 군중들이 ('우리'에게) 열렬한 찬가를 보내는 '이성'(「이성에게(A une Raison)」)이 되는 것이다. 랭보가 자신을 이상화시키며 투영한 이러한 최상의 모습들과는 반대로, 「언어의 연금술」과 「고별」의 서술자는 이들의 계획이 실패했음을 확인한다. 그러나 그 실패는 한 문학작품의 상당히 시위적인 형태하에서 이루어지고 있다. 따라서 본 논문의 서두에 인용된 귀절을 보면, 「언어의 연금술」이나 「고별」에서처럼 서술자-주인공의 직접화법을 통해서가 아니라, '나'라는 자가 연극적 인물로 변신하면서 이와 똑같은 확인과정을 실행하고 있다. 프로메테우스적 시인, '천재' 그리고 '이성'이 랭보적 자화상의 줄기에서 그 정점을 이루고 있는 반면, 이 연극적 인물은 근저를 형성한다. 그러나 이 인물에게서 우리는 「천재」와 「이성에게」라는 작품에 영감을 준 열정에 못지않은 감동적인 모호성으로 착색된 언어를 발견하게 된다.

체험하고 있는 감각을 고정시키려는 모방문체로 시작된 「지옥의 밤」의 이야기 중심에 이르면, '지옥'은 "베개로 입이 틀어막혀서, 정직한 자들은 내 소리를 못듣는구나. 이건 환상이다"라는 말이 보여주듯, 마치 단순한 악몽의 효과에 불과한 것처럼 어떤 가벼운 성격을 띠기 시작한다. '무수한 환각'에 의하여 고통받는 열병환자인 체하며, '나'라는 자는 그의 정신 속에서 산출되는 모든 것에 대하여 자긍심을 지니며 그것에 예술적 가치를 부여한다. 즉, "시인들과 환상가들이 질투하겠지만, 나는 이 환각에 대하여 아무 말도 하지 않을 것이다. 나는 훨씬 더 풍요로운 자다. 바다처럼 인색해 보자"라는 구절이 그것을 설명하고 있다. 이 인용문장을 보면, 그는 자신의 기법에 대해 자만하면서도 그것을 숨기려하는 마법사, 순회천막 극장에 사람들을 끌어모으는 최상의 수단은 가리면서 조금 맛만 보여주는데 있다는 것을 잘 알고 있는 곡예사의 태도를 취하기 시작한다. 세상의 심오한 신비들에 정통해 있다는 것을 영광으로 여기고 있을지라도, 그와 동시에 이것은 '마술 환등'이 나타내듯, 19세기의 대중적 오락들 중의 하나인 빛과 어둠의 단순한 유희라는 것을 '나'는 고백하고 있다. 신비에 대한 계시와 요술은 백지장 차이인 것이다. "나는 모든 신비의 베일을 벗겨내리라"라는 선언에도 불구하고, 그는 "내 보물을 털어놓고 싶지않다"라며 으쓱대가도 한다. 그러나, 몇 줄아래에서, 그는 "당신들을 위하여 우리 가슴을 펼쳐보리니" 하며 다시금 그 계시의 욕구를 나타낸다. 이와 같이, 시인의 심리적 동요를 나타내는 표현은 손님끄는 사람이 군중의 호기심을 자극하려할 때 쓰는 방식에 대한 우스꽝스러운 모방을 통하여 나오는 것이다.

바로 위의 인용문에서, 장터 약장수의 구변이 聖心(Sacré-Coeur)의 상징적 이미지와함께 宣敎의 언어로 슬쩍 변화되는 모습을 보자. 이와 같이, 마법사는 구경거리인 '모든 신비들', 어떤 내밀성을 띠고 있는 '내 보석', 그리고 순수한 주관성의 '내 가슴'등을 차례로 손님들에게 공공연히 보여주는 것이다. 여기에 첨가하여 마법사-구세주의 역할이 전도되고 있다. 즉, 타자에게 위안과 구원을 가져다 주는 것이 그 근본 임무인 이 구세주는 "당신들이 믿어주기만 해도 나는 행복할 것이오"라며 그들에게 행복을 청하고 있다. 군중들의 반응에 대하여 간략한 언급조차 전혀없는 것은 손님끄는 자의 웅변과 묘한 대조를 이루고 있다. 손님 끄는 자가 그의 천막극장에 아무도 끌어들이지도 못한 채 헛되이 소리만 지른 것인지, 아니면 自閉的 세계에서 장광설을 늘어놓은 것인지 우리는 거의 알 수 없다. 주인공-서술자의 이런 격하고 때로는 비장하기도한 웅변적 표현은 침묵의 여백을 감싸고 있으며 이 여백은 『지옥에서의 한 철』 전편에 뚜렷이 기입되어 있다는 것이다. 특히 「지옥의 밤」의 이 구절에 이런 모습이 예민하게 드러나 있다.

드므니에게 보낸 1871년 5월 15일자 편지를 다시 읽어보자. "시인은 인류를 또 '동물'들까지도 책임지고 있습니다. 말하자면 자신의 창조물들이 느끼고, 만지고, 들을 수 있도록 해야할 것입니다. '피안의 세계'에서 가져온 것에 형체가 있다면, 형체를 주고, 형이 없다면 미형체를 주는 언어체계를 그는 찾아내야 합니다"라는 시인-프로메테우스에 대한 논평이 있다. 그런데, 「지옥의 밤」에서 이 '피안의 세계'라는 것은 장터순회극장의 어두움으로 시인-견자가 인간들에게 '가져다' 주어야 할 '미지의 세계'는 요술로 각각 그 의미가 축소되어 버렸다. 따라서, 시인 자신은 입장료를 지불하고 들어온 사람들에게 '즐거운 순간'을 제공하는 마법사로 변신하는 것이다. 이 모든 왜소화, 이 모든 전략의 이미지들은 분명 시라는 수단을 통하여 인류전체를 변환해보려는 야심찬 계획이 실패했다는 것을 인식하는 데서 비롯된다. 단지, 랭보에 있어서, 실패에 대한 인정과 그로 부터 나오는 자기 야유가 즉각적인 자아부정으로 가는 것은 아니다. 반대로, 실패에 동기부여를 받은 텍스트는 절대로 연극적 플롯을 떠나지 않고 있으며, 오직 한 연극적 형태를 다른 형태로 대체할 뿐이다. 「지옥의 밤」의 경우에서, 고통스러운 경험과 그에대한 서술이 동시에 이루어지고 있는데 이것이 바로 연극적인 것이다. 그러나 '내'가 마법사의 즉 상처받은 구세주의 어투를 취할 때, 새로운 연극적 형태가 기존의 것 한 가운데서 세워진다. 사실, 본 논문의 서두에 인용된 귀절이후 곧바로 자아인식을 다시하면서, '나'는 마치 지금까지 자신에 대하여 언급하지 않았던 것처럼 "-이제 나를 생각합시다" 라고 말하는 것이다.

『일류미네이션(*Illuminations*)』의 여러 시편들중의 하나인 「염가판매(*Solde*)」에서도 유사한 상황을 만나게 된다. 여기서도 역시 서술자는 장날 약장수의 어투를 취하고, 『일류미네이션』의 귀중한 테마-물건들을 판매한다.

유태인들이 팔지못한 것을(…)
재생된 '목소리'를 팝니다(…)
값매길 수 없는 '육체'를 팝니다

A vendre ce que les Juifs n'ont pas vendu(…)
Les Voix reconstituées(…)
A vendre les Corps sans prix(…)

 시학이 담긴 시편이다.「지옥의 밤」에서 인용한 귀절과 동등한 자격으로「염가판매」는 자신의 고유한 창조물들에 대한 랭보의 성찰을 보여주고 있다. 그러나, 최초의 상황(체험과 병행하여 나오는 이야기)이 또 다른 상황(마법사-구세주의 어조에 대한 모방의 글)으로 대체되고 있는「지옥의 밤」과는 달리,「염가판매」는 일정한 연극적틀을 유지한다. 단지 이 틀은 내적인 변성을 감내하고 자아의 부정과 자아의 초탈사이에서 어떤 갈등의 장소로서 자처하고 있을 뿐이다. 시적인 미래안, 도덕적 가치와 감각들이 상품으로 취급되고 있기 때문에 이 시에서 자기 조소의 모습이 보이는 것은 당연한 것이다. 그러나 이 자기조소는 승화되고 따라서 이것을 통해 시가 탄생되고 있다. 여기에 바로 랭보 특유의 모호성이 있는 것이다. '창조적 충동'과 부정적 충동이 서로 빠져 나올 수 없도록 연결되어 있으므로, 작품은 비틀어지고 찢어진 상태로 드러나 있는 것이다. '나'-약장수가 '목소리(Voix)'와 '육체(Corps)'같은 대문자로 표시된 주요 물건들 다음에, 부차적 중요성을 지닌 물건들을 나열하고 있을 때, "대중을 위한 무정부, 상급의 아마추어들을 위한 억누를 수 없는 만족, 친우들과 연인들을 위한 잔혹한 죽음"등처럼 그의 선전은 보다 더 추상적이고, 더 총괄적이며 더 주관적인 것이 된다. 이 선전은 구체적이고, 개별적이며 객관적인 상품에 대한 광고라는 본래의 목표로부터 점차 멀어져 가고 있다. 그뿐만 아니라, 지금까지 함축적 일인칭 서술형(거의 명사적 텍스트인 이 글에서, '나'는 절대로 명백히 '나'로 불린 적이 없기 때문에)으로 지속되던 텍스트의 말미에 가면, 시인-약장수는 갑자기 삼인칭 복수형으로 넘어가고 있으며 ("장사꾼들은 아직도 염가판매할 물건들을 가지고 있다") 그것을 통해 자신은 겨우 여러 장사꾼들의 한명이라는 것을 스스로 인정하게 되는 것이다. 게다가, '여행객(voyageurs)'(이 경우에는 '행상꾼(commis voyageurs)'의 의미임)이라는 역시 상업적인 또 다른 범주의 도입은 시의 자성적 성격을 완전히 소멸시키고 있으며 "행상꾼들은 그렇게 빨리 그들의 구전을 되돌려줄 것이 없다"라며 장터 행상판매의 분위기만을 열광적으로 북돋고 있는 것이다.

이러한 시인-약장수의 랭보적 초상을 「늙은 곡예사(*Le Vieux Saltimbanque*)」라는 산문시 속의 보들레르(Baudelaire)적 곡예사와 비교하는 것은 아마도 흥미로운 일일 것이다. 여기도 역시 축제날이고, 곡예사들과 무희들이 그들의 프로그램을 하나씩 소개하고 있는 순회 천막극장앞에는 아주 활력이 넘쳐있었다. 일렬로 늘어선 이천막극장들 끝의 아무도 없는 누추한 집에, 어떤 늙은이가 등을 기댄 채, 연기도 하지않고 침묵속에서 그냥 서 있다. 그는 군중들과 먼 불빛을 응시하고 있다. "그렇지만 이 시선은 정말로 심오하고 잊을 수 없는 것이다(…)!"-시인은 자신의 "목이 히스테리에 걸린 손으로 죄어지고 있으며" 눈은 "흐르려 하지않는 이 저항의 눈물"로 젖어있음을 느낀다. 그에게 곡예를 요구하는 것이 쓸모없는 짓이라는 것을 알고 있는 시인은 떠나면서 적어도 몇푼 동전닢만은 그에게 던져주고 싶어한다. 보들레르는 이 늙은 곡예사에서 자기자신, 즉 "한 세대 동안 멋진 재간꾼이었으나 그 이후에도 살아 남아 늙어버린 문인"[3]의 모습을 보았다고 고백하면서 이 시를 마무리한다. 쟝 스따로뱅스키가 지적한 것처럼[4], 곡예사의 모습 속으로 자아를 드러내놓고 보호하는 것이 시의 상징적 역량을 감소시키고 있는 것은 사실이다. 그러나 이러한 언급이 없다하더라도, 인물의 동일화는 손

쉽게 파악되는 것이다.

　무관심한 군중들에 의하여 버려졌고 헤진 넝마를 입고 있는 이 보들레르적인 늙은 곡예사는, 아마도 있지도 않는, 구경꾼들 앞에서 헛되이 자만부리는 랭보의 견자-마법사의 불행과 근사한 불행을 구현하고 있다. 주제와 심리의 이러한 유사성에도 불구하고, 이 두 사람의 모습 사이에는 그렇지만 몇가지 근본적인 차이점이 존재한다. 우선, 보들레르에 있어서는 무엇보다도 한 그림의 '구성'이 문제되고 있다. 즉, 그는 빠리의 삶에서 실제적 배경이 있는 한 장면을 떼어낸 다음에, 그곳에 중심인물을 위치시키면서, 그 상징적 의미를 드러내고 있다. 랭보의 작품에서는, 그와 반대로, 오로지 '어투'의 모방이 문제이며, 상황설명이 전무하기 때문에, 타자들이 정말로 없는지, 혹은 존재하는데 침묵을 지키고 있는 것인지 우리는 거의 알 수 없는 것이다. 둘째로, 실패에 대한 랭보적 고백은 늘 자아의 현양, 강조와 짝을 이루고 있다는 점인데, 이것은 보들레르에서는 볼 수 없는 경우이다. 마지막으로 보들레르 작품의 '동위성 isotopie'과는 반대로,「염가판매」에서 장터매매라는 틀은 텍스트의 내부로 들어가면서 매물이 점차 추상적 성격을 띠는 현상으로 변화되고 있고,「지옥의 밤」의 마법사-구세주가 결국은 타자들에게 자신의 행복을 요구하게 되는 것처럼, 중심부에서 연극적 형상을 지니고 있는 랭보의 텍스트들은 이처럼 그들자신의 개념을 변질시키고 있다. 실패에 대한 고백과 가치부여 혹은 자아의 부정과 부각 사이에서 분열되어 버린 랭보적 약장수는 자기비평의 담론체를 왜곡시켜버리는 도구가 되어버린다. 이러한 기술체와 일관된 우의적 구성을 목표로 하는 보들레르적 기술체 사이에는 이 얼마나 큰 차이가 있는가!

　끝으로, 중요한 것 한 가지를 덧붙인다면, 랭보적 담론체는 급박하다는 것이다. 그것은 '무서운 기민성'을 지니고 있다. 『지옥에서 보낸 한 철』의 초고가 인쇄된 텍스트로 진행되는 과정이 증명해 주듯, 언어에 대한 시인의 작업에 의하여 소멸되어지는 것이 아니라, 보다 더 간결하고 강하게 나타나는 신속함이다. 글쓰기라는 물리적 속도와는 또 다른 속도감을 의미한다. 「염가판매」의 명사적 문장들을 통해 전형적으로 실현된 이러한 신속성이란, 단절된 구문과 논리의 상충 덕분으로 아니면 그러한 것들을 극복하고, '진실'에 접근하고 있지만 절대로 거기에 다다를 수 없는 근본적으로 모호한 랭보적 기술체의 토대를 구축한다. 담론의 속도문제는 비구조적인 것과 관련되기 때문에 분석이 난해하다. 그러나, 랭보의 시에 근간을 이루는 이 문제는 그 자체내에서 고려되어 더욱 깊히 연구되어야 할 가치가 있는 것으로 보여진다.

(청주대학교 한대균 교수 번역)

• 주　석

1) Rousseau, *Oeuvres complètes,* "La Pléiade", tome I, 1959, p. 5.
2) Voir Y.Nakaji, *Combat spirituel ou immense dérision? Essai d'analyse textuelle* d'Une Saison en Enfer, Corti, 1987, pp. 155-176.
3) Baudelaire, *Oeuvres complètes,* "La Pléiade", tome I, 1975, pp. 295-297.
4) Jean Starobinski, *Portrait de l'artiste en saltimbanque*, Flammarion, "Champ", 1983, p. 93.

Résumé

PORTRAIT DU POETE EN BONIMENTEUR

La figure de "bonimenteur", qui se trouve dans *Nuit d'enfer* et dans *Solde,* révèle un caractère essentiel du discours de Rimbaud : théâtralité déformée. Elle incarne dans son geste tant dissimulateur que présentateur, tant orgueilleux que négatif, le malheur réel du projet du Voyant-Magicien. C'est un instrument par lequel s'opère une distorsion du discours autocritique de Rimbaud, déchiré entre l'aveu et la valorisation de l'échec ou entre se nier et se détacher.

이건우 1955년 1월 3일생. 서울대 졸업. 서울대 대학원 석사. 중앙대 불문과 교수 역임. 그르노블 대학 문학 박사. 학위 논문 : L'Imagination Initiatique du premier Rimbaud. 논문 : 「말도로르의 사랑과 공격성」, "Le temps mystique dans *Vers* de Villiers de l'Isle-Adam", 「로트레아몽과 초현실주의」, "Rimbaud le Bâtard", "Rimbaud en Corée", "A la rencontre de Daphné", "Multiple voyage dans *Rêvé pour l'hiver*" 역서 : 『문서』(E. Anserment), 『문학 텍스트의 사회학을 위하여』(Zima).

자연 속에 〈잠든 사람들〉

이 건 우

1870년의 보불전쟁과 다음 해에 일어났던 '파리 코뮌'은 동시대인들에게 그랬던 것처럼 초기 랭보의 삶에도 지울 수없는 흔적을 남긴 중요한 역사적 사건이었다. '코뮌 가담자 랭보'의 지지자들 덕택에 파리 코뮌이 과거에 논쟁[1]의 중점이 되었다면, 보불전쟁은 랭보 비평에 있어 그다지 관심을 끌지 못했다.[2] 본고에서는 보불전쟁의 역사적 상황을 복원하려 하지는 않는다. 예술가를 연구하는 데 있어 전기적 사건이 중요하다면, 그것은 그의 작품들이 보이든 보이지 않든 외부적인 힘에 대항한 그의 존재, 또 그의 반응을 드러내 주기 때문이다. 그러나 그렇다고 해서 작품들이 예술가의 반응이나 존재를 반영한다고 할 수도 없거니와 더욱이 후자가 초기 작품들을 한정한다 할 수도 없다. 창작의 배경을 설명하는 것이 예술가를 이해하기 위한 최우선의 과제 중 하나라는 사실을 부정할 수는 없지만, 그것이 생애와 작품이 상황의 순수한 산물임을 뜻한다고 할 수는 없다. 오히려, 고통스럽기까지 한 외부의 상황을 재현하며 작품의 상상 공간에서 그것을 새로운 상황으로 변형하고 그 상황의 극복할 수 없는 힘을 제어하도록 만드는 것은 바로 창조적인 상상력이라 하겠다. 바로 이 변형의 과정이 예술가에게 자신의 상황을 초월하게 만들고 더불어 한 개인의 시간과 공간 속에 폐쇄된 자신의 운명을 뛰어 넘게 만드는 것이다. 본고에서 1870년의 보불전쟁을 살펴 보는 것은, 바로 그 상황 자체가 아닌 랭보의 작품에 나타난 전쟁 상황의 변형 과정을 이해하기 위함이다.

*Cahier de Douai*의 스물두 편의 시 가운데 여섯 편이 1870년의

전쟁상황에 관계된다. '역광장'에서 쓴 시가[3] "요란한 몸짓으로 가소로운 위엄을 가장하며 자객 노릇을 하는 친절한 대중을"[4] 겨냥한 것이라면, 시인은 「악 Le Mal」과 「세자르의 분노 Rages de Césars」에서 전쟁으로 야기된 재난을 '신과 씨이저의 동맹'[5] 탓으로 돌리며 희생자와 그 주모자에게 시선을 집중시킨다. 반면에 전쟁의 상황을 넘어선 듯 보이는 '벨기에 시절'의 보헤미안은 「자르부뤼크의 빛나는 승리 L'Eclatante victoire de Sarrebruck」에서 그 상황을 희화화한다. 인용된 시들이 전쟁의 한계 상황에 대해 상대적인 거리를 느끼게 하는 반면, 「92·93년의 주검들 Morts de quatre-vingt-douze et de quatre-vingt-treize」와 「골짜기에 잠든 사람 Le Dormeur du val」같은 것들은 전쟁의 현실에 직접적으로 관련되어 있다. 즉 그것들은 전쟁에서의 죽음을 노래하고 있다. 그 어떤 주제도 죽음이란 주제보다 더 극적으로 전쟁의 실상을 보여주지 못하기에 또한 그 주제야말로 시인의 상상에 의해 전쟁 상황이 변형되는 과정을 밝혀 주는 것이기에, 필자는 위 두 시에 나타난 '전쟁에서의 죽음'이란 주제로 연구 영역을 한정한다. 그런데 Cahier de Douai 외에도 「까마귀떼」란 시가 그 영역에 든다. 랭보 비평에 있어 그 시의 연대 추정은 '그제의 주검들'[6]의 신원 파악 만큼이나 불확실한 것이다. 그 질문의 대답은 그 시의 모티베이션을 좀 더 명확히 해 줄 것이다. 까마귀떼의 음산한 풍경 속에 전쟁의 시체들이 부각되며, 1870년의 전쟁과 시인의 창조 순간 사이의 시차는 시인이 상상하는 전쟁 상황이 변형 과정을 밝혀 준다.

전쟁의 죽음에 대한 세 시는 또 다른 공통점을 갖고 있다. 이 죽음이 자연 속에서 일어나며 거기에 머문다는 것이다. 전투에서 죽은 병사들에 대해서는 자연 속에서의 죽음이 특기할 만한 것이 아닐지도 모르나, 상황의 변형 과정이야말로 본고의 요점이 될 것이다. 시의 비웃는 어조로 부패와 무화가 선고된 「교수형당한 자들의 무도

회 *Bal des perdus*」의 시체들과는 달리 전쟁에서 죽은 병사들의 주검과 '자연 속에서의 죽음'은 높이 평가된다. 시인은 매 번 그들의 부활에 대한 믿음을 단언한다. 그들이 깨어나기 위해 자연 속에 잠자고 있다는 것이다. 전쟁에서, 죽은 병사들의 부활에 대한 시인의 믿음이 항구적인 것이라면, 「하나됨의 믿음 *Credo in unam*」의 신화적 몽상에 근거한 초기 상상으로부터 시인이 멀어짐에 따라 각각의 시가 보여주는 죽음의 비견이 서로 다른 방식으로 표현되고 있음은 특기할 만하다. 이 세 편의 죽음에 대한 시는 다루어진 주제뿐 아니라 바탕에 있어서도 근접한다. 동시에 그 시들은 그 주제를 다루는 방식에 있어서 각각 차이를 보인다. 원근이란 극단 사이에서 동요하고 있는 그 시들이 성숙해가는 어린 랭보의 불연속적인 상상의 발달을 드러낸다. 그 발달 과정은 상상의 세 국면을 거치는 바 그 구조는 질베르 뒤랑[7]에 의해 다음과 같이 정의된다. 즉 시인의 고양된 영웅주의가 자유를 탈취한 자들에 대항해 논쟁을 벌이는 「92·93년의 주검들」에서의 '의미 분열 구조', 자연 안의 행복한 휴식이 죽음의 공포를 이기는 「골짜기에 잠든 사람」에서의 '신비적 구조', 명백한 비탄에도 불구하고 어머니 자연 한가운데서 재생의 희망이 존속되는 「까마귀떼」에서의 '산포적 구조' 등이다.

1. 「92·93년의 주검들」 혹은 논쟁적인 죽음

영웅적인 상상력을 가진 이에게는, 위대한 이유로 죽는다는 것은 구제불능의 끝을 초래하는 것이 아니며 희생자에게는 어떤 형태로든 부활이 약속된다. 전쟁에서 영감을 얻은 시 중 한 편에서, 1870년 보불 전쟁[8]을 위한 민중동원을 혐오했던 시인은 '92년과 93년' 전쟁에서 죽은 병사들에게 축복을 내린다. 그들이 오필리아와 같이 자유와 사랑을 위해 몸을 바쳤기 때문이다. 무엇보다도 바라던 것을 잃은 그들이 통과 의례의 노정에 서서 마지막 시험을 치루어낸 사생아[9]의 형제들이기 때문이다. 영웅들에 의해 정치 역사적인 용어로 옮겨진 자유와 사랑을 향한 오필리아의 꿈은 사생아로 하여금 대립구조 안의 압제자와 피압제자 간의 용인할 수 없는 관계를 발견하게 한다. 사생아에게 가해진 '부당함'이 통과의례적 상상력으로 하여금 인류의 신기원을 위해 죽어간 1792년과 1973년의 영웅들에게 기억의 의식을 치루게 한다.

> 92년과 93년의 주검들이여,
> 자유의 강한 입맞춤으로 창백하고,
> 그대들의 나막신 아래 평온하구려,
> 온 인류의 영혼과 이마를 짓누르는
> 멍에를 부수시오.
>
> 폭동으로 취해 위대해진 인간들이여!
> 누더기 아래 심장이 사랑으로 뛰고 있는 그대들이여!
> 오 고귀한 연인, 죽음의 여신이
> 재생을 위해 낡은 고랑 안에
> 심어 놓은 병사들이여![10]

> Morts de Quarte-vingt-douze et de Quatre-vingt-treize,
> Qui, pâles du baiser fort de la liberté,
> Calmes, sous vos sabots, brisez le joug qui pèse
> Sur l'âme et sur le front de toute humanité ;
>
> Hommes extasiés et grands dans la tourmente
> Vous dont les coeurs sautaient d'amour sous les haillons,
> O Soldats que la Mort a semés, noble Amante,
> Pour les régénérer, dans tous les vieux sillons ; [10]

혼적없는 여행에 이어 마자스 감옥에서 쓰여진 이 시는 사생아의 질식할 것 같은 분위기를 피해 자유를 찾아 파리로 떠난 구류인의 분노가 어느 정도인지 가늠할 수 있게 한다. 여행에 필요한 돈 없이 자유를 갈망했다해서 자신이 피소되었다고 여기기에, 마자스의 죄수가 스스로를 자유의 순교자라 여기는 것 그래서 '인류'가 자연 속에 잠들게 했던 1792년과 1793년의 영웅들 틈에서 그 모범을 발견하는 것은 완전히 이해가 가는 것이다. 돈 없는 사생아에게 가해진 부당한 고소[11] 외에도 피압제자에게 추문이 될 법한 것은 '까사냐 같은 양반들'이 압제자들을 위해 영웅들을 깨우려 한다는 것이다.

개인적인 측면에서뿐만 아니라 집단적인 측면에서도 행해진 부당함에 성이 난 시인-포로는 자유와 사랑의 제단에 몸 바친 희생자들에게 「하나됨의 믿음 Credo in unam」과 「오필리아 Ophélie」에서 그가 공들여 만들었던 통과의례적 언어로 기념비적인 찬가를 부른다. 이 두 시는 영웅들의 행적을 단계별로 요약한다. 먼저 인류가 박탈당한 '자유'를 찾아오기 위해 "온 인류의 영혼과 머리를/짓누르는 멍에"에 대항하며 그들은 떠났다. 이어, "혼란 속에서 넋을 잃고 위대해진 사람들", 그들은 의식을 잃고 고문을 당하는 샤마니즘적 통과 의례의 시련을 겪게 되었다. 마침내, 시련 속에서 죽음을 맞게 되는 영웅들에게 "고귀한 연인"은 재생을 언약하며 그들을 "낡은 고랑"[12] 속에 심어 놓는다. 구원의 종교를 신봉하는 이[13]에게, 희생이란 통과 의례의 최종 단계이며, 죽음이란 두려워 해야 할 재난이 될 수 없는 것이다. '죽음'은 오필리아의 형제들을 전멸시키기 위해서가 아니라 어머니 자연의 품 안에서 재생시키려고 포옹하는 것이다. 즉 "거대한 아궁이 거기서 어머니 자연은/인간을 활기찬 창조물로 부활시킬 것이다."[14] 게다가 그들의 희생이 개인적인 입장을 능가하기에, 시인은 무엇보다 집단적 측면의 통과 의례적 죽음이 갖는 정화성을 강조한다.

    그 피로 더럽혀진 위대함을 씻어낸 그대들,
    발미, 플뢰뤼스, 이태리의 주검들이여,
    오 어둡고 부드러운 눈을 한 수많은 예수들이여,

우리는 그대들을 공화국과 함께 잠들게 두었소.
몽둥이 아래서 처럼 왕들 아래서 허리 굽힌 우리,
—까사냑같은 양반들이 우리에게 그대들 얘기를 다시 들려준다오![15]

Vous dont le sang lavait toute grandeur salie,
Morts de Valmy, Morts de Fleurus, Morts d'Italie,
O million de Christs aux yeux sombres et doux ;

Nous vous laissions dormir avec la République,
Nous, courbés sous les rois comme sous une trique.
—Messieurs de Cassagnac nous reparlent de vous![15]

 "온 인류"의 정화와 재생을 위한 죽음은 시인으로 하여금 이 희생자들의 얼굴에서 "어둡고 부드러운 눈을 한 수많은 예수들을" 발견하게 한다. 순교자들의 윤곽은 「하나됨의 믿음」의 마지막에 있는 "끔찍하고 부드러운" 얼굴의 헤라클레스를 연상시킨다. 통과 의례적 시험들을 거치지 않을 수 없는 인류의 상징으로 올라선 전형적인 정복의 영웅을. 시험을 거쳐 강해진 영웅에게 적용된 것과 유사한 모순 형용 어법의 도움을 받아 시인은, 고통받는 인류의 마지막 승리와 전제적인 운명에 대항하며 죽은 이들의 부활에 대한 확신을 표명한다. 그가 자연 속에서 주검들을 다시 깨운 것은 압제자들의 대변자들을 위해서가 아니라, "몽둥이 아래서처럼 왕들 아래서 허리 굽힌 우리들"을 위해서이다. 두 달이 채 못되어 브뤼셀로 떠날 랭보의 상상 안에서, 그들은 '골짜기에 잠든 이'가 되기 이전에 '자연 속에 잠든 사람들'이었다.

2. 「골짜기에 잠든 사람」 혹은 행복한 죽음

 이전의 시가 호전적인 이미지를 구사하며 대립적인 구조 안에서 영웅들의 죽음을 이상화한 반면, 「골짜기에 잠든 사람」은 '신비적 구조'에 기초한 연금술적 상상력[16])을 예시한다. 모성의 평화로운 이미지와 환대하는 분위기로 그득한 장면을 통해 죽음의 고통 보다는 자연의 어머니 품 속에서 느끼는 안락함을 연상하게 된다. 랭보 비평은 여기서 "죽은 병사의 부동성과 즐거운 자연 사이의 대조"[17] 효과를 통해 전쟁의 끔찍함을 고발하는 데 성공한 젊은 시인의 대가적 면모를 발견한다. 시가 직접적이건 간접적이건[18] 전쟁의 경험에서 나온 것이 명백하다 해도, 병사의 시체가 누워있는 풍경의 묘사가 시인의 평화론적 의도에만 촛점을 맞추는 것이라는 해석을 확고히하기는 어려운 듯하다. 게다가 랭보가 자리잡힌 부르조아의 생활보다 파괴적인 전쟁을 선호했음은 이미 알려진 사실이다. "아르덴이 점령되고 점점 더 압박받기를 간절히 바란다"라고 했듯이.[19]

전쟁과 죽음에 대한 암시는 조금도 없이, 시의 시작은 다시금 태양과 대지의 신성 결혼이란 자연스런 틀을 재현한다.[20]

> 초록의 구렁, 그 안에 강이 노래하며
> 은누더기 풀들을 미친 듯 잡아당긴다.
> 그 곳에 자랑스러워 하는 산 위로 태양이
> 빛난다 ; 햇살로 거품이 이는 작은 골짜기.
>
> 모자 벗고 입 벌린 젊은 병사 하나,
> 신선한 푸른 물냉이 속에 목을 적시며
> 잠들어 있다. 구름 아래 풀밭에 누워
> 빛비가 내리는 녹색 침대에 누워 창백하게.[21]

> C'est un trou de verdure où chante une rivière
> Accrochant follement aux herbes des haillons
> D'argent ; où le soleil, de la montagne fière,
> Luit : c'est un petit val qui mousse de rayons.
>
> Un soldat jeune, bouche ouverte, tête nue,
> Et la nuque baignant dans le frais cresson bleu,
> Dort : il est étendu dans l'herbe, sous la nue,

Pâle dans son lit vert où la lumière pleut.[21]

「하나됨의 믿음」의 처음에서 시인이 그랬듯이, 병사의 시신은 햇빛으로 생생해진 작은 골짜기 강물 가에 누워 있다. 강물의 혼인 찬가, 빗물 금속 식물 등의 다양한 요소 혼합과 강을 활성화시키는 번쩍이는 태양 등이 유년기의 글(Cahier des dix ans)[22]의 이야기를 연상시킨다. 학동—몽상가가 우주적 신성 결혼을 찬양한 이후 무대에 나섰듯이, "젊은 병사"도 우주적 커플의 아이로 이시의 둘째 절에 등장한다. 자연의 어머니 품에 다름아닐 "녹색 침대"에 누워 "모자를 벗고"[23] "푸른 신선한 물냉이 속에 목을 적시며" "바람이 목을 적시도록 내버려 두는"[24], 「감각 Sensation」의 보헤미안—몽상가처럼, 병사의 시체는 금비로 변모한 태양—아버지의 빛나는 눈길 아래 태어난 대지의 신생아의 모습 같다.

마지막 행까지, 시인은 병사의 시체를 "태양 안에" 잠자는 연약한 아이의 윤곽으로 그리고 있어 사살된 전사의 이미지는 전혀 풍기지 않는다. 그가 "병든" 아이의 웃음을 머금었을지라도, "오른쪽 옆구리에 붉은 두 방"의 총상을 입었을지라도, 그 어느 것도 장례의 무시무시한 분위기를 보이지 않는다. 경치의 어떤 요소도 "젊은 병사"의 죽음을 서러워하지 않는다.

> 두 발은 글라디올라스 속에 담그고 그는 잔다. 미소 지으며,
> 아픈 아이가 그러듯이, 그렇게 잔다.
> 자연이여 그를 따뜻이 얼러주렴, 그가 추워하니.
>
> 향기들도 그의 코를 움찔거리게 하지 않는다.
> 그는 태양 안에 잔다, 가슴에 손을 얹고
> 평온히. 그의 오른쪽 옆구리에 두 개의 붉은 구멍.[25]
>
> Les pieds dans les glaïeuls, il dort. Souriant comme
> Sourirait un enfant malade, il fait un somme :
> Nature, berce-le chaudement : il a froid.

Les parfums ne font pas frissonner sa narine ;
Il dort dans le soleil, la main sur sa poitrine
Tranquille. Il a deux trous rouges au côté droit.[25]

오히려, 빛은 유동성을 가지게 되고, 그것이 적어도 한 군데 이상에서, 확인된 우주적 결합을 용이하게 한다. "햇살로 거품이 이는 작은 골짜기", "빛비가 내리는 녹색 침대" 등등. 쟝-프랑소아 로랑이 한 것처럼 '잠든 이'(dormeur)에게서 '화금석'의 상징(d'or meurt)[26]을 분해해내는 것은, 연금술적 상상력을 가진 이에게는 어려운 일이 아니다. 그는 "은 누더기"(수은)와 태양의 금빛(유황)이 융합됨으로써 태어났기 때문이다. 대우주의 아들이 갖는 완벽한 상태의 부활이 어머니-자연인 "골짜기" 형태의 연금술 용광로 안에서 일어난 것이다. 게다가 "젊은 병사"는 오른 쪽 옆구리에 총상을 입어 죽은 것으로 가정되어 있다. 제1의 소재[27]인 상징이 지고한 십자가의 예수상인 것처럼. "위대한 작품"을 구현하기 위해서, 미래의 언어 연금술사는 자연에게 작품[28]을 무르익게 할, 너무 지나쳐서는 안될 어머니 같은 온도의 발효열을 공급하기를 권한다. "자연이여, 그를 얼러주렴. 그가 추워하니." 자연의 아들의 상상 안에서 병사는 예수처럼 연금술적 과정에서 그의 육체에 가해진 통과의례적 죽음으로부터 부활할 것이다.

연금술적 상상력에 의존하지 않고서도, '잠든 이'가 새 삶[29]으로 깨어나기 위해 휴식을 취할 수 있는 내밀한 공간을 시인이 찾고 있음을 쉽게 간파할 수 있다. "초록의 구렁"으로 시작된 이 시는 "오른쪽 옆구리에 두 개의 붉은 구멍"으로 끝난다. "구멍"(trou)이란 단어의 반복은 지리적인 공간으로부터 신체의 차원으로의 축소를 보여준다. 녹색에서 붉은색으로의 색변화는 삶에서 죽음으로의 상징적 말투의 변화를 초래하고, 감각적으로 사실적인 장면은 어둠을 느끼게 하지는 않는다. 여기서 생생하고도 순수한 색채의 변주를 확인할 수 있다. 초록, 파랑, 노랑, 빛의 광채를 지닌 빨강[30], 육체적인 감각들의 묘사 즉 전신 감각("그의 가슴/평온한"), 열("춥다"), 그리고 후각("향기들도 그의 코를 움찔거리게 하지 않는다"), 또한 요소들 사이의 상호 침투 묘사, "죽은 병사"의 시신과 삶에 충만한 자연 등 생사의 상징적 양극 사이의 여정이 "강", "작은 골짜기", "열린 입", "초록 침대", "자연-요람", "콧구멍" 등의 패인 요소로 가득 차 있다. 게다가 장면의 다양한 구성 요소들을 감싸는 전치사 "dans"으로 연결되며-이 전치사의 사용 빈도가 높은 것은 모음 "a"의 반복[31]에 의해 뒷받침 된다-사생아의 상상이 휴식과 깨어남을 위해 "젊은 병사"의 시체를 받아들이게 되어 있는 온갖 용기들의 시적 공간과 자연을 가득 채운다.

질베르 뒤랑의 표에 있는 '신비 구조'로 분류된 용어로 이뤄진 14행은 "젊은 병사"에 동화된 사생아가 상상을 통해 자연의 어머니 품 안에서 주검들로부터 부활하는 데 대한 믿음을 보여준다. 그런 이유로 시인은 고집스레 죽은 병사가 자고 있으며 십자가상의 예수[32]의 모습을 띠고 있다고 말한다.

3. 「까마귀떼」 혹은 고통스런 죽음

'자연 속에 잠든 이'의 부활에 대한 시인의 믿음은 끈질겨 심지어 '봄의 시학'과 *Cahier de Douai* 너머로 계속된다. 전쟁과도 같이 사회-역사적이거나 개인적인 절망적 상황에도 불구하고 랭보는 완전히 희망을 잃은 것 같지는 않다. 떼어놓을 수 없는 관련으로 인해 논쟁의 여지가 많은 구성 시기의 문제를 지닌 「까마귀떼」를 쓰면서 시인은 1870년 전쟁에서 죽은 자들에게 사생아의 동정적인 눈길을 보낸다. 그 시선은 더 이상 「92·93년의 주검들」에서처럼 영웅적이

지도 않고, 「골짜기에 잠든 사람」에서 같이 내밀히 낙천적이지도 않
다. 그것은 베를렌느가 환기했듯 '애국주의'와는 무관하다.[34]

     주여, 평원이 추워지면
     무너진 초가에
     길고 긴 만종이 그칠때면…
     꽃이 진 자연 위에
     높은 하늘로부터 떨어지게 하소서
     귀하게 그윽한 까마귀떼를.

     무서운 소리를 내는 이상한 군대
     추운 바람은 너희 보금자리를 공격한다!
     너희, 황색 강을 따라
     오랜 골고다의 언덕 위로
     도랑과 구멍 위로
     흩어지라, 모이라![35]

     Seigneur, quand froide est la prairie,
     Quand dans les hameaux abattus,
     Les longs angelus se sont tus…
     Sur la nature défleurie
     Faites s'abattre des grands cieux
     Les chers corbeaux délicieux.

     Armée étrange aux cris sévères,
     Les vents froids attaquent vos nids!
     Vous, le long des fleuves jaunis,
     Sur les routes aux vieux calvaires,
     Sur les fosses et sur les trous
     Dispersez-vous, ralliez-vous![35]

'봄의 자연'과는 동떨어진 까마귀떼의 풍경은 태양・대지・삶의
어머니 등에 의해 버려진 채, 산 것들을 재생시키기 위해서가 아니
라 가두기 위해 삼키는 것으로 위협하고 있는 "도랑"과 "구멍"만을
열거할 뿐이다. 그리스 신화의 빛나는 신들 대신에, "십자가에 우리

를 매다는 또 다른 신"[36])이 음산해진 자연을 지배한다. "오랜 수난"의 "주님"을 환기시키며 시인은 "하늘의 성자들"의 연도를 암송한다. 무거운 분위기와 공격적인 움직임이 있는 풍경은 희망없고 견딜 수 없는 죽음만을 환기시킬 뿐이다. "평원은 춥고", "무너진 초가", "길고 긴 만종 소리가 그쳐", "꽃이 진 자연", "떨어지게하소서", "황색 강가" 등등. 더욱이 겨울 경치에 골고다의 상징을 겹쳐 놓은 시인의 시야는 속죄의 죽음이라기보다는 최종적인 죽음의 길을 따라간다. 이전의 시들과는 달리 무덤의 부정적 이미지가 십자가에 못박힌 이의 부활에 대한 희망을 잊게 한다.

봄의 상상 속에서 일어난 자연의 양상 변화가 장면의 주인공들의 공격성이 강조되면 될수록 현저히 드러난다. 박애의 주동적 요소인 바람이 까마귀떼의 둥지를 공격하는 삭풍, "주가 보낸 숲의 병사들"[37]로 변신한다. 군사적인 이미지의 까마귀떼는 주검들에게 달려들어[38] 육체적인 면에서뿐 아니라 정신적인 면에서도 최상의 공격적인 새가 된다. 죽음을 알리는 그들은 산자와 그들의 삶에 대한 희망을 공격한다. "5월의 꾀꼬리들", "지옥의 망나니", 그들은 "그제의 주검들"의 육체를 노리고 있다.

    그제의 주검들이 잠든
    프랑스 땅에, 수천으로
    선회하라, 겨울을
    나그네가 되새기도록!
    그러므로 의무를 외쳐라
    오 우리의 불길한 검은 새여!

    그러나 하늘의 성자들이여, 높은 떡갈나무
    황홀한 저녁으로 사라진 깃대 위에
    5월의 꾀꼬리들을 놔두시오,
    깊은 숲에서
    누구도 달아날 수 없는 풀섶에서

미래없는 패배가 엮어가는 이들을 위하여.[39]

Par milliers, sur les champs de France,
Où dorment des morts d'avant-hier,
Tournoyez, n'est-ce pas, l'hiver,
Pour que chaque passant repense!
Sois donc le crieur du devoir,
O notre funèbre oiseau noir!

Mais, saints du ciel, en haut du chêne,
Mât perdu dans le soir charmé,
Laissez les fauvettes de mai
Pour ceux qu'au fond du bois enchaîne,
Dans l'herbe d'où l'on en peut fuir,
La défaite sans avenir[39]

시인이 상상하는 경치에 등장하는 이들 사이에 일어나는 폭력이 시인의 파괴적인 세계관을 느끼게 한다. 그 이유가 알려지지 않은 그의 절망이 그로 하여금 사생아적 자기 연민의 극단적 면모인 자기 파괴의 음울한 쾌락을 만족시키기 위해, 또는 피할 수 없는 상황을 파괴하며 해방되기 위해 모든 것이 파괴되도록 바라게 만들었는지도 모른다. 전기에 근거한 필자의 상상적 가설을 펴기 전에, 읽기에 있어 혼란을 가중시키는 시적인 방식에 의해 피-가학적 가기 파괴성이 가시화된다는 사실을 특기해야 한다. 예를 들어, "무서운 소리를 내는 이상한 군대"라는 행은, "귀하고" "그윽한"의 전 행에서의 새떼의 이미지에 댓구가 대조를 띠면 띨수록, "너희들의 둥지" 안에 숨겨진 까마귀보다는 그 뒤에 나오는 "차가운 바람"의 동격 기능을 완성하는 듯하다. 반면에 다음 행에서는 무서움에 추위가 의미론적으로 일치한다. 바람과 까마귀의 공격성을 제외하고, 대명사의 쓰임은 혼란을 일으키는 주요인이 된다. 대명사 "너희"는 먼저 2인칭 단수 "주"에 이어서 복수 "까마귀떼"에 적용된다. 3절에서 새들은 복수와 단수로 불리고 마지막 절에서 다시 복수가 된다. 하대가 "나그네"를 부른 뒤에 즉각적으로 쓰이면서 읽기에 있어 다른 혼란이 야기 될 수 있다.

시인이 무심코 혹은 의도적으로 싯구들의 의미를 명백히하고자 하지 않는다면, 떼오도르 방빌에게 보냈던 그의 편지에서 바랬듯이 독자들이 그를 알게 된다는 것을 짐작하지 못했기 때문일 것이다. 또 훗날 『일류미네이션』[40]에서 그렇듯, 자기 작품의 지성을 희생하고 양심을 검토하는 데에만 관심을 갖기 시작했기 때문인지도 모른다. 사생아의 유명해지고 싶은 욕구를 이긴 내면적 사색의 우월성은, 상상의 체제 변화를 개시한 성숙함의 징후일런지도 모른다. 즉, 고의적이라 여겨지는 시 안의 다양한 모호성은 역설적으로 절망적인 상황으로부터 벗어나기 위한 극적 상상의 무의적적 노력을 의미한다고도 하겠다. 절망을 과장하면서 시인은, 시적 모호성으로 특히 절망에 대응하는 반어적 사고로 상황의 넘을 수 없는 성격을 흐려 놓는다. 겨울 까마귀떼에 의해 위협받는 "그제의 주검들"은 "자연 속에 잠든 이"이다. 시인은 고집스레 자연의 어머니같은 골 안에서 그들이 봄이 오면 깨어나리라 믿고 있다. 그렇게 어머니 자연에 대한 초기 랭보의 신앙은 의미분열적 상상[41]의 '자폐적 후행'으로 악화되는 과장을 억제한다. 파괴의 음산한 쾌락에 몰입하는 대신 시인은 자신의 절망적 상황을 봄과 겨울이란 두 개의 시간으로 놓으면서, 또 행복한 출구를 찾기 위해 현재의 절망과 미래 안의 희망을 변증법적 체계로 놓으며 극화하려 한다.

시인의 말대로 "잠든 이들"이 "미래없는 패배"로 엮였기에 랭보의 환멸을 시가 밝혀주는 것은 논의의 여지가 없다. 그럼에도, 시인은 "까마귀 떼"에게 봄의 희망의 상징[42]인 "5월의 꾀꼬리들"을 놓아 두라고 부탁한다. 꾀꼬리들이 봄이 돌아옴을 알릴 수 있도록, 그래서 새로운 삶 속에서 '자연 속의 주검들'을 깨울 수 있도록. 피할 수 없는 죽음의 막다른 골목 즉 게걸스런 삶 앞에서 실존적 고뇌에 사로잡힌 사춘기 소년의 상징적인 이런 상황에도 불구하고 이 시는 자연 속의 주검들의 부활을 믿는 사생아의 끈질긴 희망을 보여 준다.

처음의 두 시가 「하나됨의 믿음」과 「오필리아」에서 준비된 통과 의례적 상상의 소산이라면, 세번째 것은 '봄의 시학'이란 맥락 속에서만 쓰여진 것이라 하겠다. 처음 것이 도시로부터의 추방, 도시 권력자들의 불의 등 통과의례의 시련에 직면한 쿠로스의 아폴로적 영웅주의를 고양한 것인데 반해 두번째 것은 신비적 상상력으로 죽음을 완곡화하는 것을 보여준다. 자연의 어머니 품 안에서건(*Ma Bohème*), 관능적인 소녀들과 같이 있을 때건(*Rêve pour l'hiver, Au Cabaret-Vert, la Maline*), 만족스런 여성 관계를 유지하던 시인-방랑가가 불렀던 자유를 향해 가는 행복감이 깃든 '벨기에 시대'의 작품에 관한 한, 죽음 앞의 낙천주의는 자연스럽게 느껴진다. 방랑가가 방랑 속에서 자유스런 삶을 충만하게 향유하면 할 수록. 그러나 랭보식의 애가인 「까마귀떼」에 있어서는, 상상력의 두 체제가 결합되는 과정을 엿볼 수 있다. 사생아의 자기 연민을 과장하며, 이 시는 자연의 어머니 품에 안긴 방랑가-몽상가의 신비적 상상력에 의존한다. 과장과 반어를 반포적 구조 안에서 병렬시키며, 막 유년기를 빠져나온 사춘기 소년의 상상력은 주검을 무화로부터 구하기 위해 또 미지의 삶 앞에서 움츠러든 소년의 고통스런 상황 "미래없는 패배"로부터 출구를 찾기 위해 상황을 극화시키려 애쓴다.

1870년 보불 전행 혹은 '파리 코뮌'이 한창인 때 쓰여졌다고 간주되는 시와는 달리 죽음에 대한 시의 세 예는 젊은 시절 시인의 다른 삶의 순간들에 일어났던 영혼의 상태를 반영한다. 자신의 개인적인 운명과 사회의 집단적인 운명을 분리시키고 싶지 않았던 '견자'에게조차, 전장의 구체적인 죽음은 사회-역사적 측면을 뛰어넘는 사건이었다. 살인적 전쟁의 주동자들을 공격하는 대신, 「하나됨의 믿음」의 시인은 자신의 통과의례적 상상력을 동원하여 전쟁비극을 낙천적 상황으로 변화시킨다. 자신의 작품 공간에서 1870년의 보불 전쟁을 재현하며, 창조적 상상력을 통해 시인은 그 전쟁에 정치 사회적 의미보다는 자신의 실존적 궁지라는 상징적 의미를 더 많이 부가한다. 전장의 주검들은 '자연 속에 잠든 이', 깨어날 어머니-자연의 아들이 되는 것이다.

(홍익대학교 석준 교수 번역)

● 주　　석

1) 100주기 랭보 학술회의 가운데 가장 중요한 두 회의인 9월 5일에서 10일까지 열린 샤를르빌의 회의와 11월 7일에서 9일까지 열린 마르세이유 회의에서, "코뮌 가담자 랭보"에 대해서는 거의 알려지지 않았다. 단지 Yves Reboul의 "La lecture de *Paris se repeuple*"만이 파리 코뮌 이후의 역사적 상황을 밝혀줄 뿐이다.

2) Steve Murphy, *Le Prmier Rimbaud ou l'apprentissage de la subversion*, 1990, *Rimbaud et la ménagerie impériale*, 1991, C.N.R.S./P.U.L. 등의 최근 작업으로 인해 이러한 공백이 많이 보충되었다.

3) Rimbaud. *Poésies*, préface, notices et notes par Jean-Luc Steinmetz, Paris, Flammarion, 1989, p. 88. 랭보에 관해서 필자는 세권으로 된 이 책을 참조했다. 제목에 이은 로마 숫자가 권수를 밝힌다.

4) Lettres à Georges Izambard, Charleville, 25 août 1870, I, p. 215.
5) Etiemble et Yassu Gauclère, Paris, Gallimard, 1950, p. 121.
6) 「까마귀떼」, I, p. 129.
7) *Les Structures anthropologiques de l'imaginaire*, Paris, Bordas, 1969.
8) Lettres à Georges Izambard, p. 215 : "C'est effrayant, les épiciers retraités qui revêtent l'uniforme! C'est épatant, comme ça a du chien, les notaires, les vitriers, les percepteurs, les menuisiers, et tous les ventres, qui chassepot au coeur, font du patrouillotisme aux portes de Mézières ; ma patrie se lève!… Moi, j'aime mieux la voir assise ; ne remuez pas les bottes! c'est mon principe."
9) '사생아'의 테마에 대해서는 Gonou Lee, "Rimbaud la bâtard" in

Amis de l'auberge verte, n 1, 1991 참조.
10) 「92·93년의 주검들」, I, p. 94.
11) 사생아가 애정결핍으로 고통을 받았듯이, 자유의 길을 찾아 떠난 사춘기 소년은 돈이 없어 피소된다. 행복에 다가가게 할 수단이 없다는 느낌이 그의 일생을 통해 랭보의 시적 창조 작업을 이끌어갈 원동력 중 하나가 된다.
12) Suzanne Bernard에게 시란 「라 마르세이에즈」의 후렴 "추억, 그러나 변질된"이다 : "Qu'un sang impur abreuve vos sillons". 그녀의 편저 p. 373 참조. L.Van Licorne와 R. Reboudin의 분석에 의하면, 시 전체가 "라인 강의 군대를 위한 애국적 전장의 이미지들을 재현한다." "92년의 주검들과 라 마르세이에즈" in *Parade sauvage* n 5, juillet 1988, pp. 109-110참조.
13) *Credo in unam*, I, p. 56. "C'est la Rédemption!, c'est l'amour! c'est l'amour…"
14) *Id*.
15) 「92·93년의 주검들」, I, p. 94.
16) 시간적 요인을 내포하는 성숙이란 마지막 과정의 양상을 이유로 Gilbert Durand은 '화금석'을 '종합적 구조'로 분류하나, 저자가 인정했듯이 연금술은 "상상의 두 체제에 기능하는 완전한 상징 체계"이다. 특히 연금술적 몽상은, 물질의 내적 변환에 중점을 둔 바슐라르적 몽상에 따르면 '모태 회귀' 작용이다. Gilbert Durand, *Les Structures anthropologiques de l'imaginaire*, p. 259 et p. 289 ; Gaston Bachelard, *La Terre et les rêveries du repos*, Paris, José Corti, 1948, p. 34. 참조.
17) Jean-François Laurent, "*Le Dormeur du Val* ou la chair meurtrie qui se fait verbe poétique" in *Rimbaud à la loupe*, actes de colloque de St. John's College, Cambridge. *Parade Sauvage*, Colloque n 2, Charleville-Mézières : Musée-Bibliothèque Rimbaud, 1990, p. 21.
18) Claude Duchet는 시의 원천에 근거해 실제 삶보다 문학적인 경험을 더 높이 평가한다. 그의 기사 "Autour du *Dormeur du val* de Rimbaud" dans *Revue d'Histoire littéraire de la France*, 1962, pp. 371-380 참조.
19) Lettre à Ernest Delahaye, Parmerde, Jumphe 72. II. pp. 163-164.
20) Jean-Pierre Giusto, *Rimbaud créateur*, Paris : P.U.F., 1980, p. 115 : "l'insupportable éclate dans l'opposition entre la mort, l'horizontalité et l'immobilité du soldat, et tout ce qui dit la vie dans sa ferveur :

le soleil célèbre ses noces avec la nature, avec l'eau-il luit, la rivière chante, la rivière traverse l'eau pour donner ces "haillons d'argent", la terre, l'herbe, l'eau, les rayons de lumière font du val une mousse de rayons, la lumière pleut, est eau, le "cresson" bleu par la même est ouranien, tout dit la fusion dans la lumière."

21) *Le Dormeur du Val*, I, p. 98.
22) 특히 시인은 빛과 물의 결합을 "은 누더기"로 묘사하기 위해 서설의 "은빛 물"을 다시 취한다.
23) *Le Dormeur du Val*과 *Sensation*을 비교하면서, J. Chocheyras는 "모자 벗은 머리"에서 복종의 상징인 Képi로 부터 자유로워진 머리를 본다. 그의 소고 "La signification du motif du noyé dans *Ophélie, Le Dormeur du Val et Le Bateau ivre*" in *Parade Sauvage*, Colloque, n 2, p. 18. 필자에게 모자벗은 머리는 출산의 순간을 간파하는 시인의 산파적 상상력을 드러낸다. 병사의 "목"이 어머니 자연의 젖은 육체 안에 잠겨 있으면 있을 수록 더우기 그렇다.
24) 랭보의 초기 몽상과 「골짜기에 잠든 사람」 사이의 상관성을 보면, 육체 부분과 자연 장식들의 다른 요소들의 배치를 랭보가 변이시키고 있음을 알 수 있다. 「골짜기에 잠든 사람」는 머리를 방랑자에서처럼 바람 속에서가 아니라 담수에서 자라는 물냉이 속에 적시고 있다. 죽은 병사의 발이 "글라디올라스 안에" 있는 데 반해 학동-몽상가는 그의 발을 개울에 담그고 있다. 배치가 바뀜에도 불구하고, 초기 몽상과 같이 죽음의 장면 속에 나타나는 같은 요소들이 시인의 비젼이 봄의 상상을 반영하고 있음을 보여준다.
25) 「골짜기에 잠든 사람」, I, p. 98.
26) Jean-François Laurent, p. 25. 참조.
27) *Ibid.*, pp. 24-25.
28) 연금술적 과정의 12 작용에 대해서는 융을 참조. C.G. Jung, *Psychologie et alchimie*, Paris, Buchet/Chastel, 1970, pp. 311-312.
29) "젊은 병사"와 랭보 초기작의 몽상가들이 지닌 공통점을 살펴 보면, 융이 정의한 반사 작용을 실행하고 있는 어머니 품을 찾아 나선 사생아의 상상이 아닌가 묻게 된다. 용어 정의에 있어서는 융을 참조. C.G. Jung, *Types psychologiques*, Genève, Librairie de l'Université, Georg et Cie, 1983, pp. 460-461.
30) Emile Noulet, *Le Premier visage de Rimbaud*, Bruxelles, Palais des

Académies, 1973, p. 72. "…dans un ruissellement de lumière et de vitalité végétale, l'immobilité du corps humain ; au milieu d'un pointillage de vert, de bleu, de jaune, la forme régulière de deux trous rouges."

31) 전치사 'dans'이 5번 나온다. 그 중 세 번은 2절에 있다. 모음 'a'는 16번 나온다. J.F. Laurent이 'a'와 'u' 사이의 공명 놀이를 특기했다. 그의 소고 p. 23 참조.

32) 시의 가능한 원천들 가운데, Emilie Noulet는 *Dolorosa Mater*라는 제하에 *Le Parnasse contemporain* 안에 나타난 Léon Dierx의 싯구를 지적했다. Emilie Noulet, p. 72 참조.

33) 1870년 봄의 몽상과 관련하여, 정형시작에도 불구하고, 랭보의 상상력이 완전히 변했음을 인정할 수밖에 없다. Ernest Delahaye, Marcel Coulon, Jules Mouquet 등과 동의한 Antoine Adam은 서슴지 않고 이 시가 1872년에 쓰여졌다고 단언한다. 그는 "미래없는 패배"가 끔찍했던 파리 체류 이후 아르덴에 있게 된 랭보의 패배라고 생각한다. 그의 편저 Plêiade, pp. 874-875 참조. 그러나 Bouillane de Lacoste 이래 랭보 비평은 "이 작품을 1871년 것으로 추정하는 것이 더 타당하다는" 견해를 보았다. S.Bernard et A. Guvaux 편저 p. 386 참조. 필자는 시인이 적어도 부분적으로 '봄의 시학'이전에 사생아의 상상을 되찾았다는 데 만족한다.

34) Paul Verlaine, *Les Poètes maudits*, reproduit in Henri Peyre, *Rimbaud vu par Verlaine*, Paris, Nizet, 1975, p. 76 : "Les curieux seront régalés de cette chose patriotique, mais patriotique bien".

35) 「까마귀떼」, I, p. 129.

36) *Credo in unam*, I, 53.

37) *La Rivière de Cassis*, II, p. 59.

38) *Bal des pendus*, I, p. 79 : "Le corbeau fait panache à ces têtes fêlées".

39) 「까마귀떼」, I, p. 129.

40) 랭보가 에밀리 블레몽에게 이 시를 『문학과 예술의 부흥』이란 잡지에 실도록 맡겼다는 사실이 필자의 견해를 반박할 것이나, 들라에이에게 보낸 랭보의 편지에 따르면 랭보는 에밀리 블레몽이 지휘하는 잡지를 경멸하고 있었음을 알 수 있다. 에른스트 들라에이에게 보낸 편지, Parmerde, Jumphe 72, II, p. 164 참조.

41) Gilbert Durand, *Les Structures anthropologiques de l'imaginaire*, p. 209 : "La première structure schizomorphe que met en lumière le grossissement pathologique est une accentuation de ce "recul" par rapport au donné qui constitue l'attitude réflexive normale. Ce recul devient alors "perte du contact avec la réalité", "déficit pragmatique", "perte de la fonction du réel", "autisme"."

42) Bouillane de Lacoste와 같이 필자는, 봄의 새는 "희망과 미래에 대한 믿음의 상징"이라 생각한다. 그러나 Suzanne Bernard는 이런 해석에 반대한다 : "겨울이 끝날 무렵 마지막 위로로 5월의 꾀꼬리들의 죽음으로 '엮인' 병사들, 그들의 책임아닌 패배의 희생자, 병사들이 쉬고 있는 숲에 돌아오게 되기를 랭보는 오히려 원한다. 이 시는 어리석은 패배와 죽음의 끔찍함을 드러낸다." Rimbaud, *Pages choisies* par H. de Bouillane de Lacoste, Paris, Hachette, 1955, p. 34 : Rimbaud, *Oeuvres* ; l'édition de Suzanne Bernard et André Guyaux, Paris, Garnier, 1983, p. 387 참조.

Résumé

LES DORMEURS DANS LA NATURE

La guerre franco-allemande de 1870, ainsi que la "Commune de Paris", ont laissé des traces ineffaçables dans la vie du premier Rimbaud, ce qu'on peut voir dans plusieurs poèmes du *Cahier de Douai*, dont surtout "Morts de quatre-vingt-douze…" et *Le Dormeur du val*. Le thème de la mort, qui apparaît dans ces deux poèmes ainsi que dans *Les Corbeaux*, n'est tout de même pas un simple reflet de la réalité de la guerre. C'est un lieu où travaille plus qu'ailleurs l'imagination vitale et créatrice de Rimbaud, transformant les morts de la guerre en "dormeurs dans la Nature", fils de la Nature-Mère qui vont se réveiller.

한대균 1956년 10월 9일 생. 고려대 졸업. 고려대 대학원 석사. 프랑스 뚜르 대학 문학 박사. 현 청주대 불문과 교수. 학위 논문 : *Rimbaud épistolier. Poésie et Silence*. 논문 : 「랭보의 〈계절〉, 방랑의 시학」, "Lettres de Rimbaud à Delahaye. Une poésie des avatars", 「예술의 효용성과 자율성. 보들레르와 고띠에의 미학」. 역서 : 『랭보』(Y. Bonnefoy).

랭보와 본느프와
―現存(présence)과 희망의 시―

韓 大 均

I

더 이상 시에 집착하지 않겠다는 단순한 결심을 통해서 시인은 자신의 신분을 포기할 수 있는 것인가? 혹은, 그의 진솔한 존재밖에서, 쓰여진 작품과 분리된 채, 또다른 운명을 추구하는 것은 가능한 일인가? 랭보가 그의 운명을 걸었던 책을 불지르고 그를 둘러싸고 있던 사회의 위선적인 안락함과 시어의 비진실성을 고발했을때, 우리는 그에게서 시인의 얼굴을 발견할 수 없는 것인가? 시적 기술체(Ecriture poétique)에서 벗어나 언어행위의 질서에 예속되지 않은, 말라르메(Mallarmé)가 失書症을 통하여 끊임없이 연마하는, 일종의 백색기술체(Ecriture Blanche)는 결국 문학내부의 혁명으로 그치는 것인가? 롤랑 바르트(Roland Barthes)가 말하는 작가의 '문학에 대한 소송'에서, 랭보는 문학이 사형선고를 받고 가차없이 처형되는 광경을 지켜본 후, 아프리카의 뜨거운 삶의 대지로 돌아가, 변질될 수 없는 체험의 시를 우리에게 다시금 소생시켰다고 말할 수는 없는가? 답변하려는 순간, 한 인간의 운명속으로 재침윤되는 이 모든 의문들에 대한 명확하고 보편적인 해결은 존재하지 않는다. 그러나 분명한 것은, 문학의 현대성이 의식되고 그 개념이 형성되기 시작한 이래 랭보는 어느 누구도 모방할 수 없는 처절한 의지로 시의 파괴와 성취를 동일한 감수성으로 이행한 작가라는 점이다. 쓰는 시와의 표면적 단절이 자동적으로 시인의 신분을 소멸시킨다는 것은 따라서 부적절할 뿐 아니라, 시의 앞날을 텍스트의 물리적 존재선상에서만 파악하는 불구적 문학론의 계략에 빠지는 형상인 것이다. 작가에 의하여 남겨진 작품이 영속적 가치를 지니고 있는 한, 그는 문학의 언덕을 벗어날 수 없다. 삶의 또 다른 중심점으로 끊임없이 유인하는 인력으로부터 작품이 그를 보호해 주기 때문이다. 시의 곁에 더 이상 머물기를 거부했을 때, 여기서 지체없이 부정된 것은, 시의 정신이 아니라, 오직 시를 쓰는 행위나 쓰여진 텍스트로서의 시의 존속양식인 것이다. 촉지되고 비좁은 시의 공간을 떠나 진정한 생을 되찾고 그러한 삶을 영위하며 시의 본질에 접근하는 것은 오히려 더욱 철저히 시인의 역할을 이행하는 것이리라.

　추상적으로 확대될 위험이 있는 우리의 논의를 랭보의 침묵과 이브 본느프와(Yves Bonnefoy)의 시학에 맞추어보자. 랭보가 문학에 등을 돌리면서부터 언어행위자체로 만족하는 표현의 수단을 파괴하고, 언어의 헐벗음속에서 진정으로 사물의 존재에 다가설 수 있는 표현방식을 문학작품에 찾아주는 것이 작가의 궁극적 소명으로 떠오른다. "시는 現存(présence)을 배척하지 않고, 이해가능한 세상과 언어를 스케치하여, 거기서 생의 절대적 형태가, 밀짚의 초라한 침대위에서 태어나는 것처럼, 나타날 때까지 이것들을 단순화시키면서, 현존을 창조하는 것이다"[1]라고 본느프와는 말한다. 현존을 창조하려는 노력 속에서, 시는 그 현존과 동일화를 이루며, "기술체를 떠나, 생의 상황을, 텍스트 밖에서, 실행하는 것"[2]을 목표로 삼게 된다. 랭보의 침묵에 대한 성찰을 지속적으로 요구받고 있는 본느프와는 "진실과 체험이 결핍되면 언어는 자기자신에 도취되는 것이며, 그러한 진실과 체험의 폭이 재구성되는 공간"[3]은 기술체의 억압에서 벗어난 텍스트의 이러한 외부세계라는 것이다. 시는 이제 기술체의 신비스러운 힘에 의하여 이끌리는 모든 것과 변별적 관계 속에서 일상적 언어를 받아들이고, 개념화된 시어가 우리에게 더 이상

설명해줄 수 없는 본원적 체험과 파기될 수 없는 진리의 광대함으로 우리를 인도해야 하는 것이다. 『지옥에서 보낸 한 철(Une Saison en Enfer)』의 마지막 페이지는 문학의 불가능성을 확인하고 있지만, 그 참담한 경계를 가로질러 '찬란한 도시'로 들어갈 수 있다는 가능성을 또한 암시하고 있다. 이 '찬란한 도시'에서의 랭보적 삶에 본느프와는 가치부여를 거부하고 있지만 그가 시적 언어를 통하여 끊임없이 야기시키려는 현존의 이미지는 바로 단순하고 비속한, 시가 철저히 매장당하고 있는, 이 실제적 삶과 무관하지 않은 것이다.

II

"그의 작품의 움직임과 생의 순간은 그 하나 하나가 시적 계시라는, 아폴론(Apollon)와 플루톤(Pluton)의 완벽성을 향하여 인도되는 것같은 어떤 企圖에 참여하고 있다"[4]라는 르네 샤르(René Char)의 지적처럼, 랭보의 작품과 생은 허구적 상황의 틀이 아닌, 명백한 공모의 실제적 관계로 맺어있다. 언어가 운명의 수레바퀴를 타고 삶의 절대성을 캐기위하여 대지로 돌아갈 때, 이들의 상호보완적 노력의 모습은 '시적 계시'의 추구에서 더욱 분명히 떠오르는 것이다. 유럽의 가식적인 문학을 팽겨치고 뜨겁게 끌어안은 아프리카는 시인이 이러한 야심찬 계획을 현실화시킬 수 있는 유일한 대지이다. 시적인 계시는 그야말로 시적인 것이나, 혹은 시 자체에 의하여 시도되는 것이 아니라, 반대로 시의 거부, 다시 말하면, 시를 완성시키기 위하여, 시로 돌아가는 것을 거부하는 역리적 행위를 통하여 이루어진다. 아프리카의 랭보에는 시에 대한 증오만이 존재하며, 이 증오가 시의 정신에 접근하는 유일한 수단이 된다. 그의 작품과 생은 이런 혐오를 매개로 끝없이 병행한다.

랭보는, 문학을 부인한 이후, 단 한 번도 자신의 결정을 번복하지 않았다. 아라르(Harar)의 상인이 쓴 것은 문학의 페이지가 아니라, 문학의 목을 죄는 개인서신에 불과했다. 이 점에서 랭보의 태도는 분명하다. 즉, 생의 전반부에서 그는 누구도 모방할 수 없는 속도와 힘으로 시에 접근하였고, 이렇게 하여 작품이 그의 주변에 존재할 때 가눌 수 없이 엄습하기 시작한 글쓰기에 대한 혐오심으로 그는 운명의 후반부를 끝내 문학과의 결별 속에서 보낸다. 시적 기술체는 성공적으로 파괴된 것처럼 보인다. 그러나, "아라르의 편지는, 외면적 모습이 어떻하든간에, 아무런 단절도 없고 오로지 계획의 수정만이 있는 운명의 길에서 랭보가 빠져버린 깊은 불안을 드러내고 있으며 주관적 개성이 사라질 때까지 의도적으로 시도된 경험속으로 합일되어 그 경험의 종국으로 가려는 완강한 결심을 보여주고 있다"[5]라는 지적이 있듯이, 아프리카의 랭보를 좀 더 가까이 바라보면, 시와 개인적 편지라는 자아에 대한 두 가지 표현수단 사이에 어떤 정신의 연속성이 잠재하고 있는 것을 확인하게 된다. 단지 그 둘 사이의 전위작용이 너무도 급격히 번개같은 섬광 속에서 이루어졌을 뿐이다. 아비시니아(Abyssinie)에서 그는 가혹한 삶의 체험을 통하여, 꾸준히 그리고 후회없이 우리에게 새로운 시의 문제가 제기되는 공간을 열어주었다. 이 공간은 작가를 미학의 추구 또는 사회에 대한 책무로부터 해방시키고, 문학적 창조의 늪을 빠져나온, 헐벗은 그러나 더 이상의 실패도 없는 일상의 언어가 짜내는 '거미줄 너머의 무지개'[6]가 뜨는 곳이다. 여기서 언어는 시의 정신을 선행하며 이끄는 자격과 힘을 이제 상실하게 되며, 반대로 시의 정신이 언어를 생의 진부함과 단순성이란 틀 속에 감금시킨 채, 본느프와 시학의 중심인 '현존'을 말할 수 있는 가능성을 보여준다. 이것은 유럽문명의 지주중 하나인 철학의 논리적 개념의 경직성과 허위성으로부터 자양분을 공급받던 시어의 오류를 일깨우고, 그 시적 체험의 한

계선을 밀어내는 행위와 다름아닌 것이다. '살면서' 글을 쓴 아프리카의 랭보는 이렇게 지금의 우리에게 다가오는 것이다.

그러면 아프리카 편지라는 '텍스트' 속에서 무엇을 찾아볼 수 있는가? 어떤 독서가 가능한 것인가? 거기서 시적 기술체의 공간성이나 혹은 기호, 단어 그리고 문장의 超時的이며 가역적인 배열을 보는 것이 가능한 일인가? 아프리카에서 가족들에게 보낸 서신들 속에는 아무 것도 없다. 일상적 삶으로 돌아가는 보잘 것없는 언어의 찌꺼기들외에는 아무것도 찾을 수 없다. 따라서 어떠한 독서도 불가능하며 그와 동시에 어떠한 방식의 글읽기도 허용될 수 있는 이중성을 지니고 있는 것이다. "시는, 최초의 움직임에서 자신이 포착한 대상물들을 파괴하지만, 파괴를 통하여, 시인의 체험의 잡을 수 없는 유동성 속으로 그것들을 되돌려준다. 시가 세상과 인간의 동일성을 되찾으려는 희망을 갖는 것은 바로 대가를 치르고서이다"[7]라는 바따이유(Georges Bataille)의 언술은 랭보의 편지읽기라는 문제에 적절한 방법을 제시해준다. 즉, 시에 의하여 파멸된 시 내부의 모든 것들(그것이 시적 대상이든 혹은 시의 목적이든간에)은 문학적 기술체를 통하여 찾을 수 없던 진정한 자기 얼굴을 시인의 경험이 의도적으로 만들어지는 삶의 현장 곳곳에서 발견해내기 때문이다. 따라서, 아프리카 편지의 진부함과 그 문체의 무미건조함은 시가 세상의 가면 벗은 모습과 인간의 가식없는 삶을 그려낼 수 있다는 희망의 언덕에 마침내 도달하는 모습을 보여주는 것이며, 그 새로운 장소와 새로운 사물들을 앞으로 오는 시(혹은 非詩의 시)에게 제시하는 것처럼 보여진다. 이제 시인은 현존이 살아 숨쉬는 이 토양에서 보석같은 광채가 번뜩이는 『일류미네이션(Illuminations)』과 처절한 고백이 진땀나게 토로되는 『지옥에서 보낸 한 철』을 매장하고 '영혼과 육체속에서 진실을 소유'[8]하게 되는 것이다. "우리가 숨쉬는 공기, 우리를 인도하는 빛, 세상의 하찮은 사물들은 언어를 통하여 형성되는 틀보다, 훨씬 더 영원히, 존재하는 것이다"[9]라고 본느프와는 말한다. "저기에 있는 저 강물, 저 언덕들, 비시간성의 나라, 이미 꿈이 되어버린 땅, 죽음에 관해서는 아무것도 모르는 세월들의 평안이 영원히 계속되는 곳"[10]과 같은 아라르의 고원지대에서 우리에게 보내진 랭보의 편지들은 이런 현존의 인상을 야기시키고 있다. 의미없는 과거와 어두운 미래를 향한 형이상학적 존재연장을 시도함없이 침묵속에서 현재를 끌어안고 있는 한, 대지 위에 흩어져있는 사물들은 도래하는 문학의 새로운 테마로 변모된다. 십 여년간의 편지들 속에서 시의 주검을 딛고 우리의 또 다른 감수성에 다가서는 사막의 바람, 카라반의 길 위에 누워있는 돌과 바위들, 순교자의 심정으로 끝없이 걷는 자의 타오르는 시선이 가닿는 숲과 벌판, 이 모든 것은 퇴색된 존재에 대한 한 테마, 개념, 양상을 포기한 이후 다가오는 시의 충만한 진실과 다름아니다. 아프리카의 뜨거운 태양아래서 쓰여진 랭보의 글은 이렇게 사물의 생명력이 넘쳐흐르고, "흐르는 물, 타오르는 불이 우리에게 줄 수 있는 현존의 인상"[11]을 담고 있는 것이다.

III

소설가는 중요사건의 상황묘사를 통해 현존을 '환기'시킬 수 있지만, 시는 단어를 개념으로부터 돌려놓음으로써, 우리의 생활 속에서, 현존을 '야기'시킨다. 음악가에게는 음표, 미술가에게는 스펙트럼의 색채, 시인에게는 언어 속의 단어가 바로 기호에 관련되는 것들이며, "이 기호의 끝에서 그리고 그것이 지명하는 것에서 시는 생산되고, 그 기호가 자신을 나타나게 하며 동시에 파괴해버린 것에 대한 향수로부터 시는 태어난다"[12]는 본느프와의 언술은 예술에서 시의 확장성과 다양성을 암시하는 것이며, 따라서, 시학을 언어행위자의 현상으로 정의내리고 그 내면의 미로 속에서 길찾는 쾌락을 느끼려고하는 비평을 거부하는 것이다. 기호에 의하여 이미 파멸된 의미의 잔재에서 나무, 돌, 불, 강 등의 단순한 그러나 바람에 실린 배처럼 강력한 힘을 지닌 현실의 사물들이 피어난다. 언어의 개념화에서 탈피한 시는 세상에서 '지금 여기있는 것들'에 끝없이 접근하며 그것들을 탐구하고 표현해야 하는 것이다. "본느프와의 모든 시학이 근거를 두고 있는, 그의 선언된 理想은 폐쇄되고 독립적인 것으로 간주된 작품의 완벽성을 거부하는데 있다."[13]라는 지적이 옳다면 바로 본느프와와 함께 시는 닫혀진 단어의 개념의 틀에서 벗어나 광활하고 구체적인 세계로 비상하여 그곳의 범상한 실체들 속에 존재하는 본질적 매듭을 탐색하고, 현존의 印象인 '전율하는 감동(saisissement)', '神의 나타남(épiphanie)'이 이루어지는 '장소'를 찾게 되는 것이다. 이것은 성스런 언어가 숨쉬는 시어의 새로운 깊이이다. 언어가 성스럽다는 것은 개념의 찬란함, 사상의 순수함 그리고 책의 절대성에 반기를 들고 감각적 대상체를 위하여 이루어내야 할 의무를 분명히 인식하는데서 출발한다. "내가 본 것, 내 언어가 성스런 것(Das Heilige)이 되기를"이라는 횔더린(Hölderlin)의 시적 기원[14]은 시가 진정한 것일 때 오나성될 수 있는 장소, 언어로 고정화시킬 수 없는 主顯의 급격한 감동이 일렁이는 그 장소의 심오함에 대한 경외일 것이다. '장소'에 대한 탐색은 본느프와의 시적 도정에서 중심점을 형성한다. 그에게는 경외일 뿐 아니라, 하나의 꿈이고 매혹의 나라이다. 움직이고 살아있는 것들의 유한성으로 차단되는 우리의 비젼이 어느덧 절대 세계의 한없는 깊이의 늪으로 빠져들며 부동과 죽음의 실체를 투시하게 되는 나라, '죽음에 대한 생각을 감내하고, 분명 뱀에 홀린듯 유혹당하는'[15] 곳이다. 그러나 '죽음의 현존'이 누워있는 이 어두운 심연에서 언어의 유희와 결별한 우리를 '비밀스런 램프'의 성스런 빛이 인도하고 있으며, '하늘의 폐허'

를 가로질러 우리에게 다가오는 또 다른 유혹의 뱀 '살라망드르(Salamandre)'가 사는 땅이다.

"오랫동안 찾아 헤매던 가장 아름다운 나라는/우리들 앞에 살라망드르의 땅으로 펼쳐질 것이다"[16]라는 희망처럼, 시는 우리의 앞날을 약속한다. 그러나, '지금' '여기'에서 절대를 포용할 수 있는 언어로부터 시가 유리되어 있는 한, 그 아름다운 땅의 모습은 신기루에 불과하다. 시는 '사고(Idée)'의 안락한 공간에서 추방당하여 그 유배의 처절한 고통을 겪을 때 비로소 새 생명을 잉태할 수 있다. 즉, 새로운 언어, 절대언어를 끝없이 탐구하는 작업이 도래하는 시의 임무인 것이다. 본느프와의 시학은 언어에 대한 깊은 회의에서 비롯된다. 그것이 과연 현존을 포착할 수 있는가? 움켜쥐면 두 손가락 사이로 빠져버리는 모래알처럼, 말하고 지명하는 순간 현존의 인상을 탈색시킬 수밖에 없는 지금의 폐쇄된 언어, 그런 가식의 시공으로 강하게 유인하는 이곳의 고체화된 언어의 그물망으로부터 시는 탈피할 수 있는가? 본느프와는 이렇게 질문한다. "살라망드르(Une salamandre)는 '무엇'인가? 벽난로(l'âtre)나 제비(l'hirondelle)나 벽의 균열(les crevasses du mur)이라 하지 않고 '왜' 살라망드르인가? 지금 여기, 내 앞에 있는 것은 '어디에서' 오는 것인가?"[17]라고. 언어들이, 사물에 대한 진정한 장악력도 없는 채, 개념이나 定意의 감옥 속에서 그들의 어휘를 통하여 허공의 반복을 지속하기 때문에, 이 땅에 편재하는 모든 사물들은 정말로 옳게 불려본 적이 없는 깊은 침묵의 늪에 빠져버린 것이다. 시를 찢어버린 랭보의 「고별(Adieu)」이 소생되어 다가오는 것같은 한 편의 시에서 본느프와는 묻는다.

내 여인이여, 이것이 사실이냐,
시라고 불리는 언어에,

아침의 태양과 저녁의 태양,
기쁨의 외침과 고통의 외침,
도끼질과 인적없는 강상류,
흩어진 침대와 폭풍의 하늘,
태어나는 아이와 죽은 신을
지칭하는 단어와 오직 하나 뿐이라는 것이?[18]

그리고 스스로 답한다. "그래, 난 그걸 믿는다. 믿고 싶다"[19]라고. 그러나, 흐릿한 얼굴만을 비추는 김서린 거울처럼 사물의 중첩된 이미지만을 그려내는 쓸모없는 언어가, 가시덤불이 엉기어 아직도 잘 트이지 않은 이 잡초의 길에서 끊임없이 방황하는 것을 본다. 그리하여 우리에게 "오늘, 여기에서, 언어란/비오는 새벽마다 쓸모없는 물이 흘러넘치는,/반쯤 부러진 물방아의 물통"[20]이라며 언어의 허망함과 무력함을 말해준다. 절망의 상황은 어둠의 끝에 있다. 그것이 새벽의 의미일테다. 시의 희망처럼, 빛은 오는 것인가? 랭보의 출발처럼, 그 여명은 무한한 원기를 뿜어주는가? 본느프와의 갈등은 여기에 있다. 그가 시를 파괴하면서도 시의 앞날에 그토록 집착하는 것은 이 갈등에서 승화되는 시적 성찰의 결과이리라. "승리하기 위한 장소, 우리에게 승리하기 위한 장소는, 분명/오늘 저녁, 우리가 떠나야 할 이곳/물통에서 흘러내리는 물처럼 끝없는 이곳"[21]인 것이다.

  사건들, 운명을 점철하는 이것들은 말없는 겉모습의 들판에서, 씨니피앙으로 떨어져나온다. 몇몇 단어들은 빵과 포도주, 집 그리고 폭풍우나 돌까지도-개념의 직물망으로부터, 동류의 단어, 감각의 단어로서, 빠져나온다. 그러면 이 假定사항과 상징에서, 한 장소(lieu)가 형성된다. 이 장소는 분명 인간의 완성된 형태이며 따라서 행위에서의 단일성이고, 존재의 도래가 그의 절대성 속에서 이루어지는 곳이 될 것이다.(…) 일상적 문장들의 진중함과 잠재하고 있는 조화로움을 지적하여, 그들의 순수성으로 귀속시켜줄 때, 우리는 이 문장들을 시라고 말할 수 있으리라.[22]

'가장 순수한 현존은 내뿜어진 피'라는 처절한 순결로 한 시편은 끝나고 있다. 언어의 의미중복으로 인하여 불리우지 못한 수많은 사물들과 사건들이 세상의 잠재하는 침묵인 '나쁜 현존(Mauvaise présence)'에서 해방될 때—본느프와는 초기 시집인 『두브의 움직임과 움직이지 않음에 대하여(Du mouvement et de l'immobilité de Douve)』에서부터 이런 현존과 기술체의 절묘한 만남의 시기를 고대하고 있다. '내뿜어진 피'가 우리의 감성과 순간적으로 부딪히면서 던져주는 그 인상을 이곳의 시는 어떻게 말할 수 있을 것인가? 시적 기술체의 불가능성을 뛰어넘은 일상적 문장들이 시로 불릴 수 있는 그 진정한 장소는 그러면 가능한 것인가? 이렇게 지속되는 의문의 반복속에서 본느프와의 시는 '이곳'에서 이루어지고 있다.

IV

로제 뮈니에(Roger Munier)가 1973년 본느프와에게 행한 랭보에 관한 질문 가운데 특히 우리의 관심을 끄는 것은 이렇다.

    4. 랭보의 작품에 접근하기 위하여, 시와의 결정적인 단절과 침묵을 포함하여, 랭보 운명의 전체를 고려해야 하는가?
    5. 당신은 그의 침묵을 어떻게 해석하는가? 이 침묵은 시적 경험의 범주에 힘을 미치고 있고 그것을 이해하는데 도움을 줄 수 있다고 보는가?[24]

"랭보가 말한 모든 것 속에서, 그리고 초기부터, 침묵이 활동적이었다"라는 주목할만한 말로 이 질문에 대한 답변은 시작된다. 운문이든 산문이든 혹은 개인적 서신이든 이미 언어화되어 있는 텍스트 속에 '침묵'이 존재할 수 있고 더욱 그것이 '활동적 요소'로 어떤 역할을 수행하는 것이 가능한 일인가? 물론 여기서 본느프와가 지적하는 '침묵'은 단순한 '말없음'을 의미하는 것은 아닐 것이다. 곧바로 그는 "랭보가 꿈에서 벗어날 때, 그리고 타자들이("그러나 친숙한 손은 아니다") 응답하지 않을 것이 거의 확실함에도 대화를 시도할 때, 거기서 부딪히게 되는 위험성이 이미 느껴지고 있는 현기증"[25]으로 이 침묵을 설명한다. 이것은 아마 "나는 침묵과 어둠을 썼고, 표현할 수 없는 것을 적어두었다. 나는 현기증을 고정시켰다"[26]라는 랭보의 선언을 새롭게 읽으려는 의도의 비평적 해석으로 보인다. 언어가 한 개인의 내면적 의사소통에 관계되는 한, 문학적 언어행위와 일반적 담론 사이에 놓여있는 경계선은 무의미한 것이고, 시라고 불려지는 것과 시가 아닌것의 구별은 또한 언어의 편견에서 나오는 것이다. 침묵이라는 형태를 '시적 경험'의 선상에서 파악해야 하는가 라는 의문은 랭보가 시쓰기를 포기했을 때부터가 아니라, '초기부터', 즉 「어느 여름날 저녁에…(Par les beaux soirs d'été…)」, 「오펠리아(Ophélie)」 등이 쓰여진 1870년 봄의 야망에 찬 시인의 모습에서부터 그 해결책을 찾아야 한다. 이 시편들을 포함하고 있는, 그 해 5월, 방빌(Banville)에게 보낸 편지에서, 어린 시인은 문학의 시작을 선포한 것이 아니라, 오히려 문학에 대한 전례없는 평가절하를 시도하는 것처럼 보인다. 시의 정신과 편지의 어조를 엄밀히 분석하면, 랭보는 순수한 자세로 기존 문학에 접근한 것이 아니라, 문학을 자신이 처한 환경으로부터의 탈출 수단으로 간주했음을 우리는 쉽게 짐작할 수 있다. 이런 의미에서 랭보의 시는 타인과의 대화를 위하여 존재하는 것이 아니라, 작가 자신의 개인적 행로의 문제와 관련된다. 여기서 이미 타인에 의하여 읽히는, 박물관 속의 그림과 같은 수동적이며 폐쇄적인 문학의 가치는 퇴색되고, "정신으로 하여금 언어행위가 줄 수 없는 것에 대한 정복을 대비케하는"[27] 시가 필연적으로 대두된다. '꿈에서 벗어날 때' 장중히 드러나는 언어의 침묵과 대자연의 실체를 포용하는 시다. 본느프와가 '초기부터'의 랭보적 침묵을 언급한 것은 바로 이런 성찰에서 비롯된다. 개인 운명의 내적 흐름 속에 존재하는 시어의 위험성과 그것이 깊이 시인의 뇌리에

던져주는 '현기증' 그리고 인간의 보편적 삶의 진실을 전달할 수 없는 언어의 불가능성은 이미 초기의 모습에서, '랭보가 말한 모든 것 속에' 들어 있다는 것이다.

그러나, 본느프와는 곧이어 시적 경험의 틀에 놓여있는 이러한 '침묵'과 시의 신비를 떠난 아프리카 생활의 진부함을 대비시킨다. "가족에게 보낸 랭보의 아프리카 편지는 읽지 말자. 언젠가는 '불을 훔치겠다'던 자가 이것을 팔았는지 아니면 저것을 팔았는지 애써 알아내려고 하지말자"[28]라고 이미 우리에게 제의했던 그는 시를 망각한 삶이 의미없이 던져주는 글에 문학적 접근을 자제하고 있었다. 이곳의 '생을 바꿀 수 있는 비밀'[29]을 지녔고 인류에게 '새로운 사랑'[30]을 약속했던 자의 시적 비젼이 실패한 무기판매상의 좁은 안목으로 변해버린 어처구니없는 운명의 전락에 본느프와는 동의하지 않는 것처럼 보인다. 무조건적인 신비화에 대한 경계일 것이다. 그러나 상인과 노동자로서 십여 년간 가혹한 삶의 조건속에서 갇혀버린 채, 랭보가 끊임없이 상실하지 않은 희망은 무엇인가? "아무것도 해결하지 못하고, 어떠한 기적도 일으키지 못한 채, 오직 불가능성에만 대항한"[31] 『지옥에서 보낸 한 철』의 저자는 과거 시에서 고발했던 기독교 문명의 위기를 침묵의 힘으로 다시금 우리에게 확인시키고 인간의 의식이 문학의 기약없는 약속과는 또 다른 방법으로 깨어날 수 있다는 가능성을 제시했던 것은 아닌가? 본느프와의 아프리카 랭보論은 바로 이 장면에서 갈등을 겪는 것 같다. 아름다운 시적 문체로 랭보의 운명을 파헤치고 해석한 비평적 에세이 『아르뛰르 랭보』의 결말은 본느프와의 이런 고뇌를 반영하면서, 시의 앞날에 새로운 빛을 모색하는 현대시의 희망을 표출하고 있는 것이다.

랭보의 위대성은 그의 시대와 장소에서 향유할 수도 있었던 그 약간의 자유마저도 거부하여, 인간의 자기상실을 증명하고, 인간을 정신적 비참함에서 벗어나 절대와 비극적으로 충돌하도록 운명을 결정한데에 있다. 바로 이런 결정과 그 단호함이 그의 시를 우리의 언어역사에서 가장 구원자적인 것(따라서 가장 아름다운 것)으로 만들고 있다. 그것은 말하자면 하나의 무덤인 것이다. 실패한 구원, 짓밟혀버린 보잘것 없는 기쁨, 모든 균형과 행복에 대한 요구자체에 의하여 분리되어 버린 생, 이런 것들의 무덤인 것이다. 그러나, 자유의 불사조가 불타버린 희망으로 자신의 육신을 만든 그 불사조가 새로운 날개짓으로 여기서 하늘을 치솟아 오르고 있다.[32]

이 도래하는 시의 희망이 진정한 것이 되기위해서는 "사고의 천국, 이름들의 아름다움, 개념의 추상적 구원, 이런 이상적인 것을 스쳐가는"[33] 잘못된 희망의 유혹에서 벗어나야 한다. 그것은 상상의 화려함으로 치장된 비현실의 허구이기 때문이다. "파괴하고 파괴하고 또 파괴해야만 했다./구원은 그 댓가로써만 이루어지는 것이다./대리석 속에 떠오르는 벌거벗은 모습을 무너뜨리고,/모든 형태 모든 아름다움을 부셔버려야 했다."[34] 인위적이며 따라서 가식적인 예술의 완벽성과 이렇게 치열하게 대립함으로써 시는 새로운 자기 존재를 찾을 수 있는 것이다. "(…) 어서 빨리 나를 뱃전에 데려다 주시오."[35]라는 병상에 누워 죽음과 싸우는 랭보의 마지막 '헛소리(délire)'는 문학의 완벽성이 철저히 파멸된 이후 다가오는 이런 진정한 자기존재에 대한 기다림이며 어쩌면 영원히 성취될 수 없는 미완성의 희망일 것이다. 현대시는 바로 이 랭보적 미완성으로부터 시작된다. 존재하는 것에 대한 약속과 현존의 진실한 표명이 이루어지는 순간 시는 누구도 부인할 수 없는 절대성을 지니게 된다. "불타버린 희망으로 자신의 육신을 만든 불사조"가 용감히 "나뭇가지 위에 새겨진 죽음을 거부하며 어둠의 용마루를 넘어나는"[36] 그 여명의 신선한 현실속에서 시의 새로운 희망은 거대한 형체를 드러낼 것이다.

V

주지하는 바, 랭보에 있어서 새벽의 의미는 1872년의 한 편지에서 압축된 언어로 확연히 드러나 있다. "새벽 세시에, 촛불은 흐려진다. 나무속의 모든 새들이 동시에 지저귄다. 끝났다. 더 이상의 작업은 없다. 나는 이 형언할 수 없는 아침의 첫 시간에 포착된 하늘과 나무들을 바라보아야 했다"[37] ㅡ시와의 대화는 어둠의 두터운 베일속에서 이루어졌고, 새벽이 다가오면서 시의 얼굴을 밝혀주던 인위적 빛은 생명을 다하며, 이제 그 밤을 지샌 자의 곁을 떠난다. 자음의 움직임을 조절하고 모음의 색채를 창조했던 언어의 연금술사는 이제 자신의 '작업'과 이별한다. '형언할 수 없는 시간'의 새로운 희망의 빛이 '하늘과 나무들'을 감싸는 현존의 아름다움만이 언어의 밖에서 은밀히 숨쉬고 있을 뿐이다. 심오하고 비밀스런 세계의 진실된 모습이다. 랭보는 이 세계를 가로질러, 새벽의 하늘에 '생생하고 미지근한 호흡'[38]을 내뿜으며 우리에게 다가오고 있다. 어둠의 침침한 불빛이후 늘 여명의 보랏빛 대지가 펼쳐지는 한, 랭보의 운명은 시의 곁을 떠나지 않는다. 새벽은 이렇듯 도래하는 시의 희망의 순간이었다. 연대기적 논의를 떠나, 시적 감수성의 차원에서 시정신의 최종적 분출이었던 「고별」의 마지막 귀절들이 언제나 우리의 가슴속에 비수처럼 꽂혀들어오는 것은 시의 근대성에 대한 감동적이며 강력한 그 메시지 때문이리라. 본느프와가 『빛없이 있었던 것(Ce qui fut sans lumière)』이란 시집의 마지막 페이지에서, '밤을 지새는 자'의 깨어있는 영혼이 도달해야 할 '또 다른 大河'의 언덕, 그러한 미지의 세계에 대한 그리움을 추운 겨울 하늘의 울부짖는 갈매기로 형상화시킨 것은 아마도 랭보적 세계의 이런 영속성 속에서 이루어지는 현대시의 푸득이는 생명력의 표명일 것이다.

216　랭보의 세계

　　　　새벽이다. 죽는 법을 모르면서,
　　　　밤을 지새웠던 자의 열기로 김서린 거울속에
　　　　손을 얹고, 이 램프는 결국
　　　　희망의 임무를 이렇게 끝마친 것인가?
　　　　사실 그가 램프를 끄지 않았지만,
　　　　하늘이 있음에도, 그를 위하여 불타고 있다.
　　　　오 아침마다 잠들어 있는 자, 또다른 大河의 작은 배여,
　　　　너의 성에 낀 유리창에 갈매기들이 영혼을 울부짖고 있구나.[39]

　랭보는 '죽는 법을 모른다.' 죽음으로 이르는 거역할 수 없는 숙명적 길을 선택하지 않았다. 문학에 대한 열정과 증오, 기독교 문명을 조롱하는 저 먼 나라로의 여행, 뜨거운 태양과 메마른 대지와의 무한한 포옹 그리고 죽음에 대항한 고독하고 장열한 투쟁… 이런 운명의 도정속에서 정신의 고통과 육체의 위험위에 세워지는 변질될 수 없는 진리를 향하여 끊임없이 접근하였던 것이다. 이 진리는 우리에게 "시와 희망을 합치고(…)거의 동일화시킬 수"[40] 있는 순간을 암시한다. 思考의 안락한 공간에서 추방당한 도래하는 시가〈그 영속적인 유배의 시간 속에서, '현존'이 열어줄 수 있는 것을 인식하게〉되는 것은 이 순간만이 줄 수 있는 시의 행복인 것이다.

　　　　비가 내린다. 열 한시 전에 일어서는 것은 불가능하다. 낙타는 짐을 실으려하지 않는다. 그렇지만 들것은 출발해서 두시에 워르지에 도착했다. 저녁내내 그리고 밤새도록 기다렸지만, 낙타는 오지않는다.
　　　　열여섯 시간이나 계속해서 비가 내리고, 우리는 천막도 없고 먹을 것도 없다. 아비시니아의 가죽만 덮고 이 시간을 보낸다.[41]

　이것을 시라고 부를 수 있겠는가? 그렇지만, 랭보가 들것에 누워 쏟아지는 빗속에서 아무 것도 먹지못한 채, 오지않는 낙타를 그토록 기다렸던, 형태의 아름다움이며 사고의 논리며 언어의 개념 따위 등이 더 이상 아무 것도 해결 할 수 없는 이 처절하고 '영속적인 유배

의 시간'을 '비와 기다림과 바람의 욕망의 시'[42] 이외에 그 무엇으로 우리는 설명할 수 있겠는가? 시란 과연 무엇을 써야하고 문학은 우리를 어디로 인도하고 있는가라는 근원적 문제에 대한 성찰을 랭보는 이렇게 침묵의 시로써 현대시단에 요구한다. 본느프와의 시는 이 요구속에서 존재하는 것인지도 모른다. 랭보와 본느프와의 관계는 형이상학적 사유에 근거한 언어의 덧없는 진실을 포기하고 '현존'이라고 불릴 수 있는 것을 대지의 어둠 속에서 캐내는 새로운 시적 작업을 통하여 형성되고 있다. 예술의 위험하고 쓸모없는 죽음의 늪을 가로질러, 현존과 희망의 시가 새벽의 하늘을 가르고 '불사조'처럼 우리에게 날아올 수 있는 것은 역사의 매듭이 이어주는 바로 이러한 시정신의 후속성 때문인 것이다.

• 주　　석

1) Yves Bonnefoy, *Sur la fonction du poème*, Le nuage rouge, Mercure de France, 1977, p. 280. 1987년 4월 20일자 『르몽드(*Le Monde*)』지에 실린 한 문학 인터뷰에서 본느프와는 시가 현존을 '야기시킨다(susciter)'라고 새롭게 표현하고 있다.
2) *Ibid.*, p. 278.
3) *Ibid.*
4) René Char, *Recherche de la base et du sommet*, Gallimard, 1965, p. 100.
5) Tristan Tzara, "Unité de Rimbaud", *Europe*, n°36, 1948, p. 32.
6) Rimbaud, *Après le Déluge, Illuminations*, édition de S. Bernard et A. Guyaux, Garnier, 1981, p. 253. 이후(G.)로 약칭함.
7) Georges Bataille, *La littérature et le mal, Oeuvres complètes*, T.IX, Gallimard, 1979, p. 197.
8) Rimbaud, *Adieu, Une saison en enfer*, (G.), p. 241.
9) Yves Bonnefoy, Entretien avec Maurice Olender, *Le Monde*(10 avril 1987).
10) Yves Bonnefoy, *L'Arrière-pays, Récits en rêve*, Mercure de France,

1987, p. 52.
11) Yves Bonnefoy, Entretien, *op. cit.*
12) *Ibid.*
13) Daniel Leuwers, "Mallarmé, Jouve, Bonnefoy : une filiation?", *Nouvelle Revue Française,* n°348, 1982, p. 67.
14) Maurice Blanchot, "Le grand refus", *Nouvelle Revue Française,* n°82, 1959,p. 684 참조.
15) Yves Bonnefoy, "La poésie française et le principe d'identité", *L'improbable et autres essais,* Gallimard, 1983.
16) Yves Bonnefoy, "Ainsi marcherons-nous…", *Du mouvement et de l'immobilité de Douve,* Mercure de France(Poèmes, édition intégrale), 1986, p. 71.
17) Yves Bonnefoy, "La poésie française et le principe d'identité", *op. cit.* p. 249.
18) Yves Bonnefoy, *L'adieu, Ce qui fut sans lumière,* Mercure de France, 1987, pp. 21−22.
19) *Ibid.* p. 22.
20) *Ibid.*
21) *Ibid.,* p. 23.
22) Yves Bonnefoy, "Sur la fonction du poème", *op. cit.,* p. 279.
23) Yves Bonnefoy, "La lumière profonde a besoin de paraître…", *Du mouvement et de l'immobilité de Douve,* éd. cit., p. 52.
24) "Rimbaud encore", *Le nuage rouge,* op. cit., p. 213.
25) *Ibid.,* p. 218.
26) Rimbaud, "*Délires II*", *Une saison en enfer,*(G.), p. 228.
27) Yves Bonnefoy, *Arthur Rimbaud,* Seuil, 1961, p. 26.
28) *Ibid,* p. 173.
29) Rimbaud, "*Délires I*", *Une saison en enfer,* (G.), p. 225.
30) Rimbaud, *A une Raison, Illuminations,* (G.), p. 268.
31) Yves Bonnefoy, *Arthur Rimbaud,* op. cit., p. 177.
32) *Ibid.,* p. 178.
33) Maurice Blanchot, "Comment découvrir l'obscur?", *Nouvelle Revue Française,* n°83, 1959, p. 867.
34) Yves Bonnefoy, "L'imperfection est la cime", *Hier régnant désert,* éd.

cit., p. 117
35) Lettre de Rimbaud au directeur des Messageries Maritimes, 9 novembre 1891, *Oeuvres complètes,* éd. A. Adam, Gallimard, 1972, p. 708.
36) Yves Bonnefoy, *Phénix, Du mouvement et de l'immobilité du Douve,* éd. cit., p. 53.
37) Lettre de Rimbaud à Delahaye, juin 1872, (G.), p. 353.
38) Rimbaud, *Aube, Illuminations, (G.). p. 284.*
39) Yves Bonnefoy, *La tâche d'espérance, Ce qui sans lumière,* éd. cit., p. 103.
40) Yves Bonnefoy, "L'acte et le lieu de la poésie", *L'improbable et autres essais, op. cit.,* p. 107.
41) Rimbaud, "Itinéraire de Harar à Warambot", *Oeuvres complètes,* éd. cit., p. 660.
42) Yves Bonnefoy, Dédicace de *L'Improbable, L'Improbable et aurtres essais, op., cit.,* p. 9.

● 참고문헌

1. Bataille(Georges), "La littérature et le mal", *Oeuvres complètes,* T. IX, Gallimard, 1979.
2. Blanchot(Maurice), "Le grand refus", "Comment decouvrir l'obscur?", *Nouvelle Revue Française,* n°82 et n°83, 1959.
3. Bonnefoy(Yves),
Du mouvement et de l'immobilité de Douve, Mercure de France, 1953.
Hier régmant desert, Mercure de France, 1958.
Pierre ecrite, Mercure de France, 1965.
Dans le leurre du seuil, Mercure de France, 1975.
Poèmes(1947-1975), Mercure de France, 1978.
Ce qui fut sans lumière, Mercure de France, 1987.
L'Improbable, Mercure de France, 1959.
Arthur Rimbaud, Le Seuil, 1961.
Un rêve fait à Mantoue, Mercure de France, 1967.
L'Arrière-Pays, Skira, 1972.

Le Nuage rouge, Mercure de France, 1977.
Rue Traversiere, Mercure de France, 1977.
L'Improbable et autres essais, Gallimard, 1983.
Entretiens sur la poésie, La Baconnière, 1982
Récits en rêve. Mercure de France, 1987.
Entretien avec Maurice Olender, *Le Monde,* 10 avril 1987.
4. Char(René), *Recherche de la base et du sommet,* Gallimard, 1965.
5. Leuwers(Daniel), "Mallarmé, Jouve, Bonnefoy : une filiation?", *Nouvelle Revue Française,* n°348, 1982.
6. Rimbaud(Arthur),
Oeuvres complètes, éd., A.Adam, Gallimard, 1972.
Oeuvres, éd., S.Bernard et A.Guyaux, Garnier, 1979.
7. Tzara(Tristan), "Unité de Rimbaud", *Europe,* n°36, 1965.

Résumé

Rimbaud et Bonnefoy
−Poesie de la présence et de l'espoir−

Est-il possible qu'un poète cesse d'être poète par la simple décision de ne plus s'occuper de la poésie? Celui qui veut chercher son identité hors de son être authentique ne trouve rien que le dégoût, la haine pour son existence et la trahison de celle-ci envers lui-même. Autant que la poésie laissée par un poète a sa valeur permanente, le poète ne peut exister sans elle : il est bien protégé par elle contre la force qui l'attire vers un autre centre de la vie.

Avec Rimbaud l'africain la vocation ultime du poète est de détruire le moyen d'expression comme l'activité du langage, et d'en découvrir à la poésie un autre comme le mouvement des choses. Comme le dit Yves Bonnefoy la poésie n'exclut pas la présence, elle la crée. En cherchnt à créer la présence, la poésie a pour objet de s'identifier avec la présence, de quitter l'écriture, pour pratiquer, hors texte, les situations de vie.

A l'enquête de Maurice Olender, Yves Bonnefoy répond que la poésie se produit aux confins du signe et de ce qu'il nomme : elle naît de sa nostalgie de ce qu'il détruit en le faisant apparaître. Imprégnée de cette nostalgie la poésie s'approche des choses, choses simples telles que l'arbre, la pierre, le feu, la rivière, le ciel··· mais aussi puissantes dans sa virtualité prévisible comme un bateau dans le vent. Elle cherche ainsi ce qui est présent au monde, et veut exprimer ce qui va au-delà des signes, non point des phénomènes.

L'oeuvre et la vie de Rimbaud n'exclut pas l'une de l'autre, comme les mots retournent toujours au sol pour dévoiler la vérité de la vie. La banalité des lettres africaines et l'aridité de leur écriture semblent indiquer à la poésie à venir le lieu et les choses dans lesquelles la poésie peut enfin atteindre son espoir de représenter le vrai visage du monde et la vraie vie de l'homme.

석준 1958년 7월 3일생. 한국 외국어대 졸업. 빠리 소르본느 대학 문학 석사, 박사, 현 홍익대 불문과 교수. 학위 논문 : *Réception du symbolisme dans la poésie coréenne moderne*. 논문 :「상징주의란 무엇인가?」,「시의 난해성 I 랭보와 말라르메를 중심으로」,「시의 난해성 II énigme를 중심으로」. 역서 :『비교문학이란 무엇인가?』(P. Brunel).

비평가 끌로델에 비친 시인 랭보

석 준

> 오 부드러워진 대지여!
> 오 나의 기쁨이 익어가는 나뭇가지여!
>
> O terre devenue tendre!
> O branche où mûrit ma joie!
> —René Char
>
> 유형은 어제의 일이 아니다!
> 유형은 어제의 일이 아니다!
>
> L'exil n'est point d'hier!
> l'exil n'est point d'hier!
> *O vestiges, ö prémisses*
> Saint-John Perse

서 론

발레리는 「보들레르의 위치」[1]에서 그의 가장 큰 영광은 베를렌느, 말라르메, 랭보 같은 대시인이 결정적인 시기에 『악의 꽃』을 읽지 않았다면 존재하지 않았을 것이라고 보들레르의 영향을 강조한다. 이러한 그의 지적은 랭보에게도 똑같이 적용될 수가 있을 것이다. 랭보의 가장 큰 영광은 20세기의 대표적인 시인들에게 결정적인 영향을 준 것이다. 우리는 끌로델, 브르통, 르네 샤르, 생-종 페르스 등의 이름을 우선 생각할 수 있다. 그들이 받은 영향의 측면은 다양하다. 그러나 모두 『지옥에서 보낸 한 철』, 『일류미네이션』 등에 정신적 빚을 진다. 이에 못지 않은 랭보의 다른 영광은 20세기 문학 비평에 미친 랭보의 영향이다. 그의 작품은 주제 비평의 주요 표적[2]이 되며 비교문학[3]의 좋은 소재가 되기도 한다. 또한 문헌학자들의 논쟁의 촛점[4]이 되기도 하며 언어 기호학적 접근[5]의 한 모델이 되기도 하고 시음성학 분야[6]에서 현대시와 그 이전의 시를 구분짓는 척도로도 사용된다. 20세기 비평 방법론의 실험 소재로서 랭보의 시는 문학에 도달하는 새로운 길을 여는 촉매가 되고 있다.

 소고의 목적은 제목이 암시하는 바와 같이 끌로델은 랭보의 시를 어떻게 이해하고 느꼈느냐를 그의 산문작품집[7]을 통해서 밝히는 것이다. 물론 그의 랭보 작품 해석은 체계적인 방법론에 입각한 비평이라기 보다는 그 시대에 유행한 인상 비평의 영향에 그친다. 그러나 그가 본 랭보는 사후 100년이 지난 오늘날의 랭보 얼굴과 큰 차이가 없다. 끌로델이 본 랭보의 얼굴은 몇가지 유형으로 나뉘어진다. 이러한 몇가지 유형에 따라 끌로델에게 비친 랭보의 시세계를 밝히고자 한다.

본 론

 끌로델은 「나의 개종 *Ma Conversion*」에서 결정적인 시기에 그가 받은 랭보의 영향을 다음과 같이 고백한다[8] : "한 큰 시인의 몇 권의 책자와의 만남이 나에게 첫 번째 진실의 빛을 가져다 준다. 그는 나의 사상 형성에 중대한 몫을 차지하며 나는 그에게 영원한 빚을 진다. 『일류미네이션』 그리고 몇달 후 읽은 『지옥에서 보낸 한 철』은 나에게 중대한 사건이었다. 내 생애 처음으로 이책들은 나의 물질주의적 감옥에 균열을 일으키고, 나에게 거의 초자연의 실질에 가까운 생생한 인상을 주었다." 이 부분에서 끌로델에게 차지하는 랭보의 위치는 몇 단어로 요약된다. '진실의 빛'(lueur de vérité), '물질주의적 감옥에 균열' (une fissure dans mon bagne matérialiste), '초자연'

(surnaturel). 이러한 그의 생각은 「동반자들 accompagnements」중 랭보[9] 편에서 명확히 밝혀진다. 그는 랭보의 문학 세계를 세 단계로 나누고 있다. 첫번째 시기는 반항아(révolté)의 시기이며 두번째 시기는 견자(voyant)의 시기, 세번째 시기는 음악가(musicien)의 시기이다. 이러한 그의 시대 구분에서 현재의 입장으로 볼 때 문제의 여지가 있는 것은 두번째 시기와 세번째 시기의 연대기적 문제이다. 즉 끌로델은 두번째 시기의 대표적인 작품을 『일류미네이션』으로, 세번째 시기의 대표적인 작품으로 『지옥에서 보낸 한 철』을 들고 있다. 즉 랭보의 시적여정을 반항아→견자→음악가로 파악한다. 이러한 시적 여정을 끌로델은 어떻게 표현하는가를 살펴 보기로 한다.

1. 반항아 (révolté)

끌로델은 랭보의 첫번째 모습을 빠리 코뮌을 전후한 시기의 작품에서 찾고 있다[10] : "그의 첫번째 시기는 폭력의 시기이며, 완전히 남성의 시기이고, 피의 용솟음처럼 눈먼 천재성이 빛을 보는 시기이다. 놀라운 힘과 팽팽함이 시에는 담을 수 없을 것 같은 외침이다." 이 시기의 시들로 「파리는 다시 가득하다」와 「자비로운 누이들」중 몇 구절을 예로 제시한다.[11]

> 힘든 고뇌에 다시 홀린 육체여,
> 너는 다시 힘든 세상을 마시고,
> 너의 혈관 속으로 창백한 시가 범람함을 느낀다.
>
> Corps remagnétisé pour les énormes peines,
> Tu rebois donc la vie effroyable! tu sens
> Sourdre le flux des vers livides en tes veines
>
> Paris se repeuple
>
> 그러나, 여인이여, 내장의 뭉치여, 부드러운 동정이여!

> Mais, ô Femme, monceau d'entrailles, pitié douce
>
> *Les Soeurs de charité*

 자신의 작품이 출판되기를 간절히 열망하는 17세 사춘기 소년의 가출, 그후 좌절과 방황은 반항적인 어투, 어두운 시상, 추함에서 찾는 미 등으로 특징지어지는 시들을 잉태한다. 1871년 봄과 여름에 적은 이 시기의 시들은 개인적인 방황, 『악의 꽃』의 영향, 보불 전쟁, 파리 코뮌 등의 정치 사회적 환경 등이 복합적으로 작용함으로써, 말라르메에게 있어서 보들레르의 시기(l'époque baudelairienne) 와 유사한 랭보의 보들레르의 시기로 생각될 수 있다. 어떤 의미에서는 정제된 상태로의 지옥으로의 하강(une descente aux enfers) 을 준비하는 예비 단계로 볼 수도 있다.

> 숙제장을 덮은 어머니는
> 만족하면서 자랑스럽게 자리를 떠난다.
> 그러나 푸른 눈과 총명한 이마 속에
> 그의 아들의 정신 속에 숨어 있는 혐오를 느끼지 못한다.
>
> Et la Mère, fermant le livre du devoir,
> S'en allait satisfaite et très fière, sans voir,
> Dans les yeux bleus et sous le front plein d'éminences,
> L'âme de son enfant livrée aux répugnances.[12]
>
> *Les Poètes de sept ans*

 자신의 반항을 이해하려는 시인은 자신의 자서전과 같은 이 시에서 어머니의 지나친 관심과 애정이 가져 온 부정적인 결과를 토로하면서 저주받은 시인의 운명이 출발함을 고백한다.[13]

> 당신의 목을 죄리라, 악의 여인이여,
> 당신의 손을 부수리라, 고귀한 여인이여,
> 분과 연지로 가득한

당신의 더러운 손을.

>ça serrerait vos cous, ö femmes
>Mauvaises, ça broierait vos mains,
>Femmes nobles, vos mains infâmes,
>Pleines de blancs et de carmins.[14]

Les Mains de Jeanne-Marie

가족에 대한 반항은 여자에 대한 혐오[15], 사회에 대한 거부감으로 이어지며, 무정부주의를 찬양하는 것 같은 그의 태도는 이후 프랑스 밖에서 하나의 신화[16]가 되어 사회주의 혁명의 우상으로 여겨지게 된다.

>빵 냄새를 맡듯이 양초 냄새를 맡으며
>행복하고 두들겨 맞은 개처럼 기가 꺾여,
>불쌍한 자들은 자신들의 주인이자 보호자인 신 앞에서
>우스꽝스럽고 고집스럽게 기도를 올린다.

>Comme un parfum de pain humant de cire,
>Heureux, humiliés comme des chiens battus,
>Les Pauvres au bon Dieu, le patron et le sire,
>Tendent leurs oremus risibles et têtus[17]

Les Pauvres à l'église

가족에 대한 반항, 여자에 대한 반항, 사회와 전통에 대한 반항은 마지막으로 신에 대한 반항으로 나타난다. 정신적인 뿌리인 천주교를 부정하고, 천주교인을 조롱하는 랭보는 자신을 프로메테우스와, 그리스도를 제우스와 일치시킨다.[18] 시인은 진정한 불의 도둑이다.

2. 견자(voyant) 혹은 예언자(prophète)

끌로델에게 랭보의 두번째 시기는 『일류미네이션』으로 대표되는 견자의 시기이다. 그는 『일류미네이션』의 시들을 '열려진' 최면상태에 있는 시인이 쓴 논리를 넘어선 경지에 도달한 작품들로 이해하면서 다음과 같이 이야기한다[19] : "짧은 시행들은 어린이들의 원무곡이나 가곡의 가사를 담고, 한 편으로는 흐트러진 이미지가 문법이나 논리를 대체하는 직접적이고 은유적인 결합이 이루어 진다… 세계와 그는 서로를 발견한다. 뛰어난 상상력을 가진 그에게, '처럼'이란 단어는 사라지고, 환각의 상태에서 은유의 두 낱말은 거의 비슷한 진실의 수준을 지닌 것처럼 그에게 보여진다."

이러한 그의 지적은 「어린 시절 *Enfance III, IV*」나 「출발 *Départ*」, 「밤샘들 *Véillées*」, 「정령 *Génie*」, 「헌신 *Dévotion*」 등에서 극명하게 나타난다.

울리지 않는 시계가 하나 있다.
흰 동물들의 둥지가 있는 늪이 하나 있다.
내려오는 성당 한 채와 올라가는 호수가 하나 있다.

Il y a une horloge qui ne sonne pas.
Il y a une fondrière avec un nid de bêtes blanches.
Il y a une cathédrale qui descend et un lac qui monte.[20]

나는 테라스 위에서 기도하는 성인이다, —팔레스타인의 바다까지 풀을 뜯어 먹으러 가는 평화로운 짐승들처럼.
나는 어두운 빛의 안락 의자에 앉은 학자이다. 나무가지들과 비가 서재의 격자 창문을 두드린다.

Je suis le saint, en prière sur la terrasse, —comme les bêtes pacifiques paissent jusqu'à la mer de Palestine.
Je suis le savant au fauteuil sombre. Les branches et la pluie se jettent à la croisée de la bibliothéque.[21]

Enfance IV

충분히 보았다. 환상은 어디에서건 만난다.
충분히 들었다. 저녁에도, 태양빛 아래서도. 항상 존재하는 그 도시들의 소음들을.
충분히 알았다. 생의 멈춤들을. —아, 소란이여, 환상들이여!

새로운 애정과 새로운 소리로의 출발이여.

Assez vu. La vision s'est rencontrée à tous les airs.
Assez eu. Rumeurs des villes, le soir, et au soleil, et toujours.
Assez connu. Les arrêts de la vie. —ö Rumeurs et Visions!
Départ dans l'affection et le bruit neufs![22]

Départ

 이 시기가 끌로델에게 미친 영향은 1926년 「서구의 표의문자」[23] 라는 글에서 나타난다. 이 글의 요지는 중국어에 나타나는 문자의 형상과 의미의 상응에 감탄하면서 몇몇 프랑스어와 영어, 독어 단어 들에게 이런 상응의 가능성을 제시하고 있다.[24] 예를 들면 corps(신체)는 c 숨을 쉬고 삼키는 입이며, o는 모든 둥근 신체 기관, r은 오르내리는 모든 액체들, p는 머리를 포함한 골격, s는 모든 접합 부분과 숨결을 의미한다고 적는다. maison(집)은 m 벽, a는 연결부분, i 불, s 복도와 계단, o 창문, n 문을 의미한다. locomotive는 l 연기, o 바퀴와 기관, m 피스톤, t 속도의 증명, i 기적, v 레버, e 연결 고리를 의미한다. sel은 s 맛보기 위하여 굽은 혀, e 찌르는 맛을 내며 녹는 소금 결정, l 펴진 혀를 의미한다. 위의 예 다음 그는 중국 문자와 서구 문자의 특성을 다음과 같이 특징짓는다.

 1. 중국 문자는 통합적이며 한꺼번에 표상하는 것을 볼 수 있으나, 서구 문자는 분석적이고 결과의 연속들이 결합하는 개념이다.

 2. 중국 문자는 하나의 존재이나, 서구 문자는 하나의 행동, 제스츄어, 운동이다.

 그는 신비주의자들이 모든 언어에서 상징적인 가치를 찾기 위해서 노력했음을 제시하면서 우파니샤드, 유태인의 구약성서 해설(Cabale), 일본어 등을 보기로 들고 있다. 그의 문자에 관한 관심은 두 가지 이유에서 기인한다. 첫째 외교관이란 직업이 그에게 베풀어 준 동양의 발견이며, 두번째 랭보 시가 그에게 베푼 견자에 대한 매력이다. 그는 이 글을 랭보의 어구로 끝을 맺는다. 만약 다른 문자에 이러한 분석이 적용된다면 랭보의 예언은 밝혀지리라 : "나는 각 자음의 형태와 운동을 해결했다."[25]「모음들」이라는 시로 대표되는 랭보의 견자적 측면은 끌로델의 세계관에 깊은 영향을 미친다. 또한 이 점은 「모음들」을 둘러싼 두 가지 해석[26] 즉 소리가 주는 인상이 색깔을 결정한다는 주장과 문자의 형태가 이미지를 형성하고 이 이미지가 색깔을 형성한다는 주장 중 끌로델은 후자를 따르고 있음을 보여준다.

3. 음악가 (musicien)

끌로델은 랭보의 세번째 시기로 음악가로서의 시기를 지적하면서 프랑스 문학사에 있어서 정형시가 아닌 산문의 시학이 내재율(rime intérieure)에 의하여 꾸준히 계승되며 파스깔, 샤또브리앙, 계랭을 거쳐 랭보의 산문시 『지옥에서 보낸 한 철』에서 절정을 이룬다고 주장한다[27] : "자기 예술의 완전한 지배단계에 접어든 이 시대의 랭보는 명료한 소리로 스트라디바리우스의 부드럽고도 건조한 소리처럼 우리에게 심금을 울리는 놀라운 산문을 들려준다." 그는 랭보의 마술(ensorcellement)을 바그너의 음악에 비유하면서 문학성의 정점을 음악성에 두고 있다[28] : "논리의 전개에 따른 사상의 진전이 아닌 음악가와 같이 악보에 의한 시상의 진전도 많은 점을 시사해준다."

그는 또 다른 글[29]에서 프랑스어의 완전한 개화(épanouissement total)로 랭보의 산문 시집 중 한 구절[30]을 인용한다.

> 나의 연약함은 위험한 길을 통하여 암흑과 회오리의 나라인 킴메르의 끝, 세계의 끝으로 나를 인도하였다.
>
> Et par une route de dangers ma faiblesse me menait aux confins du monde et de la Cimmérie, patrie de l'ombre et des tourbillons.

이 구절의 특징으로 자음의 소리와 움직임의 아름다움을 들면서 낙원에서 날개를 펼치고 노니는 아름다운 백조와 같은 음악을 강조한다.

이 구절의 음성학적 표기(transcription phonétique)는 다음과 같다 :

e	par	y	nə	ru	tə	6
də	dã	ʒe				3
ma	fɛ	blɛs	mə	mə	nɛ	6
o	cõ	fɛ̃	dy	mõ	də	6
e	də	la	si	me	ri	6
pa	tri	də	lõ	brə		5
e	de	tur	bi	jõ		5

음성학적 표기에 의하여 두드러지는 특징은 다음과 같다.[31]

1. 전체는 2개의 2행시(distique)와 하나의 3행시(tercet)로 이루어지며 배열은 2,3,2,로 된다.

2. 각 행의 음절수는 6 3/6 6 6/5 5(muet 간주시 5 3/6 5 6/4 5)로 6음절의 시행이 대부분이나 지나친 통일감의 파열을 위하여 3음절과 5음절이 2행과 6, 7행에 나타난다.

3. 각 행의 각운은 ə/e, ɛ/ə/i, ə/õ 여성/남성, 남성/여성/남성, 여성/남성이 된다. 각 절 (strophe)의 마지막 행은 남성운이며 그 댓구는 여성운이다.

4. par une route, ma faiblesse me menait, de la Cimmérie, patrie de l'ombre 등에서 r와 m의 자음반복 (alliteration)이 두드러진다.

5. de la Cimmérie, patrie de l'ombre에서 내재율(rime intérieure)을 발견할 수 있다.

위의 특징들을 끌로델은 자음, 자음 반복, 움직임, 그림의 아름다움[32]으로 표현하고 있다.

그는 이어서 열렬한 산문시의 신봉자로서 정형시가 가지는 작위성을 비난하면서 다시 한 번 랭보의 음악을 강조한다[33] : "각운의 의무는 시인들로 하여금 하찮은 소리의 연합이나, 언어의 거친 부분에 지나지 않는 범상한 소리에 신경을 쓰게 만든다."

위에서 살핀 바와 같이 끌로델의 시학은 작시법에 따른 정형시보다는 자유로운 형식 속에 음악이 숨어 있는 자유시(vers libre)나 산문시(poème en prose) 쪽으로 기울어진다.

결 론

끌로델의 문학과 사상의 두 축은 성서와 랭보이다. 물론 그의 편지나 고백에서 셰익스피어, 단테, 도스토예브스키, 보들레르, 말라르메 등의 이름도 자주 등장한다. 그러나 "다른 작가는 나를 가르쳐 주었고, 단지 랭보만이 나를 만들어 주었다"[34]라고 그는 쟈끄 리비에르에게 쓴 편지에서 밝힌다. 끌로델의 뇌리 속에 항상 머무는 작품은 성서와 랭보의 시들이며, 일견 공존할 수 없는 두 뿌리는 끌로델이라는 용광로 안에서 하나로 용해되고 만다. 용해된 하나의 근원은 랭보와 쟌다르크를 동일시하는 부분에서 선명하게 나타난다[35] : "18살의 어린 처녀가 짧은 기간에 전쟁의 결과와 두 대국의 정치 상황을 급변시킨 사실을 설명할 수 없듯이, 고등학교 교복을 갓 벗은 18살 소년이 인류가 생긴 이후 가장 고통스러운 흐느낌을 남겼다는 사실을 설명할 수 없다." 기독교인 끌로델에게 랭보는 이교도 랭보가 아니라 가장 위대한 순교자로 비추어진다.

위 두 축만큼이나 끌로델의 생애에 중요한 몫을 차지하는 것은 그의 직업이 베풀어 준 새로운 세계의 발견이다. 언어의 구조 자체부터 다른 중국과 일본 그리고 한국[36]을 발견하면서 또 다른 언어들의 생경함을 체험하며 랭보와 말라르메가 시도한 알파베트의 의미화를 다시 한 번 시도한다. 그의 시도가 현재에 와서 어떻게 평가되든지, 랭보와 동양의 만남은 끌로델을 통해서 이루어지며, 그는 프랑스인들에게 새로운 세계를 펼치는 대표적인 중개자가 된다.[37]

끌로델이 랭보의 세 시기를 반항아, 견자, 음악가로 특징지었듯이, 우리는 끌로델의 세 가지 원천을 다음과 같이 특징짓고자 한다 : 성서, 랭보 그리고 동양. 독창적인 상상력으로 작품을 새롭게 해석하는 작업이 중요한 만큼이나, 문헌학에 입각한 철저한 자료 조사도 중요함을 느끼면서, 소고가 랭보가 시인 끌로델에게 미친 영향을 찾고자 하는 작업의 한 준비 단계가 되기를 바란다.

> 안녕, 오 내 눈에 새로운 세상, 오 이제 완전한 세상이여!
> 오 보이는 것과 보이지 않는 것들의 온전한 믿음이여, 聖徒의 마음으로 너희들을 받아들인다!
> 어디로 머리를 향하건
> 보이는 것은 천지창조의 거대한 옥타브!

> —Salut donc, ö monde nouveau à mes yeux, ö monde maintenant total!
> O credo entier des choses visibles et invisibles, je vous accepte avec un coeur catholique!
> Où que je tourne la tête
> J'envisage l'immense octave de la Création!
> —Paul Claudel

● 주 석

1) Paul Valéry, *Oeuvres I*, Pléiade, Gallimard, p. 612, "Mais la plus grande gloire de Baudelaire… est sans doute d'avoir engendré quelques très grands poètes. Ni Verlaine, ni Mallarmé, ni Rimbaud n'eussent été ce qu'ile furent sans la lecture des *Fleurs du mal* à l'âge décisif."

2) Jean-Pierre Richard, *Poésie et profondeur*, Seuil.
   Georges Poulet, *La poésie éclatée*, PUF.
3) René Etiemble, *Mythe de Rimbaud*, Gallimard.
4) Pascal의 *Pensées*와 더불어 *Une Saison en enfer*와 *Les Illuminations*의 출판년도 문제는 프랑스 문학에서 가장 큰 쟁점이 되고 있다.
5) Greimas, *Essais de sémiotique poétique* 중 Claude Gilberberg, *Un Essais de lecture de Rimbaud*, pp. 140−154.
6) Benoit de Cornulier, *Théorie du vers*, Seuil.
7) Paul Claudel, *Oeuvres en prose*, Pléiade, Gallimard.
8) P. Claudel, *Oeuvres en prose*, p. 1009, "La première lueur de vérité me fut donnée par la rencontre des livres d'un grand poète, à qui je dois une éternelle reconnaissance, et qui a eu dans la formation de ma pensée une part prépondérante, Arthur Rimbaud. La lecture des *Illuminations*, puis, quelques mois après, d' *Une Saison en enfer*, fut pour moi un événement capital. Pour la première fois, ces livres ouvraient une fissure dans mon bagne matérialiste et me donnaient l'impression vivante presque physique du surnaturel."
9) *Ibid.*, pp. 514−527.
10) *Ibid.*, p. 516, "La première est celle de la violence, du mâle tout pur, du génie aveugle qui se fait jour comme un jet de sang, comme un cri qu'on ne peut retenir en vers d'une force et d'une roideur inouies."
11) *Ibid.*, p. 516.
12) A. Rimbaud, *Oeuvres complètes*, Pléiade, Gallimard, p. 43.
13) 정신분석학적인 입장에서 자신의 실존주의를 보들레르를 빌어서 주장하려한 싸르트르의 저서를 생각할 때, 네르발, 말라르메, 베를렌느, 랭보는 보들레르처럼 아비의 부재(l'absence du père)라는 유사성을 가진다.
14) *Ibid.*, p. 51.
15) 앞으로 다가올 베를렌느나 제르맹 누보와의 도피를 예견한다.
16) R.Etiemble, *Le Mythe de Rimbaud* 중 pp. 182−200, "Rimbaud? un communard! Rimbaud? un bolchéviste!" 참조.
17) *Ibid.*, p. 45.
18) *Ibid.*, p. 252, 랭보가 1871년 5월 15일 뽈 드메니 (Paul Demeny)에게 보낸 편지에서. "Donc le poète est vraiment voleur du feu."

19) *Ibid.*, pp. 517−518, "d'une part les petits vers qui ressemblent à une ronde d'enfants et aux paroles d'un libretto, de l'autre les images désordonnées qui substituent à l'élaboration grammaticale, ainsi qu'à la logique extérieure, une espèce d'accouplement direct et métapho- rique… Le monde et lui-même se découvrent l'un par l'autre. Chez ce puissant imaginatif, le mot 'comme' disparaissait, l'hallucination s'installe et les deux termes de la métaphore lui paraissaient presque avoir le même degré de réalité."
20) A. Rimbaud, *Ibid.*, p. 123.
21) *Ibid.*, p. 124
22) *Ibid.*, p. 129
23) P.Claudel, *Oeuvres en prose*, Pléiade, Gallimard, "Idéogrammes occidentaux", pp. 81−91.
24) *Ibid.*, p. 83.
25) *Ibid.*, p. 91, "S'il était possible d'étendre cette analyse physiologique aux autres lettres(comme je le crois) alors se vérifierait la prophétie d'Arthur Rimbaud : "J'ai réglé la forme et le mouvement de chaque consonne."
26) Arthur Rimbaud, *Oeuvres complètes*, Pléiade, Gallimard, pp. 898−902 참조.
27) *Ibid.*, p. 518, "Là Rimbaud, arrivé à la pleine maîtrise de son art, va nous faire entendre cette phrase merveilleuse tout imprégnée jusqu'en ses dernières fibres, comme le bois moelleux et sec d'un Stradivarius, par le son intelligible."
28) *Ibid.*, p. 519, "La marche de la pensée aussi qui procède non plus par le développement logique, mais, comme chez un musicien, par dessins mélodiques et le rapport de notes juxtaposées, prêterait à d'importantes remarques."
29) *Ibid.*, "Sur le Vers français", pp. 3−45.
30) *Ibid.*, p. 37.
31) 이 분석의 방법으로 로망 야콥슨의 보들레르 작품 *Les Chats* 분석을 이용한다. alexandrin 분석에 사용된 방법론을 산문시에 채택함에는 이견의 소지가 있으나 낭송의 측면에는 큰 차이가 없다는 생각하에 시도해 본다. 아울러 사용하는 용어는 정형시의 작시법(versification)에서 사용

하는 용어는 정형시의 작시법 versification에서 사용하는 단어들을 사용한다.

32) *Ibid.*, p. 37, "les beautés de consonances, d'allitérations, de mouvements et de dessin."

33) *Ibid.*, p. 38, "L'Obligation de rimer et de rimer bien rejette le poète soit sur des associations de sons banales et éprouvés, soit sur ces sonorités les plus communes qui sont la bourre du langage…"

34) "D'autres écrivains m'ont instruit, mais c'est Arthur Rimbaud seul qui m'a construit", Guy Michaud, *Messages poétiques du Symbolisme*, p. 599에서 재인용.

35) P.Claudel, *Ibid.*, p. 523, "Il n'est pas explicable par des raisons courantes de voir une fille de dix-huit ans basculer en quelques saisons la balance de la guerre et la situation poétique de deux grands pays. Et il n'est pas explicable non plus par les mêmes raisons de voir un gamin de dix-huit ans,… nous apporter le sanglot le plus déchirant que l'Humanité ait entendu…

36) 1924년 5월 끌로델은 일본 대사 재임시 한국을 방문한다. 이 때의 인상은 *Journal I*, Pléiade, pp. 631-632에서 찾을 수 있다.

37) 비슷한 시기의 작가로 A. Marlaux, P. Loti 등을 생각할 수 있다.

• 참고문헌

1. Arthur Rimbaud, *Oeuvres complètes*, Pléiade, Gallimard.
2. Paul Claudel, *Oeuvres en prose*, Pléiade, Gallimard.
3. Paul Valéry, *Oeuvres I*, Pléiade, Gallimard.
4. Guy Michaud, *Message poétique du symbolisme*, Nizet.
5. Roman Jacobson, *Questions de poétique*, Seuil.
6. René Etiemble, *Mythe de Rimbaud*, Gallimard.

Résumé

Rimbaud vu par Claudel, critique littéraire

Il est indubitable que la gloire de Rimbaud dans le monde poétique ne cesse de croître pour les deux raisons suivantes : d'une part, maints poètes du XXe siècle ont été fortement influencés par sa poésie et son itinéraire poétique. Nous pensons tout de suite à Claudel, à René Char, à André Breton, etc… D'autre part, sa poésie constitue une sorte de modèle pour de nombreux critiques littéraires qui veulent faire connaître leurs nouvelles méthodes, soit thématique, soit comparative, soit sémiotique, etc…

En tenant compte de ces deux aspects, nous nous efforçons de mettre en exergue l'influence de Rimbaud sur Claudel non en qualité de poète mais en qualité de critique littéraire. En effet, celui-ci a souvent cité celui-là dans ses oeuvres en prose afin d'exprimer sa vision sur la poétique. Il partage la poésie de Rimbaud en trois périodes : "révolté", "voyant ou prophète", et "musicien".

Il nous semble que cette périodisation se justifie sans hésitation dans la mesure où ces trois aspects de Rimbaud représentent clairement toute sa vie littéraire.

Suivant ces trois périodes, nous essayons de comprendre la rencontre entre Rimbaud et Claudel, caractérisée par une nouvelle conception de la poésie qui consiste à rejeter la vieille tradition plastique et le carcan de la versification. Néanmoins nous n'oublions pas d'insister sur l'originalité de Claudel formée par ses voyages en Orient, et sa foi religieuse.

Il serait souhaitable d'écrire un article sur l'influnece de Rimbaud sur les oeuvres poétiques de Clauudel qui serait un autre sujet dont le centre ne serait plus sans nulle doute Arthur Rimbaud mais Paul Claudel.

김종호 1959년 1월 9일 생. 한국 외국어대 졸업. 서울대 대학원 석사. 빠리 소르본느 대학 문학 박사. 현 숭실대 불문과 교수. 학위 논문: *Le Vide et le corps des* Illuminations. 논문: "Absence de l'être, présence en lettres : Qui parle dans les *Illuminations?*" 역서:『저주받은 시인들』(H. Peyre, 공역),『대담』(G. Deleuze).

에로스, 로고스, 포에시스 92 :
『일류미네이션』, 밤의 시편들

김 종 호

"나는 침묵들을, 밤들을 써넣었다. 표현할 수 없는 것을 기록해놓았다."『지옥에서 보낸 한 철』에는 그렇게 쓰여 있다.[1] 그 쓰여진 침묵들, 밤들은 글쓰기가 추구하는 시의 본질, 말로써 답할 수 없는 본질 그 자체이다. 시는 실로 스스로를 향한 질문에 대답하려는 공허한 노력 속에서 태어난다. 스스로를 움직이는 動因을 찾아서 백지가 덮고 있는 빈 공간 속으로 말을 던지고 존재를 던지며 그 모든 것을 거슬러 올라오는 근원적·무형적 힘을 육화시키기 위한 노력이 바로 시적 글쓰기이다. 그것이 시가 늘 원초적이고 신화적인 쟝르인 이유이다. 이같은 시의 본질적이며 역설적인 질문에 가장 직설적으로 그리고 가장 짧게 대답한 시인 중의 하나가 랭보이다. 그의 때이른 글쓰기도, 그의 성급한 글포기도, 어쩌면 우회없이 시의 빈 중심을 포착하려 한데서 비롯된 것인지 모른다.

"랭보는 깊이를 거부한다"고 한다.[2] 사실 그의 시에 나타나는 온갖 비상과 격발의 이미지들, 분노와 환희의 즉각적 표현들, 끊임없이 분출, 변모하는 형태들을 대할 때 그런 느낌을 갖기 마련이다. 그의 최후의 시집으로 여겨지는 『일류미네이션』은 더욱 그러하다. 그 속에서 세계는 현란한 빛으로 태어났다 일시에 스러지곤 한다. "깊이를 거부"하며, 현시적이고 표면적인 생성에 매달리고자 하는 욕구는, "삶을 바꾸고 changer la vie" "새로운 육신, 새로운 언어의 창출 inventer de nouvelles chairs, de nouvelles langues"[3]을 원했던 시인에게 있어서 당연한 것인지도 모른다. 그러나 어떠한 새로움도 과거와 기원에 대한 번민과 성찰없이 이루어지지 않는다. 동적인 생성과 변형만을 추구하는 것 같은 『일류미네이션』의 언어 속에도, 존재와 언어의 근원적 탐구가 뿌리내리고 있다. 높이 펼쳐져 보이는 세계는 언어의 효과, 행위의 결과일 뿐이다. 진정한 글쓰기 모험은 그 아래, 말들이 펼치는 공간 속에서, 그리고 말들이 지워지는 길을 따라서 이루어진다. 그 곳은 언어와 존재가 새롭게 만나 서로 혼동되는 공간, 무의식의 깊이이다.

그 의식의 밤, 육체의 어둠 속에서 존재는 스스로의 무게를 벗고 다른 존재를 찾는다. 글쓰는 행위 속에서 육체는 다른 육체를 갈구한다. 그 다름은 단순히 삶이나 언어 속에 새겨진 타인들의 존재만을 가리키는 것이 아니다. 그것은 삶과 언어의 제도적 기억 저편에서, "창조적 충동 impulsion créatrice" 혹은 순수한 욕망의 움직임이 빚어내는 그 어떤 생성적 실체를 전제로 하고 있다. 일찍이 랭보가 「견자의 편지」에서 "나는 他者 Je est un autre"라는 말로 표현한 것도 결국 그같은 글쓰기의 양도적·생성적 본질이다. '나'의 실존을 지우고 "다른 삶들 plusieurs autres vies"을 비추는 글쓰기의 빈 거울공간 속에서, 그는 자아도 타아도 아닌 그 존재의 편린들을 쫓는다. 그래서 그의 시들, 특히 『일류미네이션』 속에는 '나' 아닌 타인들, 또 타인 아닌 타인들, 미지의 목소리들, 불가해한 형상들이, '나'의 덧없는 현현과 끝없는 상실을 가로지르며 언어의 표면으로 헤아릴 수 없이 나타난다. 그 "뜻밖의" 존재들, 삶에 상처입지 않은 그 "완전한 존재들 êtres parfaits, imprévus"은 욕망과 육체와 언어의 깊은 곳을 반추하고 있다. 언어로 결정되었으되 언어로 풀 수 없는 비밀, 기원적 어둠을 그들은 품고 있다. 『일류미네이션』이 조명하고 있는 것은 바로 그 어둠, 시의 빛에 이끌리는 어둠이다.

I. "어둠을 향해 돌아누워"… : 어둠의 여인들

원고 12면 마지막에 제목없이 쓰여진 단상은 랭보의 글쓰는 행위를 儀式的으로, 그리고 그 행위가 지향하는 것을 상징적으로 보여주고 있다.[4]

> 기분좋은 먹향기 흩뿌리며, 검은 가루가 나의 밤샘 위로 부드럽게 비내린다. —나는 등잔 불꽃을 낮추고, 침대 위로 몸을 던진다. 그리고 어둠을 향해 돌아누우면, 그대들이 보인다. 나의 딸들! 나의 여왕들이여!
>
> Avivant un agréable goût d'encre de Chine, une poudre noire pleut doucement sur ma veillée. —Je baisse les feux du lustre, je me jette sur le lit, et, tourné du côté de l'ombre, je vous vois, mes filles! mes reines!

먹향기 속, 글쓰기가 마련하는 어두운 꿈의 공간, 그 어둠 한가운데 나타나는 여인들, 그들은 글에 의해 태어나는 형태들이자 저변에서 글을 움직이고 있는 모태들이다. 그들이 딸들인 동시에 여왕들이라 불리우는 것은 그 때문이다. 그 어둠의 여인들이 랭보의 글쓰기를 지배한다. 실로 수많은 여인들이 『일류미네이션』의 시들을 스쳐가고 있다. 그녀들은 때로는 익명으로 (H, Elle, Madame[xxx]), 때로는 집합적으로(soeurs, mères, dames…) 불리기도 하지만, 대개는 고유한 이름을 가지고 있다(Lulu, Léonie Aubois d'Ashby, Louise Vanaen de Voringhem, Amélie, Eucharis, Hélène, Henrika, Hortense…). 그러나 이 이름들도 익명과 거의 다름이 없다. 실재하는 여인들을 가리키는 것이 아니기 때문이다. 그 이름들은 여기저기 글 속에 나타나는 그 어떤 여성적 음영 혹은 흔적들 위에 새겨진 기호들일 뿐이다. 랭보의 "가상적 규방"[5]을 형성하고 있는 그 여인들의 태생적 비밀은 그의 전기가 아닌 텍스트 속에 내포되어 있다.

"아멜리" 혹은 그녀의 일부가 등장하는 「철야 Veillées」의 세번째 시편은 텍스트 속에 담긴 이름의 비밀을 전형적으로 드러낸다. 우선 첫번째 시편에서는 현실로부터 "꿈"으로의 이행이, 두번째 시편에서는 보다 "강렬하고 급한" 꿈의 움직임 속에 침식 당하는 현실의 밤과 방이 그려져 있고, 뒤를 이어 완전한 꿈의 공간이 펼쳐진다.

　　철야의 램프들과 융단들은 갑판 주위, 선미를 따라서, 파도소리를 낸다.
　　철야의 바다는, 아멜리의 젖가슴 같다.
　　융단 장식들, 중간쯤까지, 에메랄드 빛 레이스 덤불숲, 그 곳에 철야의 멧비둘기들이 날아든다.

　　......................
　　검은 광원의 바닥판, 모래톱의 진짜 태양들 :
　　아! 마법의 우물 : 이제는 새벽빛만 보일 뿐.

　　Les lampes et les tapis de la veillée font le bruit des vagues, la nuit, le long de la coque et autour du steerage.
　　La mer de la veillée, telle que les seins d'Amélie.
　　Les tapisseries, jusqu'à mi-hauteur, des taillis de dentelle, teinte d'émeraude, où se jettent les tourterelles de la veillée.

　　..................
　　La plaque du foyer noir, de réels soleils des grèves :
　　ah! puits des magies ; seule vue d'aurore, cette fois.

"파도소리를 내는" 램프들과 융단들, (다소간) 불룩한 바다, 덤불숲의 융단 장식들 속으로 "날아드는" 새들, 이 모든것들은 더 이상 현실의 사물들이 아니다 "지새우는 자"가 "방" 안에 앉은 채로 배를 타고 듣고 보는 그것들은 꿈의 연상 공간을 이루는 요소들일 뿐이다. "철야의"라는 부가어의 반복도 꿈과 잠 속으로 온전히 빠져들지 않기 위한 장치일 뿐이다. 방 "중간쯤까지" 들이찬 그 몽환의 숲과 바다 속에서, "지새우는 자"는 램프의 불빛이 아니라 어둠 속의

"검은 광원"이 비추는 "마법의" 환영들을 바라보고 있다. 바로 그 속에 불현듯 솟아오르는 것이 "아멜리의 젖가슴"이다. "아멜리"는 누구인가? 그녀는, 혹은 그 이름은 어디서 나온 것인가? 랭보의 삶 속에 나타나지 않는 그 이름은, 주석자들이 지적한 것처럼 우선 「철야 I」의 ("괴로움을 주지도 받지도 않는") "연인"이라는 말 속에 숨어 있다 (L'aimée > Amélie). 하지만 철자놀이라면 보다 가까운 곳에서도 찾아진다. Amélie란 이름은 그녀를 연상시키는 "철야의 바다" 소리 속에도 들어 있다(La mer de la veillée). 또한 그녀의 "젖가슴"은 "바다"와 어머니가 이루는 동음이의적 유추 혹은 본원적 상징 관계에서 비롯된 것일 수도 있다. 요컨대 말들이 모여 가리키는 "아멜리의 젖가슴"은 텍스트 「철야」의 꼭지점을 이루고 있는 셈이다. 그녀의 이름이 이른바 글자 수수께끼(anagramme)인가 아닌가 가리는 것은 중요한 일이 아니다. 중요한 것은 "지새우는 자", 즉 꿈을 꾸며 그 꿈을 기록하는 자가 작업하고 있는 층위를 가늠하는 일이다. 소음을 음운으로, 환상을 언어로 이행시키는 그 작업은 몽환적 움직임을 따라 정신적 · 육체적 진동을 싣고 "유추의 유혹"에 실려 텍스트를 구성한다. 무형의 심연, "마법의 우물"을 긷는 그 작업을 통해 어둠 속의 어렴풋한 미광은 기록의 감광판 위에 찍히고 하나의 빛나는 이미지로 결정된다. "젖가슴"이란 단어는 언어의 형태적 · 형성적 표면만을 가리키고 있는 것이 아니다. 기호적 단순성과 상징적 복합성 속에서, 그것은 자신을 유추해낸 움직임("succession psychologique", *Veillées II*)을 거슬러 욕망하는 행위로서의 언어의 구강적 · 성적 기원을 드러내고 있다.

"아멜리"는 분명 소녀적이다. 그녀는 어둠 위로 어렴풋이 떠올랐다 새벽빛과 함께 사라진다. 그러나 "파도소리" 속에 태어난 그 글의 '딸'이, 아련한 관능적 물결만을 실어오고 있는 것은 아니다. "검은 광원"이 비추는 그 모습 속에는 죽음의 그림자도 포개져 있다.

"죽음"부터가 글쓰기 저변에서 어른대는 "우리의 부지런한 말이자 하녀"이므로[6]. 그래서 관능적 환상은 곧잘 죽음의 악몽으로 이어진다. 「유년기 Enfance」에서 보듯, 샘처럼 투명하게 솟아나는 "소녀", 무수히 꽃피는 "여인들"의 현현(I) 뒤에는 반드시 죽음의 징후들이 나타난다(II)[7] :

> 그녀다, 장미나무들 뒤, 죽은 소녀.—운명한 젊은 엄마가 층계를 내려간다.— 사촌의 마차는 사막 위에 울부짖고 있다—동생이—(그는 인도에 있다!) 그 곳, 석양 앞, 카네이션 풀밭 위에 있다.—정향꽃 피는 성채에 곧게 매장된 노인들.
>
> C'est elle, la petite morte, derrière les rosiers.—La jeune maman trépassée descend le perron—La calèche du cousin crie sur le sable—Le petit frère—(il est aux Indes!) là, devant le couchant, sur le pré d'oeillets.—Les vieux qu'on a enterrés tout droits dans le rempart aux giroflées.

딸 혹은 소녀(fille)라고 불리우고 있긴 하지만, 죽음은 대개 성숙한 여인의 가면을 쓰고 나타난다. 「숭배 Dévotion」에 나오는 "Madame[xxx]", 「고뇌 Angoisse」와 「모국 Métropolitain」의 "Elle", 또 「대홍수 이후 Après le Déluge」의 "여왕, 마녀 la Reine, la Sorcière", 그리고 「보톰 Bottom」의 "부인 ma dame" 등이 그러하다. 이름모를 이 여인들의 공통된 특징은, 그들의 나타남이 "기이한 불안감"을 동반한다는 것이다. 아마도 "공통적이고 적대적인 작용을 하는 원초적 두 본능인 에로스와 죽음의 충동"[8]을 그들이 반영하고 있기 때문일 것이다. 랭보의 이 여인들 속에 모성적 이미지가 깊숙이 자리잡고 있다는 것도 특기할 만한 사실이다.

관능과 죽음, 성과 생, 여성적 억압 혹은 금지와 남성적·야수적 반항이 교차되고 있는 「보톰」[9]은 그 어느 시보다 복합적인 여성상을 보여준다. 원제가 "변신 métamorphoses"인 이시에서 '나'는 이름도 형체도 알 수 없는 "나의 부인"에 맞서 여러 동물로 변모한다. "천장의 쇠시리를 향하여 날아오르는 큰 푸른 회색 새", "보랏빛 잇몸에, 우울의 백발을 뒤덮어쓴 큰 곰", "뜨거운 어항 (속의 고기)", 그리고 "당나귀" 등…그러나 어떤 형태도 꿈 혹은 어둠 속에 강박관념처럼 편재하는 그녀에 필적하거나, 그녀의 굴레를 벗어나지 못한다. 새의 비약은 "저녁의 그림자들 속에 날개를 질질 끄는" 것일 뿐이고, 이빨을 드러낸 곰의 야수성은 그녀의 침대 밑에 깔린 한낱 모피의 그것일 뿐이다. 결국 "어둠"이 모든것을 삼켜버린 뒤("Tout se fit ombre et aquarium ardent"), "나"는 아침을 타고 그녀의 집(chez ma dame)을 빠져나와 "들판으로", 현실로 달아난다. 하지만 붙잡히지도 놓아주지도 않는 그녀의 그림자 (혹은 빛)은 그 곳에도 드높이 (혹은 넌지시) 드리워져 (암시되어) 있다. "(욕구) 불만을 나팔불고 휘두르며, 당나귀로(바보처럼), 달리는 나"를 지켜보고 있는 "전투적인 유월 새벽"은 육신 없는 그녀의 또 다른 "변신", 또 다른 모습, 또 다른 비유이다.

「고뇌」[10]에 나오는 여인은 보다 더 모성적이고, 더 강압적이고, 더 강박적이고, 덜 사랑스럽다. "흡혈귀 la Vampire"라고도 불리는 "그녀 Elle"는 그 비밀스런 여성형 속에 삶과 죽음과 관능이 공유하는 불안감을 그대로 담고 있다. 사실 "그녀"라는 익명의 기호부터가 "우리"의 "불안스런 무지"를 일깨우는 것이다. "우리더러 고분고분 그녀가 우리에게 남겨주는 것만으로 즐기라고, 아니면 보다 못된 놈이 되라고 명하는" 그녀는, "그녀가 아는 것, 그리고 우리는 모르는 것을 우리에게 결코 얘기해주려 하지 않는" 「대홍수 이후」의 '마녀'와도 흡사하다. "그녀"가 우리에게 가르쳐주지 않는 것, 혹은 어쩌면 가르쳐주지 못하는 것은, 그것이 말로 할 수 없는 것, "얘기"할 수 없는 것이기 때문인지 모른다. 아마도 "그녀"가 은밀한 곳에 감추고 있는 것, 살 속, 혹은 "흙단지 속에 불밝히고 있는" 것은, 생이 죽음로부터 처음 갈라지는 곳, 이후 모든것을 상징계(le symbolique)로 전환시켜 욕망이 흔적("그녀가 우리에게 남겨주는 것")만을 쫓게 만드는 태초의 절단이다. "그녀"가 말없이 재현하고 있는 것은 에로스와 로고스가 결합하는 신화적 장소이다. 어쨌건 "성가신 아이"[11] 랭보가 남겨진 것, 가질 수 있는 것, 말할 수 있는 것만을 가지고 "놀지" 않으리란 것은 분명한 사실이다. "표현할 수 없는 것"까지를 쫓는 그의 글쓰기에 의해 생과 언어의 젖줄 (「천한 야상」) 혹은 모태(「야만」)까지도 표상 속으로 들어오게 된다.

Ⅱ. 밤의 한가운데 ; 「천한 夜想」

「천한 야상」은 깊은 곳을 향한 글쓰기의 모험을 그대로 보여주고 있는 아주 귀한 시이다. 그 속에서 글쓰는 주체는 밤의 중심을 향하여, 사고와 존재의 근원을 쫓아서, 꿈과 글의 오지를 헤매는 움직임 그 자체로 나타난다.

　　　하나의 숨결이 간막이벽에 오페라 같은 틈을 열어, —닳아빠진 천정의 회전을 흐려놓고, —화롯불의 경계를 흩뜨리며, —격자창의 형체를 지워버린다. —포도 덩굴을 따라, 낙수 홈통을 디디며, —나는 볼록거울들, 불룩한 판자들, 둥그스럼한 소파들로 미루어 시대를 알 만한 이 4륜마차 속으로 내려왔다—외로운, 내 잠의 영구차, 내 하릴없는 놀음의 오두막집, 마차는 지워진 큰길의 잔디 위를 선회한다 : 오른편 거울 위쪽 빈곳에 맴돌며 나타나보이는 창백한 달빛 형상들, 나뭇잎들, 젖가슴들.—아주 짙은 녹색과 푸른색이 영상을 덮어버린다. 자갈빛 흑점 언저리에 말을 푼다.
　　　—여기서, 휙휙 비바람을 부를까, 소돔, —소림 같은 도시들, —또 사나운 짐승들과 군대들을 부를까,
　　　—(마부와 꿈의 짐승들이 다시 일어나 더없이 숨막이는 나무숲 아래, 비단 샘물 속에 눈까지 잠기도록 나를 밀어넣을까).
　　　—그리고 찰랑이는 물과 질펀한 술 속에서 흥분한 우리를 개들의 울

248 랭보의 세계

　　부짖음으로 뒹굴도록 만들까…
　　―하나의 숨결이 화롯불의 경계를 흩어버린다.

　　Un souffle ouvre des brèches opéradiques dans les cloisons,
―brouille le pivotement des toits rongés,―disperse les limites
des foyers,―éclipse les croisées.―Le long de la vigne, m'étant
appuyé du carrosse dont l'époque est assez indiquée par les glaces
convexes, les panneaux bombés et les sophas contournés
―Corbillard de mon sommeil, isolé, maison de berger de ma
niaiserie, le véhicule vire sur le gazon de la grande route effacée;
et dans un défaut en haut de la glace de droite tournoient les
blêmes figures lunaires, feuilles, seins.―Un vert et un bleu très
foncés envahissent l'image. Dételage aux environs d'une tache de
gravier.
　　―Ici, va-t-on siffler pour l'orage, et les Sodomes,―et les
Solymes,―et les bêtes féroces et les armées,
　　―(postillon et bêtes de songe reprendront-ils sous les plus
suffocantes futaies, pour m'enfoncer jusqu'aux yeux dans la source
de soie).
　　―Et nous envoyer, fouettés à travers les eaux clapotantes et
les boissons répandues, rouler sur l'aboi des dogues…
　　―Un souffle disperse les limites du foyer.

　　시의 깊이를 짚기 위해서는 단어들이 형성하는 표면부터 짚어보
아야 한다. 밤의 "속된" 망상이건 상형문자적 꿈의 "하릴없는 놀음"
이건 간에, 그것을 기록으로 옮긴 이상 그 속에는 말들의 유추적 흐
름이 있다. 그 흐름은 대략 술("포도", "술", 어지러움, 뒹굼 등) 혹
은 약(drogue＜"dogue", "souffle"＜fumée?)의 효과로 나타나는 환
상들, 특히 성적 환상들(틈, 엿보기, 젖가슴, 숨, 숨막힘, 울부짖음,
물, 낙수통… 소돔 Sodomes au pluriel…)이 이루는 것이고, 그 환
상들은 보다 의식적인 언어작업과 유머를 통해 극적으로(mise en
scène), 시적으로(métaphorique, métapoétique) 변형된다. 물론 그

효과가 사실이건 상상의 것이건 상관없는 일이다. 중요한 것은 그것이 단순히 "속된" 육체적 환상에 그치지 않고, 모호하고 다의적인 말들의 함축을 통해 멀리 높이로는 기독교의 단죄론적 세계관의 호기스런 파괴환상에까지, 그리고 깊이로는 의식과 언어의 근원에까지 이르고 있다는 것이다.

　그 무의식적 깊이를 열기 위해서 시는 스스로 거듭 열린다. 우선 글이 시작되기 전, 빈 밤의 중심을 연 불빛, 램프 혹은 화로의 불이 있었을 것이다. 시는 그 중심적 불(foyers)을 불어끄는 행위로부터 시작된다. 그와 함께 집(foyers)의 형체나 경계는 사라지고, 새로운 밤의 공간, 꿈의 집(maison de berger)이 열린다. 그러나 그 속에 또 다른 열림이 일어나는데, 그것은 글쓰기의 모험이 밤 한가운데, "길이 지워진" 곳에, 알지 못하는 사이 새겨놓은 것이다 : "창백한 달빛 형상들, 나뭇잎들, 젖가슴들". 모든 하강의 움직임이 집결되고 멈추는(détalage) 지점이 바로 이 희미한 빛 혹은 "영상" 주변이다. "창백한" 빛의 영상, 거울의 빈 공간에 비치는 그 허상은 뚜렷이 표기됨과 동시에 사라져버리고, 그 자리에는 빛을 잃은 기호, 잿빛 얼룩만이 남는다. 다시 닫힌 그 빛 주위로 중심잃은 몽상이 잠시 지속되지만, 결국 그 광원 혹은 흑점(foyer noir)의 경계(les limites du foyer)마저 지워져버린다.

　"창백한 달빛 형상들, 나뭇잎들, 젖가슴들". 거울 속에 떠오르는 이 이미지가 그 어떤 원초적 욕망을 형상화하고 있는 것은 아닐까? 이를테면 "가장 본질적 차원으로 환원된 욕망, 초월적 욕망의 움직임"[12]을 그대로(à nu) 드러내고 있는 것은 아닐까? 단어들이 짙은 색채로 희미한 본질적 이미지를 덮어버리는 과정만 텍스트가 그려내고 있는 것은 아니다. 그 이미지가 단어들에 의해 옷벗겨지는 과정(effeuillement)까지도 텍스트는 새겨놓고 있다(tournoiement, dégagement de voiles, dépouillement de "feuilles"). 이 노출 움직임은 이미 첫동작인 "하나의 숨결", 빛 속에 어둠을 열고 또 어둠의 베일 속에 빈틈을 여는 그 숨결에 의해 이미 예고되어 있던 바이다. 특히 주목해야 할 것은 "나뭇잎들 feuilles"이란 단어의 다의성이다. 앞서 나온 "포도"라는 단어와 연결되어 나체상의 음부를 가리는 장식(feuilles de vigne)을 멀리 암시하고 있는 그 말은 한편으로 글쓰기 행위의 바탕(papier, page)을 가리키고 있다. 그것은 욕망을 투사시키는 자막인 동시에 욕망의 대상을 덮고 있는 베일이다. 그 막을 통해서 욕망은 구두적인 것(l'oral)에서 시각적인 것(le visuel)으로, 즉 말에서 글로 혹은 실제적 욕구에서 환상적 형상화로 전환되지만, 바로 그 막에 의해서 입에서 젖가슴으로 가는 욕망의 궁극적 이행은 차단된다. 가령 목마름-숨-빨기-젖(soif-souffle-succion-sein)과 같은 기호연결(chaîne signifiante)을 막는 검열판, 또는 기호와 대상을 분리시키고 허상만을 비추게 하는 거울면과 같은 것이다. "천한"이라는 표제가 독자에게 가리키고 있는 것은 바로 이 차단된 빈 공간, 말할 수 없는 공간이다. "지워진 길", 덮어버리기, 침식(envahissement) 혹은 말소, 멈추기(dételage), 그리고 후반부의 말더듬기 등…, 이 모든 행위나 표현 역시 욕망의 글쓰기가 근접한 위험, 말의 도정 끝에 닿은 위반(transgression)의 위험을 가르쳐주고 있다.

어쨌든 젖가슴의 출현 이미지가 시의 중심을 점하고 있는 것은 분명한 사실이다. 텍스트는 그 이미지를 중심으로 둘로 나눠지는데, 그 둘은 꿈의 두 주기, 즉 꿈으로의 이행과 깨어남, 하강과 편류, 빠져들기와 거슬러오르기, 정신분열적 진행과 편집적 후행에 각각 일치한다.[13] "하나의 숨결이 연다"라는 첫신호와 함께 시공간 전체가 열리고 움직이며 가라앉는다. "숨결"에 이어지는 동작동사들과 각각의 이음줄(tiret)은 마치 하나의 회로처럼 꿈의 회전 공간을 형성한다. 이어 시간적·공간적 이동을 시사하는 또 다른 이음줄과 함께 하강 혹은 침잠이 이루어진다 : "―포도 덩굴을 따라(…), ―나는 (…)내려갔다". 하지만 정작 내려가고 있는 것은 맴돌며 움푹 패어드는 꿈의 심연, 혹은 그것을 창출하는 언어의 공간 자체이다. 실로 이 시의 큰 특징은 몽환적 효과들과 명료한 언어작업의 놀라운 일치이다. 환각 혹은 환상들이 말로써 단순히 환기되고 있는 것이 아니라, 의식적인 단어배열을 통해서 독자의 무의식 속에 문자 그대로 전달되고 있는 것이다. 그것은 무엇보다 음운효과에 의한 것으로, 랭보의 시를 "번역 불가능한" 것으로 만드는 주된 요인이다. 텍스트를 보면, 첫머리에서 "souffle"이란 단어가 발설되자마자 그 단어의 첫음인 's' 발음이 시 전편을 통해 확산, "전염"되고 있는 것을 알 수 있다.[14] 마치 하나의 숨결(souffle ou sifflement)이 말들을 스치며 텍스트를 가로지르고 있는 것처럼. 한편 "souffle"의 또 다른 자음이자 주요어 "foyer"의 첫자인 'f'도 시의 전반부에서는 그와 유사한 현상이 발견되지 않지만 중심부에 이르면서 두드러지기 시작한다. 우선 기이하게도 's'와 'f'로 구성된 일련의 단어들 속에("effacée", "défaut en haut de la glace"), 이어 중심적 단어들 속에("figures", "feuilles") 나타나며 후반부로 접어들면서, 's'와 'f'의 복합음은 증가한다("siffler", "foncé", "enfoncer", "féroce", "suffocantes", "souffle"). 특히 주목해야 할 것은 중심적 이미지의 음운 배열이다. 그 이미지를 이루는 단어들 속에 이같은 텍스트의 비밀스런 작업이 그대로 요약되어 있다. "Figures lunaires, feuilles, seins". 음성적 형상화라고나 할까, "souffle"이라는 단어를 구성하는 모든 자음들이 일종의 두운법처럼 네 개의 단어 첫머리에 각각 나타나 있다. 물론 이것은 글자수수께끼 같은 단순한 轉寫가 아니라 깊은 소리의 역동적 반향이다. 마치 첫 "숨결"이 종이 위에 음들을, 말들을 던지면서, 스스로의 울림(résonnance)을 형성하고, 그를 통해 자신의 動因을 표면으로 이끌어낸 것처럼, 그속에는 꿈과 꿈의 기록을 움직이는 원초적 빛 혹은 소리가 담겨 있다. 어둠 속에서 새어나오는 그 검은 빛, 육체 깊은 곳에서 흘러나오는 그 희미한 소리는, 언어와 의식의 표면에 투사되자마자 곧 사라지지만, 부재를 통해서도 여전히 꿈의 글쓰기 혹은 글쓰기의 꿈을 지속적으로 양육하는 (nourrir) 근원적 힘이다. 말라르메 같은 시인이 女性形으로 포착하는 그 "텍스트 아래 노래소리 un air sous le texte"는[15] 아마도 시인들의 서정적 혹은 오르페적 인식의 기원을 이루는 것으로 랭보詩에 수없이 나타나는 여인의 환상적·파열적·단편적 형상들의 발원점(foyer)이 되고 있다.

III. 밤의 꽃, 말, 시의 빛

위반의 위험을 보다 대담하게 드러내고 있는 시 「야만 Barbare」은 영혼 혹은 육체 속에서 들려오는 '여인의 목소리'의 파열적 현현("저기, 형체들, 땀들, 머리카락들과 눈들이 떠돌고 있다")과 그를 통한 파괴적 창세 환상을 그리고 있다. 관능을 통한 죽음과 탄생의 원초적 환상이 한데 어우러지고, 處女的·膣的·母胎的·大地的·宇宙的 개화가 말·꽃들의 개화로 이루어진다. 사실 「야만」은 랭보의 모든 작품을 관류하고 있는 "반기독교적 企圖"[16]가 가장 유형적으로, 감각적으로, 육체적으로 표출되고 있는 시이다. 시의 첫 줄이 암시하고 있는 것부터가 현세에 새겨져 있는 창세 신화의 환원이다 : "날들과 계절들, 존재들과 나라들이 지나고 한참 후(…)". 존재하는 혹은 말(le Verbe)에 의해 창조되었다고 하는 모든 "옛"것들의 소급을 통해서 세상은 다시 태초의 혼돈과 공허에 빠진다. 그러나 그 빈 암흑 공간은 시인의 말과 함께 새롭게 열리는 빛, 새로운 새벽이기도 하다. 그 속에 "(존재하지 않는)" 것들이 떠올라 떠돌며 "세계"를 구성한다. "(존재하지 않는) 북극의 꽃들과 바다들의 비단 위로 피흘리는 살(肉)의 나팔"의 환각으로부터, 남성적·생식적 사출 ("끓어오르는, 하얀 눈물들")과 여성적 절정("북극의 동굴들과 화산들 밑바닥에 다다른 여인의 목소리")의 환상에 이르기까지, 새로운 세계의 이질적 원소들이 환희의 탄식 속에 생성 분출된다 :

(…)
이 감미로움!
불덩어리들, 빙하의 돌풍으로 쏟아져내린다, ─ 이 감미로움! ─ 우리를 위해 영원히 타들어가는 대지의 심장이 다이어몬드 비바람으로 내지르는 불길들. ─ 오 세계여! ─
(…)

(…)
Douceurs!
Les brasiers, pleuvant aux rafales de givre, ─ Douceurs! ─ les feux à la pluie du vent de diamants jetée par le coeur terrestre éternellement carbonisé pour nous. ─ O monde! ─
(…)

그 육체의 꽃들, 영혼의 모태적 바다들, 대지의 불꽃들은 철야의 밤들로부터 피워올린 "새로운 살들, 새로운 말들"이다. 요컨대 「야만」은 "말이 빛이 되고, 말이 살이 되었다"는 성서의 원리를 말 그대로 그리고 동시에 역으로 실행하고 있는 것이다. 그러나 시가 가로지르고 있는 것은 천지 창조의 신화만이 아니다. 대립적 요소들, 가령 불과 물("Les brasiers et les écumes"), 공기와 빙하("rafales de givre"), 대지의 심연과 천체("virement des gouffres et choc des glaçons aux astres") 등의 충돌과 융합이 거슬러오르며 상징적으로 뒤흔드는 것은 원죄론·단죄론적 이야기들(대홍수, 바벨, 소돔 …) 속에 담긴 이원적 구조("선과 악의 나무"[17]) 그 자체이다. 시가 창조적이면서도 파괴적인 것은 그 때문이다.

"다른 세계"[18]를 현현시키는 시의 힘, 시의 빛은 흔히 새벽으로 나타난다. 랭보의 새벽 혹은 아침은 관념적 반항과 관능적 환상이 어우러져 우주적 "투쟁"으로 이어지는 곳이다. 「모국」의 마지막 절은 그것을 특징적으로 그리고 있다 :

> 아침이면, '그녀'와 함께, 너희는 눈빛 섬광들, 초록 입술들, 빙산들, 검은 깃발들과 푸른 광선들, 그리고 극지의 태양의 보랏빛 향기들 속에서 뒤엉켰다,—너의 힘.
>
> Le matin où avec Elle, vous vous débattîtes parmi les éclats de neige, les lèvres vertes, les glaces, les drapeaux noirs et les rayons bleus, et les parfums pourpres du soleil des pôles,—ta force.

새벽 하늘로 分光처럼 흩어지고 달아나는 '그녀'와 그 모형적·무형적 실체를 육화·기록(incarnation-inscription)하고자 쫓는 육욕적이고 생산적인 남성의 힘(force virile)… 그 두 힘의 결합 혹은 투쟁을 통해서, 또 그 투쟁의 반복을 통해서 밤의 거울 속에 비치던 여성적 음영들은 말의 빛, 언어적 형태를 부여받는다. "투쟁의 새벽 aube(…) batailleuse"은 곧 꿈과 욕망의 그림자를 "미의 존재"로 전환시키는 언어작업의 새벽이다.

실로 모호한 이름과 파편적 기호들만이 그 어둠의 여인들을 옮기고 있는 것은 아니다. 곧잘 텍스트 전체가 고스란히 그들의 현현을 위한 꽃받침(réceptacle)이 되기도 한다. 가령 「미적 존재 Being Beauteous」의 "작업대 위"에는, "죽음의 휘파람소리들 sifflements de mort"과 함께 떠오르는 욕망의 ("adoré") "환영 spectre"이 치음조직(texture de sifflements)을 통하여[19] 하나의 빛나는 육체 ("chairs superbes")로, 미의 모체("Etre de beauté", "mère de beauté")로 "일어선다". 혼의 신비스런 전이와 손의 물리적인 작업을 통하여 텍스트 자체가 육체화하고 여성화하여 욕망의 대상이 되는 것이다.

오! 우리의 뼈는 새로운 사랑의 육체로 다시 옷입힌다.
Oh! nos os sont revêtus d'un nouveau corps amoureux.

욕망하는 존재를 껴안고 그를 쇄신시키는 이 말로 된 "육체"(corps fait de verbe)가 『일류미네이션』의 모든 글쓰기가 지향하는 바이다.

보다 덜 구현적이고 더 비유적이긴 하지만, 그같은 생성적 솟구침은 『일류미네이션』의 곳곳에서 나타난다. 어둠으로부터 "일어나" "달아나다", 결국 한순간의 "포옹" 속에 사라지는 관능적 "여름 새벽"으로(*Aube*), 또 "바다와 하늘"에 "이끌려" 신성한 빛으로 일어서는 꽃들의 개화로(*Fleurs*), 또는 "인간의 밤들과 바다들" 너머로 높이 치솟는 대지의 불꽃으로(*Mystique*), 때로 대지를 가로지르며 "빛의 소용돌이"를 일으키는 바다의 움직임으로(*Marine*), 혹은 "대홍수 같은 빛"을 부르는 깊고 급한 흐름으로(*Mouvement*), 또 때로는 거대하게 일어섰다 "다시 앉은", 그리고 "다시 일어서"려는 "대홍수의 관념"으로(*Après le Déluge*)…… 관념과 관능의 솟구침들, 이 모든 말의 섬광들, "창조된 빛"[20]들 속에, 밤과 깊이, 육체와 욕망의 글쓰기를 통하여 삶을 새롭게 육화하려는 작업이 은밀히 진행되고 있는 것이다.

• 주   석

1) *Délires II, OEuvres,* Garnier, 1983, p. 228. La référence des citations de Rimbaud renvoie à cette édition établie par Suzanne Bernard et revue par André Guyaux.
2) Jean-Pierre Richard, *Poésie et profondeur,* Le Seuil, 1955, p. 11.
3) *OEuvres,* p. 240.
4) *OEuvres,* p. 271.
5) André Guyaux, "Noms de femmes", *Parade sauvage,* n°1, octobre

1984, p. 60.
6) *Ville*, p.274.
7) *OEuvres*, p.255−256.
8) Freud, "Analyse terminée, analyse interminable", cité par Ruth Menahem, "La mort tient parole", *La Mort dans le texte,* Colloque de Cerisy, sous la direction de Gilles Ernst, Presses Universitaires de Lyon, 1988, p. 38.
9) *OEuvres*, p. 302.
10) *OEuvres*, p. 289.
11) *Honte, Derniers vers*, p. 176.
12) Serge Leclaire, *Psychanalyser. Un essai sur l'ordre de l'inconscient et la pratique de la lettre,* Le Seuil, "Point", 1968, p. 49.
13) "Nous sommes schizophrènes en dormant, mais maniaques-dépressifs en approchant du réveil", Gilles Deleuze, *Logique du sens,* Minuit, Critique, 1969, p. 226.
14) André Guyaux a déjà remarqué le phénomène de "sifflements" de ce texte, de sa "contamination phonique" en 's', dans *Poétique du fragment. Essai sur les* Illuminations *de Rimbaud,* A la Baconnière, Neuchâtel, "Langages", 1985, p. 180.
15) Cf. Julia Kristeva, *La Révolution du langage poétique. L'avant-garde à la fin du XIXe siècle : Lautréamont et Mallarmé,* Le Seuil, 1974, p. 29.
16) Voir sur ce sujet Pierre Brunel, *Arthur Rimbaud ou l'éclatant désastre,* Champ Vallon, 1983, ch. IV. Voir également Jong-Ho Kim, *Le Vide et le corps des* Illuminations, Thèse de doctorat, Univ. Paris IV, 1991, ch. IV.
17) *Matinée d'ivresse,* p. 269.
18) *Ouvriers,* p. 272.
19) André Guyaux, *op. cit.,* p.170.
20) *Villes[I],* p. 280.

Résumé

EROS, LOGOS, POESIS 92 : POEMES NOCTURNES DANS LES *ILLUMINATIONS*

Les *Illuminations* contiennent, sans la "nier", la profondeur de "nuits" et de "silences" en coeur, en terre. Leur écriture est une traversée de la région de l'inconscient, où gisent les ombres de l'âme : traversée qui cause l'éclatement du moi et provoque l'avènement de mille *autres* vies inconnues : traversée qui porte "l'impulsion créatrice" et qui libère les pulsions, les mouvements de désir et de rêve. Ce passage à la fois mortel et vital, ce croisement d'éros et de logos, les *Illuminations* en incarnent le surgissement.

◆정보 자료◆

국내의 랭보 연구논문 목록
랭보 1백주년 그 이후

국내의 랭보 연구논문 목록

Ⅰ. 박사논문

이준오, Littérature et pensée de l'orient dans l'oeuvre d'Arthur Rimbaud(랭보작품 속에서 문학과 동양사상), Université de Rennes Ⅱ, 1981. 10.

한대균, Rimbaud épistolier. Poésie et silence(서간체 작가 랭보. 시와 침묵), Tours, 1988. 11.

최춘식, "*Une saison en Enfer*"에 나타난 2원 구조와 기호학적 연구 -Isotopie분석을 중심으로, 부산, 1991. 2

김종호, Le Vide et le corps des *Illuminations*, Université de Paris Ⅳ, 1991. 4.

Ⅱ. 석사논문

하동훈, La Métaphysique de la violence du voyant, 서울, 1963. 3

이순희, Petit Traité des Oeuvres d'Arthur Rimbaud, 이화, 1965

신혜수, Rimbaud의 반항에 나타나는 Dynamisme연구, 숙명, 1978. 8

이준오. Rimbaud시 연구, 성균관, 1979. 2

임채문, 빛을 통해 본 Rimbaud의 내면적 탐구, 이화, 1981. 2

김 정, 『Initiation』이론에 의한 Rimbaud시세계 연구, 서울, 1983. 2

윤영선, A.Rimbaud의 *Illuminations*에 나타난 여성의 이미지, 성신, 1983. 2

박영효, Rimbaud의 작품에 나타난 반항적 요소에 관한 연구, 조선, 1983. 2

김소연, 랭보의 작품에 나타난 L'Enfant의 이미지 연구, 조선, 1983. 2

전금주, Rimbaud의 시세계 연구, 전남, 1983. 8.

최옥자, Rimbaud의 연금술적인 꿈, 성균관, 1984. 2

최춘식, A. Rimbaud의 시에 나타난 빛의 Métamorphose의 연구, 부산, 1984. 2

홍라영, Rimbaud의 작품에 나타난 'Marche'에 관한 연구, 이화, 1984. 8

최봉림, 랭보에 나타난 '삶을 변화시키기' 주제에 관한 연구, 서울, 1986. 8

이상윤, Rimbaud의 *Une Saison en Enfer*에 나타난 성서적 양상과 의지, 한양, 1987. 2

곽민석, Rimbaud의 *Une Saison en Enfer*에 나타난 빛의 이미지 연구, 연세, 1987. 2

배경숙, Voyant에 이르는 Rimbaud의 시적 여정에 관한 소고, 이화, 1987. 2

김현주, Rimbaud의 시적 상상력에 관한 연구-그의 Voyant의 세계를 중심으로-, 조선, 1987. 2

이정길, Voyant의 상상적 자기화, 경북, 1988. 2

주미숙, Rimbaud의 *Le Bateau Ivre*의 시적 여정에 대하여, 단국, 1989. 8

최원석, Rimbaud의 *Une Saison en Enfer*연구-지옥의 정신적 도정을 중심으로, 중앙, 1990. 2

장정애, 랭보의 시에 나타난 소외계층의 의미, 서울, 1990. 2

정선아, Rimbaud의 작품에 나타난 잠과 깨어남의 시적 역동성, 이화, 1990, 2

이은영, A. Rimbaud의 *Une Saison en Enfer*에 관한 연구, 아주, 1990. 2

김견숙, 랭보의 「모음」연구, 전북, 1991. 2

이은영, 랭보의 『후기 운문시(Derniers Vers)』 연구, 숭실, 1991. 2

Ⅲ. 대학 간행물 및 논문집

권은미, Rimbaud에 있어서의 Voyant의 Message, 이화여대 연구논집, 1982

림채문, Rimbaud의 빛의 Image, 불어불문학연구, 1984

민희식, Rimbaud의 「취정선」의 타롯트럼에 의한 연구, 한양대 인문논총, 1983

박인효, Rimbaud의 작품에 시적 요소에 관한 연구, 조선대 인문과학연구, 1983

＿＿＿, Rimbaud의 작품에 나타난 하늘과 바다의 이미지 분석, 조선대 인문과학연구, 1986

＿＿＿, Rimbaud의 작품에 나타난 종교관 연구, 조선대 인문과학연구, 1987

＿＿＿, A.Rimbaud에 있어서 불의 심장과 지옥, 조선대 인문과학연구, 1990

서연선, Rimbaud의 시작품 속에서 물의 이마쥬-*Mémoire*와 *Larme*를 중심으로, 경상대 논문집, 1980

＿＿＿, Rimbaud의 *Les Illuminations*에 관한 연구, 경상대 논문집, 1981

서호성, Arthur Rimbaud의 작품에 나타난 물의 심상, 부산대 인문논총, 1984

송재영, Arthur Rimbaud論, 불어불문학연구, 1966

신현숙, Rimbaud의 생애와 작품을 통해서 본 그의 반항, 이화여대

연구논집, 1971
이광섭, Arthur Rimbaud의 「모음」-그 사상의 구조를 중심으로, 성신여사대 연구논문집, 1969
이준구, A. Rimbaud의 시와 그 인간, 홍익대 교지, 1978
이준오, Rimbaud의 동양적 형이상학 추구, 숭전대 대학원논문집, 1984
_____, Rimbaud적 빛과 어둠의 형이상학 추구, 숭전대 대학원논문집, 1986
_____, Rimbaud의 물질적 상상력과 우주적 에로티즘 연구, 숭전대 인문논집, 1985
_____, Rimbaud의 동양적 형이상학과 *Voyelles*-언어의 Alchimie 연구, 민음출판사, 1986
_____, A. Rimbaud시에 있어서 사물의 언어와 침묵,-서양의 형이상학과 미학, 불어불문학회 연구지, 1990
이진성, Rimbaud의 *Voyelle*과 문학개념, 연세대 인문과학, 1977
조흥식, Rimbaud의 Voyant의 세계와 Saint-Exupéry의 *Le petit prince*의 세계, 불어불문학회 연구지, 1985
최춘식, 초월의지의 시적 변용-A. Rimbaud의 Lettre du Voyant을 중심으로, 부산외국어대 외대논총, 1985
_____, Arthur Rimbaud의 Hallucination des Mots에 관한 시론, 부산외국어대 외대는 총, 1986
_____, A Rimbaud의 시에 나타난 '지옥'의 연금술적 의미연구 -*Une saison en enfer*를 중심으로, 부산 외국어대 외대논총, 1988
최태규, A. Rimbaud의 *Voyelles* 구조, 성균관대 수선논집, 1983
하동훈, Introduction à la Méthode de Recherche sur Arthur Rimbaud, 숙명여대 논문집, 1976

_____, Analyse des Images du *Bateau Ivre*, 숙명여대 논문집, 1988

_____, Rimbaud의 시에 나타난 상상과 계시에 관한 논고, 숙명여대 논문집 28, 1988

한대균, 랭보의 '계절': 방랑의 시학, 청주대 국제문화연구, 1991

김종호, Absence de l'être, présence en lettres : qui parle dans les *Illuminations*? 불어불문학회 연구지, 1992.

Ⅳ. 역서

이준오, 見者랭보(Rimbaud Le voyant : R. Renéville), 문학세계사, 1983

_____, 랭보전집(Oeuvres complètes : Pléiade), 범우사, 1990. 12

_____, 랭보선집(Poèmes choisis), 책세상, 1991. 6

정남기, 아르튀르 랭보(La vie d'Arthur Rimbaud : éd. Hachette 1962), 도서출판 공간, 1991. 7. 19

김 현, 『지옥에서 보낸 한 철 *Une Saison en enfer*』, 민음사, 1974. 5

최수철/김종호, 저주받은 시인들, 동문선, 1985

Ⅴ. 랭보 전문지

이계진, Les traits rimbaldiens chez Tchu Yo-Han, Revue d'études rimbaldiennes, Amis d'Auberge Verte, N°1, Novembre, 1991

이건우, Rimbaud le Bâtard, Revue d'études rimbaldiennes, Amis d'Auberge Verte, N°1, Novembre, 1991

_____, 《Rimbaud en Corée》, Rimbaud vivant, Bulletin des Amis de Rimbaud, N°30, numéro special du centenaire, 1991

_____, 《A la rencontre de Daphńe : Lecture mythocritique des

Reparties de Nina》, communication prononcée, le 5 septembre 1991, au colloque international 《Rimbaud, cent ans après》, organisé par Le Musée-Bibliothèque Rimbaud et sa revue Parade Sauvage à paraître dans Parade Sauvage colloque N° 3, 1992

_____, 《Multiple voyage dans Rêvé pour l'hiver》, Recueil N° 23-24, éd. Champ Vallon, à paraître décembre, 1992

이준오, Arthur Rimbaud, Langage Métaphysique de l'Orient, Revue d'études rimbaldiennes, Amis d'Auberge Verte, N°1, Novembre, 1991

한대균, Lettres de Rimbaud à Delahaye(une poésie des avatars), Revue d'études rimbaldiennes, Amis d'Auberge Verte, N°1, Novembre, 1991.

Ⅵ. 잡지 및 신문기사와 서평

김동석,『봐이앙』의 시학, 자유문학, 60(1962. 6)

김병천,『랭보시선』천재시인 랭보, 見著의 시세계, 독서신문 제1029호(1991. 9. 1)

김붕구, 현대의 신화, 사상계, 49(1957, 8)

김성우(논설위원 : 한국일보 문화칼럼), 랭보 100주기에 즈음하여, 한국일보(1991. 5. 20)

김양수, 毒性意識의 자폭-알출 랭보論, 현대문학 3(1955. 3)

남우석, 베를렌느와 랭보의 동성연애, 신사조, 2-2(1951. 11)

민희식, 이 계절은 5개의 화랑을 지닌… -랭보 : 지옥의 한계절, 문학사상, 102(1981. 4)

박이문, 초월에의 정열-알출 랭보론, 현대문학, 74(1961. 2)

방덕수, 랭보의 위작문제, 경향신문, (1949. 9)

서연선, 랭보 시사상의 변증법적 구조, 시와 시학, 3(1991. 가을)
이가림,『見者랭보』(역자 : 李準五)(서평), 주간조선 767쪽(1983. 11. 6)
_____, 랭보사후 100주년 기념행사(해외정보), 문화예술(1991)
_____, 랭보의 해설적 생애, 시와 시학(1991. 여름호)
_____, 랭보의 고향 견문기, 시와 시학(1991. 가을호)
이 언, 랭보의 고향과 그 시의 부활, 문학사상, 75(1978. 12)
이준오, 랭보의 동향적 형이상학 추구, 세계의 문학, 33(1984. 가을)
_____, 시적 언어의 혁명과 동양사상-『모음들 Voyelles』을 중심으로, 시와 시학, 2(1991. 여름)
_____, 베를렌느와 랭보(서평), 전교학신문(1991. 11. 20)
_____, 랭보의 문학세계(논단), 원강대학교 학보(1991. 10. 2)
_____, 바람구두를 신은 사나이(랭보 100주기)(논단), 풍요로운 삶, 여름 제3호(1991)
_____, Le grand cercle du poète disparu(기사), Le Figaro Littéraire(1991. 2. 25)
_____, 천재시인 랭보 서거 100주년과 랭보연구회(기사), 스포츠조선 17쪽(1991. 5. 17)
_____, 동양적 시세계 재조명 활발(랭보 100주기), 조선일보(1991. 5. 31)
이호철(소설가),『모스코바의 자유』와 시인 랭보, 세계일보(1991. 8. 28)
오생근, 랭보와 1871년의 역사적 체험, 외국문학, 3(1984. 겨울)
유평근, 랭보시의 문체와 禪, 시와 시학, 2(1991. 여름)
윤호병, 한국 현대시에 끼친 랭보의 영향, 시와 시학, 3(1991. 가을)
조희순, 문예로만스 8 : 베를렌느와 랭보, 동아일보(1934. 8)
최춘혜, 세계문인사전(라부), 대조, (1930, 8)

268 랭보의 세계

1991년 6월 12일, 랭보 사망 100주년을 맞아 그를 기리는 행사가 서울에서 열렸다. 행사의 일환으로 숭실대 사회봉사관 백마당에서 행해진 국제 학술 강연회에는 프랑스에서 초청된 랭보 전문가 삐에르 브뤼넬 교수와 쟝-삐에르 지위스또 교수가 참석하여 랭보의 삶·죽음·작품에 대해 주제를 발표하고 국내 여러 학자들과 열띤 토론을 벌였다.

왼쪽에서부터 석 준 교수(홍익대), 최재호 교수(숭실대), 유평근 교수(서울대), 쟝-삐에르 지위스또 교수(프랑스 발랑시엔느 대학), 이계진 교수(인하대), 삐에르 브뤼넬 교수(빠리 소르본느 대학), 김화영 교수(고려대), 이준오 교수(숭실대)

국내의 랭보 연구논문 목록   269

삐에르 브뤼넬 교수
(강연 제목 : 랭보의 세 번 죽음)

행사를 주관한 이준오 교수

쟝-삐에르 지위스또 교수 (강연
제목 : 랭보의 「미적 존재」와 「야만」)

삐에르 브뤼넬 교수와
숭실대학교 조요한 총장

AMIS D'AUBERGE VERTE

Revue d'études publiée
Par l'Association Coréenne des Etudes Rimbaldiennes
Sous la direction de Lee Joon-Oh

Comité de direction
Ha Dong-Hun, Yu Pyung-Kun, Lee Kye-Jin,
Han Dae-Kyun, Kim Jong-Ho, Seok Jun

Rédaction et administration
Les manuscrits sont à adresser à
AMIS D'AUBERGE VERTE
Département de langue et littérature françaises
Université de Soong-Sil
1−1 Sangdo 1 Dong, Dongjak-Gu
Séoul, Corée du Sud
Tel : 822 820 0362 Fax : 822 536 1069
Les manuscrits non insérés ne sont pas retournés.

Presses universitaires de Soong-Sil

아르튀르 랭보 시연구집

랭보연구회 발행 – 편집책임 : 이 준오
편집위원 : 하 동훈, 유 평근, 이 계진, 김 종호, 석 준
편집 및 원고접수처 : 서울 동작구 상도 5동 1-1
숭실대학교 불어불문학과 랭보연구회
Tel : 820-0362 Fax : 536-1069

랭보의 세계(시 연구집)

1993년 1월 20일 첫판 인쇄
1993년 1월 30일 첫판 발행

지은이 : 이　준　오 (外)
펴낸곳 : 숭실대학교 출판부
서울 동작구 상도5동 1-1
등록 : 제14-2호(82. 1. 25)
대체계좌 : 012948-31-1947407

찍은곳 : 용 지 인 쇄

ISBN 89-7450-010-8　　　　　　값 : 6,000원